高校通识教育丛书
安徽省"卓越法律人才培养计划"配套教材

案说法理

Elaboration of
Jurisprudence Through Case Study

主编 王运红
编委（以姓氏拼音为序）
曹 梅　陈 军　程亚丽　任选业
谭世强　王 鹏　王长贵　王雅琼
王运红　项婷婷

中国科学技术大学出版社

内容简介

本书为安徽省卓越法律人才培养计划项目的阶段性研究成果，以相关的知识点为线索，将法学理论的学习与具体案例结合，便于学生通过案例理解相关理论知识。在编写体例上，先简单介绍相关知识点的理论和基本内容，然后结合具体案例进行详细分析，在案例分析的过程中融入法理解读，内容包括法理法史篇、行政法篇、刑法篇、民法篇。

图书在版编目(CIP)数据

案说法理/王运红主编. —合肥:中国科学技术大学出版社,2020.6
ISBN 978-7-312-04822-7

Ⅰ.案⋯ Ⅱ.王⋯ Ⅲ.法理学—案例—中国 Ⅳ.D920.0

中国版本图书馆 CIP 数据核字(2019)第 300455 号

出版	中国科学技术大学出版社
	安徽省合肥市金寨路 96 号,230026
	http://press.ustc.edu.cn
	https://zgkxjsdxcbs.tmall.com
印刷	安徽省瑞隆印务有限公司
发行	中国科学技术大学出版社
经销	全国新华书店
开本	710 mm×1000 mm 1/16
印张	15.75
字数	262 千
版次	2020 年 6 月第 1 版
印次	2020 年 6 月第 1 次印刷
定价	48.00 元

前　言

在许多法学本科生看来,法理是学者们研究的问题。法科学生耳熟能详的是霍姆斯的名言:"法律的生命不在于逻辑,而在于经验。"法律经验显然主要指的是法律实践,尤其是一般只涉及某一类或某一个具体案件的司法审判。但是,同学们!这绝不意味着法官处理案件不需要法理或者可以不具备基本的法理素养。一位与霍姆斯同样具有世界影响的法学家德沃金也有一段名言:"任何法官的意见本身就是法哲学的一个片断……法理学是判决的一般组成部分,亦即任何依法判决的无声开场白。"他认为,在法理学与法律实践之间,几乎无法划出一条固定的界线。每一个法律问题(包括法官的每一个判决)都包含着法理,否则,就无法解释其成立和存在的理由。

法理学作为建立在所有法律制度及其现象之上的宏观的理论思维,具有高度的抽象性和概括性,不仅包括对法律实践,还包括对法律制度乃至法律制度之外及制度背后诸多因素的思考。它所关心的是法律的原理性问题,不能直接回答某个具体案件如何审理、某个司法程序具体如何进行。当然,法理学绝不是天上掉下来的的空灵之物,而是从大量的法律实践中抽象出来的具有普遍性的理论。离开了具体的法律实践,法理学就成了无本之木、无源之水。

如何将法理教学与案例教学结合起来,将法学本科生"敬而远之"的法理学与钟爱有加的部门法学进行融合,一直是我们努力的方向。虽不能至,心向往之。本书以法学学科的知识点作为贯穿教材的主线,通过具体案例的介绍和分析向学生展示相关法学理论的运用,便于学生通过案例理解相关理论知识。书中选取的是法学学科较为基础的知识点和作者近年来在授课过程中发现的、学生理解起来有一定难度的知识点。在编写体例上,先简单介绍相关知识点的理论和基本内容,然后运用该理论对具体案例进行分析评述,在案例分析的过程中融入法理解读。

本书编写人员如下:王鹏、王运红(法理法史篇),曹梅、谭世强(行政法篇),陈军、王雅琼、项婷婷(刑法篇),程亚丽、任选业(民法篇),程亚丽、王长贵(合同法篇)。

除直接参加本书编写的各位老师之外,杭琍教授、吴玉才教授、毕传华教授、王一玫副教授、孙家农老师都曾为本书成书内容的基础——安徽省卓越法律人才培养计划项目的申报、调研以及本书的编写作出过十分重要的贡献。淮南师范学院法学院夏维奇院长对本书的出版给予了大力支持。在此一并致谢!

作为淮南师范学院法学院承担的安徽省卓越法律人才培养计划项目的阶段性成果,本书将作为该校法学专业学生的辅助学习教材。作为法学专业案例教材编写的一个探索,本书内容以知识梳理和材料述评为主,在编写过程中参阅了本书作者曾发表的相关论文以及相关图书或网络上的案例。全书在全体编委会成员分工负责编写的基础上,由王运红、谭世强负责统稿。书中一定存在诸多不足之处,恳请读者批评指正!

本书编委会

2020 年 1 月

目　　录

前言 ·· (ⅰ)

法理法史篇 ·· (1)
  一、法律移植 ·· (1)
  二、权利意识与公民意识 ···································· (4)
  三、权利与权力的关系 ······································ (8)
  四、法律与其他社会现象的关系 ···························· (13)
  五、法律关系主体 ·· (20)
  六、讼师鼻祖：邓析 ·· (24)
  七、孔子审案与古代司法智慧 ······························ (27)
  八、缇萦上书与西汉刑罚制度改革 ·························· (31)
  九、亲亲相隐不为罪 ·· (34)
  十、悯囚制度 ·· (37)
  十一、马锡五审判方式 ······································ (41)

行政法篇 ·· (44)
  一、行政法的基本原则 ······································ (44)
  二、行政法律关系 ·· (64)
  三、行政行为 ·· (69)
  四、行政不作为 ·· (85)
  五、行政协议 ·· (89)
  六、行政处罚 ·· (92)
  七、行政复议 ·· (99)
  八、行政诉讼 ·· (102)

刑法篇 ·· (105)
  一、犯罪总论 ·· (105)
  二、危害公共安全罪 ···································· (122)
  三、妨害社会管理秩序罪 ································ (131)
  四、破坏社会主义市场经济秩序罪 ························ (134)
  五、侵犯公民人身权利、民主权利罪 ······················ (145)
  六、侵犯财产罪 ·· (152)
  七、贪污贿赂罪 ·· (160)
  八、刑罚总论 ·· (163)

民法篇 ·· (174)
  一、诚实信用原则 ······································ (174)
  二、自然人的民事权利能力 ······························ (177)
  三、受当事人一方胁迫而为的民事法律行为的效力 ·········· (180)
  四、隐私权 ·· (184)
  五、地役权 ·· (186)
  六、同时履行抗辩权 ···································· (189)
  七、表见代理 ·· (192)
  八、不当得利 ·· (195)
  九、饲养动物致害责任 ·································· (197)

合同法篇 ·· (200)
  一、合同相对性原则 ···································· (200)
  二、合同法的诚实信用原则 ······························ (202)
  三、合同法的合法原则 ·································· (205)
  四、要约与要约邀请 ···································· (208)
  五、缔约过失责任 ······································ (210)
  六、悬赏广告的性质 ···································· (213)
  七、格式条款的效力 ···································· (215)
  八、合同的附随义务 ···································· (219)
  九、不安抗辩权 ·· (223)
  十、债权人的撤销权 ···································· (228)
  十一、债权人的代位权 ·································· (235)
  十二、情势变更原则 ···································· (239)

法理法史篇

一、法律移植

【理论简介】

法律移植是一个国家从另一个国家的法律制度或多个国家的"法律集团"中输入法律制度的某些因素的行为。法律移植必须在鉴别、认同、调适、整合的基础上,引进、吸收、采纳、摄取、同化外国法律,使之成为本国法律体系的有机组成部分,为本国所用。法律移植以供体(被移植的法律)和受体(接受移植的法律)之间存在共同性、受同一规律的支配、互不排斥、可互相吸纳为前提。如果罔顾具体国情、完全照搬,则可能出现南橘北枳的结果:叶徒相似,其实味不同。

【典型案例】

现今西安市的东面,有一个叫"新丰"的古镇。关于古镇名字的来历,当地普遍流传着这样一个故事:汉高祖刘邦称帝后,为了尽孝道,就把他的父亲从故乡沛都丰邑(今江苏丰县)接到都城长安,并封为太上皇。不料,老爷子在长安城里住了一段时间后却总是思念故里,成天嚷着要回故乡丰邑。刘邦是个孝子,不忍父亲离开自己。他为了使父亲安居长安,便下令民工在长安城东面风景秀丽的骊山北麓,仿照丰邑模样重建了一个城镇,并将丰邑的居民全部迁来居住。据说,新丰邑仿造得非常成功,以至于从沛都丰邑运过来的鸡、狗之类的动物不用其主人唤引,就可以沿着街道找到自己的窝。由于这个镇子是完全模仿刘邦的老家丰邑而建造的,人们就称其为"新丰"。老爷子住进新丰,如同回到故里一样,这才安定下来。

这段趣闻在《史记》当中有明确的记载。在《史记》卷八,"高祖本纪第八"里面有这样一段文字:"新丰故城在雍州新丰县西南四里,汉新丰宫也。太上皇时凄怆不乐,高祖窃因左右问故,答以平生所好皆屠贩少年,沽酒卖饼,斗鸡蹴鞠,以此为欢,今皆无此,故不乐。高祖乃作新丰,徙诸故人实之,太上皇乃悦。"应劭在《汉书集解》中,也对"新丰"这一地名的来历做了这样的解释:"太上皇思东归,于是高祖改筑城寺街里以像丰,徙丰民以实之,故号新丰"。

【分析】

这是一个关于移植的案例。

从这段历史中我们可以体会到当年刘邦的一番良苦用心。为了让父亲安度晚年,不惜花费巨大的人力和物力造一个新丰邑,想必其意图不只是仿造丰邑的建筑和街道,而是将故乡的风土人情也搬迁到长安来。不然,为何要把丰邑的民众也尽皆迁来呢?当然,对贵为天子、大权在握的皇帝来说,造一个新的城镇并非难事,但要对一方的风土人情进行搬迁却没有那么容易。或许,在刚刚搬迁到长安的一段时间内,丰邑百姓尚保留着原来的生活习俗,但很快他们就会不自觉地融入当地的民风之中。在古代的文字资料中,我们至今还没有发现有关新丰不同于当地风俗的独特文化的记载,甚至连新丰的建筑样式也很快演变得与周围村镇的建筑样式毫无区别。新丰实际上已经成为纯粹的陕西风格的城镇了,与苏北的丰县之间无论从建筑风格还是从风土民情上都看不出有什么联系了。

这让我们很自然地联想到近现代中国的法律移植。清末的修律运动标志着中国本土的法律制度作为一个落后与保守的法律体系开始走向终结,从此中国开始大规模地、整体性地移植西方的法律制度,中国的法律制度也被纳入到依据西方中心论而建立起来的世界法律体系之中。这一法律移植运动一直持续到今天,尤其是改革开放之后,中国的法制建设取得了突飞猛进的发展。在短短的十几年时间,中国已建立起相对完善的现代法律体系。虽然法律以相当快的速度覆盖了社会生活的许多方面,然而法律的实施情况却有待改进。"有法不依""执法不严"的现象仍有存在,行政命令和传统的伦理、习惯有时会取代法律而成为维系某一地区社会生活的规范。简而言之,从发达国家移植而来的法律制度在一定程度上仅仅停留在法典层面上,是"书本上的法",还没有成为浸透到社会生活中的"活法"。

为什么我们从他国移植而来的看似完美的法律却不能在现实当中发挥其应有的作用呢?孟德斯鸠在《论法的精神》中曾作过精辟论述,即"为一国人民而制定的法律,应该是非常适合于该国人民的;所以如果一个国家的法律竟能适合于另外一个国家的话,那只是非常凑巧的事"。从人类历史上来看,只移植具体的法律制度而没有移植与之相适应的社会理念和精神,致使移植的法律难以成活的事例并不罕见。托克维尔曾就墨西哥移植美国宪法论述道,"墨西哥人希望实行联邦制,于是以他们的邻居英裔美国人的联邦宪法作为蓝本,并几乎全部照抄过来。但是,他们只抄来了宪法的条文,无法同时把给予宪法以生命的精神移植过来,因此他们的双重政府的车轮便时停时转。各州的主权和联邦的主权时常超越宪法为它们规定的范围,所以双方总是发生冲突"。任何法律制度都不可能孤立地存在,它必有与其之相适应的社会环境。因此,在移植西方法律制度的同时,必须对中国的社会进行改造,以期为移植来的法律创造与之相适应的生存土壤,否则,将会使移植的法律失去应有的效用,甚至还会出现梁启超针对当时中国的实际所痛言的"自由之说入,不以之增幸福,而以之破坏秩序;平等之说入,不以之荷义务,而以之蔑制裁;竞争之说入,不以之敌外界,而以之散内团;权利之说入,不以之呼公益,而以之文私见;破坏之说入,不以之箴青盲,而以之灭国粹"的那种"橘生淮南则为橘,生淮北则为枳"的尴尬境地。现实中,典型的例子就是破产法已移植国内多年,但在实践中却难以发挥作用。

在中国社会的发展中,尤为重要的是作为法治主体的人的进步。中国虽然制定了不少法律,但人们实际上的价值观念与现行法律是有很大差距。情况往往是,制度是现代化的或近于现代化的,意识却是传统的或近于传统的。如果对具有浓厚的传统意识的人来执行现代化的法律,其结果已被现代化学者英格尔斯一针见血地指出,"如果一个国家的人民缺乏一种能赋予这些制度以真实生命力的广泛的现代心理基础,如果执行和运用着这些现代制度的人,自身还没有从心理、思想、态度和行为方式上都经历过向现代化的转变,失败和畸形发展的悲剧结局是不可避免的。再完美的现代制度和管理方式,再先进的技术工艺,也会在一群传统的人手中变成废纸一堆"。

二、权利意识与公民意识

【理论简介】

权利意识,即意识到自己有与生俱来的、作为人应当享有的各种权利,并能清晰地懂得权利的正当性、可行性、界限性,在法定范围内主张和行使自己的权利,勇敢地捍卫自己的权利,但是不可无视社会所能提供的物质条件和精神条件以及社会的、他人的承受能力而盲目主张权利和超越法定权利界限而行为。同时,对一切合法的权利(包括个人的、集体的、国家的、人类的)给予同等的尊重和维护。

公民意识是社会意识形态的形式之一,它是公民对自身的政治地位和法律地位应履行权利和应承担义务的自我认识。作为社会政治文化的重要组成部分,它集中体现了公民对于社会政治系统以及各种政治问题的态度、倾向、情感和价值观。

【典型案例】

19世纪德国有一位战功卓著的国王——威廉一世,事情发生在他刚刚从战场凯旋之时。踌躇满志的威廉一世来到位于波茨坦近郊的豪华行宫庆贺自己的胜利,当他怀着征服整个欧洲的勃勃野心从行宫的阳台放眼远眺的时候,却发现行宫不远处一间破旧的磨坊十分碍眼,刚好挡住了前面的风景。威廉一世十分不高兴,就命令内务大臣赶快去把那破磨坊拆了。内务大臣找到了磨坊主,没想到磨坊主是一个倔老头,他说:"那是祖宗传下来的财产,我的任务就是维护下来,一代一代传下去,它是无价之宝,给多少钱也不卖!"威廉一世以为磨坊主嫌钱太少,于是决定提高补偿金额。内务大臣再次转告磨坊主。可磨坊主还是不买账,表示这磨坊坚决不卖。雄心勃勃的威廉一世一生驰骋疆场,没想到自己国家的一个小老头竟敢如此冒犯贵为国王的他,一时怒起,派出宫廷卫队,想把房子强行拆了。拆房子的时候,磨坊主不但没有被吓到,反而高声嚷着:"国王当然权高势重,但德国尚有法院在!"

第二天,磨坊事件传遍了波茨坦小城,老磨坊主得到了很多市民的声援,声援的人们迅速汇集成一支队伍,高呼口号,发起了一场声势浩大的游行。游行队伍的代表一纸诉状把国王告到了德国地方法院。望着盛怒的人群,抬头看看法院门口正义女神塑像后面那句格言——"为了法律,哪怕天崩地裂!"法官们义正词严地宣告:"私有财产神圣不可侵犯!""法官只有一个上司,那就是法律!法官只忠于一个上司,那就是法律!"不久,法院作出判决:"国王触犯了《帝国宪法》第七十九条第六款。现判决如下:责成被告人威廉一世在原址立即重建一座同样大小的磨坊,并赔偿原告人磨坊主误工费、精神损失费、诉讼费等费用150马克。"威廉一世只得派人把已拆毁的磨坊重新建了起来。作为德意志国家司法独立和裁判公正的纪念,也作为德国法官的光荣所在,那座历经风雨的古磨坊仍然屹立在德国波茨坦市郊,每年都有不少观光者,特别是一些法律专业毕业的大学生。当年审判磨坊案的法官也成为了每个未来法官效法的楷模,观摩磨坊已成为他们从业不可或缺的程序。

有趣的是,类似的故事在我国历史上也发生过,恰巧也是一个关于磨坊的故事。

据《旧唐书·李元纮传》记载,710年,唐高宗的女儿太平公主参与后来当上皇帝的李隆基发动的宫廷政变,拥立李隆基的父亲李旦当皇帝,即唐睿宗。太平公主以为自己立了大功,从此把持权柄,左右朝政,为所欲为,连宰相都要听从她的话,京城里的百官更是对她敬若神明、竭力奉承。身为当朝贵胄的太平公主,家里有的是钱,但她并不满足,还到处搜刮钱财、侵夺土地。有一次,她纵容家奴霸占了一座寺院的磨坊,寺院为此告到官府,要求主持公道。主审这个案子的是雍州负责地方民政等事的司户参军李元纮。李元纮为官清正廉洁,审理案件一向秉公依法、不畏权势、不徇私情。他查明那个磨坊确系寺院所有,不怕得罪显贵的太平公主,将磨坊判还寺院。李元纮的上司雍州长史窦怀贞得知这个事后,怕权势滔天的太平公主会怪罪下来,影响自己的前程,因此马上召见李元纮,催促他赶快改判。李元纮的亲朋好友也极力相劝,让他不要做得罪皇亲国戚的傻事,以免惹来杀身之祸!虽然秉性刚直的李元纮没有听从上司和亲友的话,当场在判决书上写下两句话:"南山或可改移,此判终无摇动。"然而,他深知等待他的将会是什么。于是,写完这两句话之后,他丢下笔,仓皇逃离……

【分析】

这是两个关于权利意识与公民意识的案例。

中西方历史上发生的这两起"磨坊事件",其情节是如此惊人的相似!然而,两个故事的结局却相去甚远!这不免引发我们的深思。为什么德国法官因为严格依法的判决不仅不会遭到皇室的惩罚,而且因此声名远扬,甚至成为后世效法的楷模,而中国的那位李参军却不得不挂印离去?为何德国民众因为磨房事件能够群情激愤,乃至举行了一场浩浩荡荡的游行;而李参军的对抗皇室的举动不仅没有得到民众的声援,就连他的亲朋好友也力劝他不要做出那样的"傻事"?

这个问题的答案一定会有许多种,但可以想象,这些答案会有一个共同点:中国与西方的制度有着较大的差别。从制度的角度对这一事件进行分析并非没有道理,但我想说的是:所有的制度、法律都是人制定的,也是服务于人的,一切的法律和制度,其最终的落脚点只能是人本身。所以,当我们分析许多问题的时候,不应把一切症结仅仅归因于制度。实际上,在我们许多人的逻辑分析当中,有意无意地忽略了一个至关重要的因素——人。尤其是人的意识因素在影响制度的构建过程当中所起的重要作用。

以上述两个情节类似的磨坊事件为例,从中可以折射出西方人强烈的权利意识和古代中国人浓重的子民意识。在大多西方人的心目当中,每个人都拥有不可剥夺的自然权利,如生命权、财产权、自由权等,这些权利是至高无上的,也是神圣的,即使国王也不能随意剥夺。与大多西方国家民众的公民意识、权利意识形成鲜明对比,中国传统的政治文化当中的子民意识占据着较为显著的位置,根深蒂固于民众内心深处的是"普天之下,莫非王土,率土之滨,莫非王臣"的观念,不要说财产,就连你的人身都是属于皇帝的,属于官府的。"君叫臣死,臣不得不死,父让子亡,子不能不亡!"否则,就是大逆不道,就是违背人伦。那位铁面无私的李参军,尽管做了一件主持公道的事情,时人的评价也未必是褒扬有加,当初做出那般决定时,其上司和亲友的力劝便是明证。

在权利意识、公民意识浓厚的社会环境中,人们知道他们是国家的公民并相信自己可以在某种程度上影响政治决策。而在一个子民意识盛行的社会环境当中，人们是以一种被动的方式卷入政治的。他们听从政治宣传，感到自己对政治的影响力仅限于谈谈当地的官员。他们关于政治能力和政治功效的感觉是低层次的，有时感到自己实际上没有什么权利。这种民众心理意识的巨大差别自然影响到民众和政府对待同样事件的不同反应，并最终导致同样事件拥有极为不同的结局。

这也令人关注到当今社会上的另外一些事例。笔者曾读过这样一篇报道：某偏僻的山村，先后出了两位"大官"。A 秉公办事，两袖清风；B 圆滑世故，家藏万贯。该村的村民们时常谈论这两位乡长。在村民们茶余饭后和田间地头的闲谈当中，那位秉公办事的人被讥讽为"榆木疙瘩脑袋""不会混"；而那位贪污受贿的人却成了村民们心中"灵活"的代表，成了他们心目中学习的对象，并有意无意地教导着自己的儿女要像 B 一样"灵活运用技巧"。倘若，那些村民稍稍动一下脑筋，就会明白，他们想要学习的正是用非法的手段侵犯村民的权利，把村民的钱装进了自己的腰包才成为"富翁"的；而那位被他们讥讽为"榆木疙瘩脑袋"的人才是真正为村民办事，奉公守法、维护村民权利的好领导，才是他们应该称道的好官！尽管封建社会早已成为历史，但是臣民意识、拜官意识并没有灰飞烟灭，它依然对某些人的思想和行动有所影响。由此我也可以设想，作为封建王朝的官员，那位李参军，并不一定能够因为为普通百姓主持了公道而受到民众的称赞。不仅如此，他还会受到时人的讥讽，会成为他们茶余饭后谈论的"榆木疙瘩脑袋"！反之，假如，李参军能够圆滑世故一些，甚至只需要采取一般官员遇到这样的案子时的通常做法，为皇亲国戚网开一面，他便极有可能因此而连升几级，把官做得更大，并因此成为大部分普通民众的"羡慕"的对象。两种做法，后果迥异，利弊分明。由此不难理解，中国历史上"包公"式的官员为何如凤毛麟角般罕见。在古代一个民众几乎没有权利意识的国度，不用说实现民主和法治，就连"包青天"式官员的生存空间都会非常狭窄。

这里的权利意识，我指的是人们对于权利的认知、理解及态度，是人们对于实现其权利方式的选择，以及当其权利受到损害时以何种手段予以补救的一种心理反应。一种意识首先是以个体的形式出现，它通过在人的思想中形成固定的模式，进而体现在个体的行为选择中。随后，当一种相同或类似的意识在一定的人群范围中形成了较大影响，继而表现为一种群体的意识，其影响从个人扩大到社会，就形成了在一个社会中占主导地位的意识形态。这种社会意识的影响力就不再局限于人们的思想范畴,而是极大地作用于人们的社会生活乃至整个人类的发展进程。我们这里所提到的权利意识就是这样一种对人们的社会生活有着巨大影响的社会意识,它不仅以社会上的每一个个体的权利观念态度为直接对象,而且是一个群体的权利意识的集中反映,是国家民族的法制观念的基础观念和重要内容。一国民众权利意识的状况在某种程度上决定着一国民主与法治状况发展的方向。民众的权利意识对一个国家来说是如此重要,无怪乎梁启超先生早在20世纪之初就曾发出感言:"国家,譬犹树也;权利思想,譬犹根也。"当今中国社会,正处于现代化的转型时期,政府正致力于民主与法制的现代化建设,而增强公民的权利意识正是民主法治建设的重要部分。在这个过程中,我们开展了大量的法律移植和创制工作,同时也大力培养公民现代化的民主与法律意识,尤其是对自身权利的认知和维护能力,以及对他人权利的理解和尊重意识。当然,这种观念层面上的培养需要经历一个长期的过程,也需要在继承传统的基础上借鉴他人的有益经验。在民主法治建设的实践当中,应该引起我们高度重视的是:移植一项法律、引进一套制度并不难,但要改变观念、培养意识却需要我们付出长期而坚持不懈的努力!

参考文献

[1] 余定宇.寻找法律的印迹[M].北京:法律出版社,2004:87.
[2] 王德峰.国性与民德:梁启超文选[M].上海:远东出版社,1995:60.

三、权利与权力的关系

【理论简介】

权利一般是指法律赋予人实现其利益的一种力量。其与义务相对应,是法学的基本范畴之一,是人权概念的核心词、法律规范的关键词。权利是在家庭、社会、国家、国际关系中隐含或明示的最广泛,最实际的内容。通常来说,权利是法律赋予权利主体作为或不作为的许可、认定及保障。

权力是人与人之间的一种特殊影响力,是一些人对另一些人造成他所希望和预定影响的能力,或者是一人或多人的行为使另一人或其他多人的行为发生改变的一种关系。权力通常包括经济权力和政治权力两种。经济权力是指对物质财富的占有权、支配权、分配权和管理权。政治权力主要是指国家权力,也包括党派的权力和团体的权力。权力的特征是:① 具有鲜明的阶级性;② 具有社会性;③ 具有一定的强制性。权力的上述特征决定了各种权力的行使方式是不同的。一般来说,经济权力是国家靠尊重客观经济规律来运转的;国家权力是靠宪法、法律、法令、命令和带强制性的各种决定、通告等形式加以颁布和确认,并由军队、警察、法庭等政权机关保证其实现的。党派和人民团体的权力的行使是靠路线、方针和政策的指导,在某种意义上说,它们掌握的只是一种"间接权力",要把自己的意志贯彻于整个社会,需通过国家将它变成法律和法令来实施。

【典型案例】

据新民网报道,2006年11月29日,深圳福田警方将近期在开展专项行动中抓获的100名涉嫌卖淫、嫖娼的违法犯罪人员在深圳"三沙"游街示众,随后宣布处罚决定,并分别读出各人姓名、出生日期和籍贯。在警方宣布处罚名单时,现场有上千人围观,并不时响起热烈的掌声。

此事立刻引起了媒体和社会各方面的广泛关注。社会各界对于此事件的看法不尽一致。有人认为公安部门"公开处理"违法犯罪案件是依法行使自己的权力,不值得大惊小怪;也有人认为对于卖淫嫖娼者就应该当众羞辱他们,因为做这种事情的人太缺乏羞耻感。但是,也有更多的人对深圳警方的这一做法提出了质疑,最具有代表性的要数来自上海的律师姚建国,他通过网络论坛就此事向全国人大发了一封公开信。这封公开信发表后得到了社会各界,尤其是许多法学界人士的响应。

【分析】

这是一个关于权利、权力的案例。

作为一名法律工作者和法学教育者,笔者认为这一事件不仅暴露出我国公安部门有关工作人员执法方面存在的问题,也折射出我国社会公众的法制意识水平尚待进一步提高。

(一)"示众"不符合宪法有关尊重和保障人权的规定

人权是指人的个体或群体在一定的历史和社会条件下,通过法律规定和道德认可的权利,如人身自由权、政治权、财产权、劳动权、受教育权、宗教信仰权、人格尊严等。

《中华人民共和国宪法》第三十三条第三款明文规定:"国家尊重和保障人权。""尊重",汉语词典的解释为尊敬、重视并严肃对待、庄重等意思。宪法条文在这里使用了"尊重"一词,首先,表明了国家对人权的基本立场,即以人权实现为价值取向;其次,表明了国家对其自身的权力要做出合理的限制,防止滥用公共权力侵犯人权的现象出现。

"国家尊重和保障人权"体现了以人为本的宪法思想,突出了宪法关注的核心。在宪法的这一条文中,"国家"作为该条款的义务主体,承担着"尊重和保障人权"的义务。在实际操作中,这一义务无疑应当由具体的国家机关来承担和落实。所以,尊重和保障人权是国家机关在相应的立法、司法以及行政活动中必须履行的义务。作为政府重要职能部门的公安机关,由于法律赋予其限制人身自由的特殊权力,因而在尊重和保障人权方面负有更加重要的责任。在执法过程中,公安机关必须旗帜鲜明地体现出尊重和保障人权的宪法精神。

公安机关的个别执法活动在不同程度上反映出"公权至上"的观念,对"人权"等私权不够重视。有些地方的公安机关或民警片面强调管理和维护公共秩序,忽视了对人权的保护。为实施公共管理、维护公共秩序,有时候会有意无意地忽视公民个人的合法权利,个别人员存在歧视私权、轻视人权的倾向。这是"警察本位"思想在执法活动中的表现,同尊重和保障人权的宪法精神存在着很大的差距。

被"示众"的犯罪嫌疑人,由于他们的行为涉嫌违反法律,所以深圳警方将他们"示众"的做法也得到了不少公众的认同。比如,有人评论说:"干这种事儿的人,他们在乎过自己的名誉吗?"我们认为,尽管在一般人的眼里,这些人并不太在乎自己的名誉,但是这并不能成为我们,尤其是作为国家执法者的公安机关及其工作人员侵犯他人人格尊严的理由。根据我国宪法的规定,每个人的尊严和人格都应该得到充分的尊重,不分男女老幼,不分高低贵贱,即便是罪大恶极的罪犯,他们的很多权利,如人格尊严、名誉权、没有被剥夺的政治权利等,仍然受到国家法律的严格保护。

(二)"示众"有违公安机关"依法行政"的原则

"依法行政"是治国之需,治国之道。时代的发展不容许我们再以"运动式"的执法进行治安管理。执法不依法,以粗暴代替文明,以执法"风暴"彰显力度、决心,在"涉嫌违法"犯罪人员的同时,也破坏了公安机关作为执法者的形象,使"依法行政"成为空洞的口号。

"依法行政"的原则要求行政机关在做出行政行为时,必须有明确的法律依据,并出示其法律依据。也就是说,深圳警方有法定义务,在将相关人员示众的时候,就明确提出所依据的法律条文。尽管深圳警方有关人士认为他们将犯罪嫌疑人"示众"的做法是依法行政。但是,我们可以发现,无论在实体上还是在程序上,这种行为都找不到法律上的依据。

假如将深圳警方对涉嫌违法犯罪人员的"示众"行为定性为行政处罚行为,根据处罚法定原则,这一处罚方式应该有法律的明确规定,但《中华人民共和国行政处罚法》上并无这样的规定。法律未有规定的处罚方式,行政机关是不得实施的。而《中华人民共和国治安管理处罚法》第五条第二、三款更明确规定:"实施治安管理处罚,应当公开、公正,尊重和保障人权,保护公民的人格尊严。办理治安案件应当坚持教育与处罚相结合的原则。"由此可见,并未有哪一条法律规定公安机关可以对违反治安管理相关法律的行为人进行公开示众的处罚。显然,深圳警方的做法是没有实体法律依据的,违背了依法行政的原则。

不仅如此,这一做法也违反了有关法律在程序方面的规定。本次公开处理的人员中,仅仅是涉嫌违法犯罪,而他们是否真的构成了违法犯罪在法律程序上有待做最后的结论。首先,如果这些人员违反了《中华人民共和国治安管理处罚法》的规定,警方虽然有权对其进行行政拘留或者罚款的行政处罚,但法律同时也赋予了被处罚人行政复议或者行政诉讼的权利。通过复议或诉讼的渠道,被处罚人也有可能推翻公安机关的处罚决定。所以,在裁决最终生效之前,这些人的行为是否已经构成违法在法律程序上来说还是未知数,这些人员也只能被称为犯罪嫌疑人。

更进一步说,如果公安机关认为行为人构成了犯罪,有权立案侦查,但在侦查终结以后,应将案件移送检察机关审查,无论是在公安机关的侦查阶段还是在检察机关的审查阶段,这些人都只能被称为犯罪嫌疑人,而不能称其为罪犯。只有通过法院审理判决,并且要等到判决生效之后,才能最后确定这些人是否构成了犯罪,应该被处以什么样的处罚。深圳警方将未经审查、未经审判的犯罪嫌疑人公开处理,显然违背了法律程序,属于法外施刑。如果其中的一些涉案人员通过法律程序推翻了深圳警方的认定,而又要求深圳警方以同样的方式为其恢复名誉,深圳警方将会陷入非常尴尬的境地。

(三)"示众"有悖于我国法制建设的初衷

法制建设的目的从来都不是纯粹地惩罚和打击,更不是对犯罪分子进行人格上的羞辱,对他们在道德上宣判"死刑"。法制建设不仅具有对违法和犯罪行为的惩戒功能,还有一个更为重要的功能——教育功能,通过教育功能的发挥达到从根本上减少违法和犯罪现象的目的。法制建设的教育功能可以分为两种:一是"特殊教育功能",即对犯罪分子本人的教育改造;二是"一般教育功能",即对一般大众的教育和影响。深圳警方之所以用示众的方式处罚有关涉案人员,无非就是想通过这种方式让那些涉嫌违法犯罪的人感到羞耻,从而痛改前非;同时也希望通过这一方式让一般公众受到法制教育,以违法犯罪为耻。那么,警方对犯罪嫌疑人进行示众的方法能否实现这两种教育功能呢?

首先,我们来看看这一处理方式能否对犯罪嫌疑人发挥有效的教育功能。从新闻图片可以看出,被公示的犯罪嫌疑人一个个抬不起头来,以发遮面,感到无比羞耻。这意味着他们当中的大多数人并非我们想象得那般"没有羞耻感",他们同样有着与你我一样对人格和荣誉的保护本能。或许这种"示众"会让他们当中的一些人警醒,但是我们也不能否认另一种可能:他们也很有可能因此产生破罐破摔、自暴自弃的念头,即"既然人家都认为我是一个不体面的人,那我干脆就在这个行当里干下去吧"。甚至还有可能激起他们的对抗情绪:既然这个社会把他们当做战利品展示,他们已经成为这个社会抛弃的人,成为这个社会的对立面,他们乃至他们的家属都有可能因此而产生对抗情绪甚至产生蓄意报复社会的行为。另一方面,就这些犯罪嫌疑人来说,许多人的行为还没有触及刑法的"红线",有的也许是因为暂时的困境误入歧途,或是因为受骗上当而被迫上了"贼船",只要教育得法,他们完全可以重新回归社会。但是使用这种"示众"的做法,势必极大地损害他们的人格尊严,有可能使他们变得自甘堕落,反而加大了改造的难度。可见,"示众"的做法除了起到羞辱当事人的作用外并无多少积极的效果,反而不利于对其进行教育改造。

其次,我们看一下这种处理方式在一般教育功能方面所产生的效果。有评论认为:卖淫嫖娼固然有害于社会,但是并非像贪污受贿、抢劫杀人那样,容易引起社会公愤。甚至由于社会上仍存在许多不和谐因素,有些人对失足女这些身处社会底层的人,持有同情态度。用过于强势的执法手段,究竟会激起群众怎样的反应,值得推敲。

深圳警方将犯罪嫌疑人"示众",固然吸引了群众的眼球。但这种观看行为,究竟是一种不健康的猎奇,还是真心去接受法律教育?有评论甚至认为:这种做法起到了一种很坏的示范作用,它等于告诉人们,对于违法犯罪的人或者是犯了错误的人,是可以侮辱他们的人格尊严的。"示众"其实是一种很古老的方式,如古代的枷号游行,近代的浸猪笼、戴上高帽游街等。这些手段共同的特点就是企图通过羞辱人格的方式达到杀鸡吓猴的目的。随着人类文明的进步,这种野蛮的带有强烈的复仇主义色彩的惩罚方式早已被现代社会抛弃。早在1988年,最高人民法院、最高人民检察院、公安部就曾联合发出《关于坚决制止将已决犯、未决犯游街示众的通知》,通知重申:各地公安机关、检察机关和审判机关务必严格执行刑事诉讼法和有关规定,不但对死刑罪犯不准游街示众,对其他已决犯、未决犯以及一切违法的人也一律不准游街示众。如果公安机关在执法的同时本身就违法,那么民众就会把这种违法行为当做合法行为。如果警方此举意在宣传法制的话,那就真的是适得其反了!

四、法律与其他社会现象的关系

【理论简介】

法律是国家制定或认可并由国家强制力保证其实施的行为规范的总和。道德是评价人们行为的善与恶、光荣与耻辱、正义与非正义的行为规范的总和。在现实当中,因为立法的滞后或是社会现实的发展变化,法律与道德之间,法律法规之间以及法律规定与社会现实之间往往会出现不一致的地方,甚至有局部的冲突。解决方式应是尽快修改法律,使法律与道德、情理、社会现实和谐共处。

【典型案例】

新闻一：小伙儿不给病人让座引起众怒

《京华时报》曾报道过这样一个事件：在 A 市的一辆公交车上，一个 20 多岁的女孩上车没多久就痛苦地蹲下身子，摇晃着倒在了一个小伙子脚边，面色惨白。售票员开始试图说服这个小伙子让座，因为他的位置离女孩最近，且挨着通风窗口。"小伙子不说话，坐着一动不动。"当时站在附近的乘客张先生说。车内的乘客都齐刷刷地看着这个年轻人。两名乘客上前扶起女孩，准备把她搀到座位上。"他也就 20 来岁，看起来像个学生。"张先生有些焦急。小伙子面色不改，始终没有理会售票员。"来坐我这吧。"几个乘客站了起来。这是一辆多节车厢的大型公交车，让座的人有的离女孩有几米远。"你能不能坐到那边？让出来的位子，这儿给女孩坐吧，扶她过去不方便。"售票员再次试着跟小伙子商量，对方仍然没有应答。"我当时真想上前踹他两脚！"张先生有些急了。女孩脸色煞白，这时，她已在小伙子脚边等了几分钟了。一位坐在小伙子前两排的 60 多岁的老太太让出座位，招呼大家把女孩搀过来，一个女乘客还掏出饮料递给女孩喝。几分钟后，女孩的脸色渐渐红润起来。"没想到这个小伙子这么冷漠，60 多岁的老人都站起来让座了。"大家纷纷议论。

新闻二：交警处罚公交司机超载引发舆论不满

2015 年 1 月 15 日下午 5 时 30 分，刘某驾驶云南省 B 县某公交公司的一辆中型普通客车，行至县城某大道一红绿灯处时，因超载被巡逻的交警当场查处。随后，交警依据《道路交通安全法》的规定，适用简易程序当场给予刘某罚款 100 元并记 2 分的行政处罚。次日下午 4 时 15 分，同一公司的驾驶员陈某所驾中型普通客车同样因超载被当场查处，交警通知陈某 15 日内到县公安局交通巡逻警察大队接受处理。1 月 18 日，该大队适用一般程序，作出对陈某罚款 200 元、记 2 分的行政处罚。事后，刘某、陈某一纸诉状将县公安局交通警察巡逻大队告上法庭，分别请求判决撤销交警对他们的处罚决定。

【分析】

这是两个关于法律与其他社会现象的关系的案例。

对于这两起新闻报道中涉及的事件,这里从法学的视角做简单分析,以引起有关部门和公众的关注和深入思考。

(一)法与道德的冲突

第一则新闻见诸报端后引起了多家媒体对于社会公德意识的热烈讨论。那位小伙的行为被认为背离了社会公德而遭到了大多数公众的指责和声讨。但是,令我们感到尴尬的是,如果从法理上来讲,小伙的行为却是维护自己权益的正当行为。因为作为公交公司的一名乘客,在购买了车票上车的那一刻起,小伙就有权享受公交公司周到的服务,包括提供座位、获知运行信息(如报站,在车启动和转弯时提醒站稳扶好等),法律没有明确规定乘客有在公交车上"见危必让"的义务。本该是和谐并行的法律和道德在此却意见相左,小伙维护自己法定权利的同时却付出了违背社会公德的代价。这是一件令人为难的事情。当前,在许多大城市,每到上下班高峰期我们都不难看见挤公交车时拥挤的场景。所以有人说,公交车不存在超不超载的问题,只存在超载多少的问题。公交公司以种种理由掩饰或忽视这个问题,以服务大众为责任的公交公司,在享受垄断经营、政策照顾等多项优惠条件的同时,应该积极改善运营条件、提高服务质量,给乘客提供一个相对安心舒适的乘车环境。

对于第二则新闻事件,公众也有着不同的议论。有人认为,交警依照法律规定处罚超载是天经地义的、无可指责;有人则认为公交车超载是惯例,交警执法影响乘客上班,做法欠妥。如果严格按照"一座一人"的标准执法,那么公交车都不用开了。当时乘坐被交警查处车辆的乘客因交警执法造成当天上班迟到,更是颇有微词。交警严格执法却受到了来自公众,甚至他们所要保护的对象(公交车乘客)的抱怨和指责。

这两件事情涉及法学上的一个重要理论:法律与道德之间的关系。这种关系问题是法哲学的永恒主题与难解之谜。法律属于制度的范畴,而道德则属于社会意识形态的范畴。法律规范的内容主要是权利与义务,强调两者的平衡;道德强调对他人、对社会集体履行义务,承担责任。法律规范的结构是假定、处理和制裁或者说是行为模式和法律后果,而道德规范并没有具体的制裁措施或者法律后果。法律由国家的强制力保证实施,而道德主要凭借社会舆论、人们的内心观念、宣传教育以及公共舆论等手段维系。法律与道德的内容有很大的区别,法律是以权利义务为内容的,一般要求权利义务对等,没有无权利的义务,也没有无义务的权利。而道德一般只规定了义务,并不要求有对等的权利。

比如,面对一个落水者,道德认为你有救人的义务,却未赋予你向其索要报酬的权利。向被救起的落水者索要报酬往往被视为是不道德的。

道德与法律又是相互联系的。它们都属于上层建筑,都是为一定的经济基础服务的。它们是两种重要的社会调控手段。自人类进入文明社会以来,任何社会在建立与维持秩序时,都不得不同时借助于这两种手段,只不过有所偏重罢了。两者是相辅相成、相互促进、相互推动的。其关系具体表现在:① 法律是传播道德的有效手段,法律的实施对社会道德的形成和普及起着重大作用;② 道德是法律的评价标准和推动力量,是法律的有益补充;③ 道德和法律在某些情况下会相互转化。总之,法律与道德是相互区别的;同时,法律与道德又是相互联系的,在功能上是互补的,都是社会调控的重要手段。

在现实社会中,道德与法律存在着不和谐之处。法律与道德之间的矛盾,不只是中国现行法律中才存在着的矛盾。自人类有法律以来,这种矛盾就普遍存在,因而成为了中外法学、法律思想史中长久争论和探讨的问题。现实生活中普通老百姓所常说的以及一些学者概括的"合理的不合法,合法的不合理"反映的就是法律与情理之间的深刻矛盾。由此又引申到对现行立法的检讨。其实,法律往往就是在这种存在矛盾、发现矛盾以及不断地对立法进行检讨中得到发展的,从而逐步接近和适应基本的社会道德要求,并由此不断地、渐进地提高自身对基本社会道德的确认程度。

(二) 法律法规之间的冲突

法律的统一性要求在一国的法律体系内部,法律、法规之间应当构成一个和谐一致的有机整体,而不应该互相"打架"。但在现实当中,却时有发生法律法规之间、法律规定与政府部门的规定之间、法律规定与有关部门的解释之间互相冲突的现象。交警依法处罚超载司机而被司机告上法庭,双方各执一词,都理直气壮地认为自己的做法是合法的,其实质就是法律法规"打架"的问题。根据《道路交通安全法》规定:机动车载人不得超过核定的人数。机动车行驶时,驾驶人、乘坐人员应当按规定使用安全带;而根据《机动车运行安全技术条件》规定:城市公共汽车及无轨电车每人站立的地板面积不少于 $0.125 m^2$。这就是交警部门难处罚,而公交公司理直气壮"超员"的症结所在。前文所述的公交超载案庭审中,两名公交司机提出《道路交通安全法》关于超员的规定,只适用于对公路客运超员的定性和处罚,不适用于公交车,并提供了国务院法制办政法司编著的《道路交通安全法》释义,证实交警适用法律错误,同时引用国家建设部及有关部门公共车辆行业国家标准中每人站立面积按 0.125 m^2 计算标准，而不按座位计算，认为两车不存在超员的问题。

那么，两名公交司机提出的理由在法律上能成立吗？先看他们所参照的"国家标准"。如果根据建设部及其他有关部门制定的公共车辆行业国家标准中所规定的"每人站立面积不小于 0.125 m^2"计算，而不是按照座位数计算，那么我们常见的"站"公交车的现象在很多情况下并未违反"国家标准"。但是，从法理上来看，这一"国家标准"仅仅是国家有关部门针对某种行业的具体情况所做的限制性规定，如果这一规定尚未上升到法律的高度，它的强制性就会有限。尤其是当这一"标准"与国家法律发生冲突的时候，它必须无条件地服从于国家法律。《道路交通安全法》明确规定"机动车载人不得超过核定的人数""车辆驾驶人、行人、乘车人以及与道路交通活动有关的单位和个人都应遵守本法"，并没有排除城市公交车辆。所以，两名公交司机提出的"《道路交通安全法》关于超员的规定不适用于公交车"的说法是不能够成立的。

再看法律解释。法律解释，就是法定国家机关或者其他社会组织、个人对法律规定的内容和含义所作的说明。法律解释是为了揭示法律规定中的立法原意。法律解释之所以必要，主要是因为：法律解释可以解决以有限的法律规范来规定、概括无限的社会关系产生的矛盾；可以解释词语和词语所表达的意思难以完全统一的矛盾；可以解决适应社会发展和保持法律相对稳定的矛盾；可以解决国家法制的统一和国内各地区发展不平衡的矛盾以及法律与法律之间的矛盾。根据进行解释的主体和效力的不同，法律解释可以分为法定解释和学理解释。法定解释，又称有权解释、正式解释，是指由特定的国家机关依照宪法和法律所赋予的职权，对有关法律规范的内容和含义所作的说明。这种解释具有法律效力，可以作为处理案件的依据。根据解释的国家机关性质不同，法定解释一般又分为立法解释、司法解释和行政解释。我国的法定解释体系主要包括：全国人民代表大会常务委员会的解释、最高人民法院和最高人民检察院的解释、国务院及其主管部门的解释、国家地方政权机关的解释和中央军事委员会的解释。学理解释，又称非正式解释，是指法定机关以外的组织和个人对法律的内容和含义所作的说明。这种解释在法律上没有拘束力，不能作为实施法律的依据，故有人称之为无权解释。国务院法制办政法司编著的《道路交通安全法》释义就属于学理解释，它在法律上并不具有约束力。公交车应该受《道路交通安全法》约束。

(三)法律规定与社会现实的冲突

　　脱离社会实际的立法不仅会使法律成为虚文,而且可能助长违法行为,弱化法律的权威性,以致大众对于某种违法现象熟视无睹,甚至习以为常。如果我们对弱化法律权威的危害性进行深思的话,甚至会发现正是这些熟视无睹的现象潜移默化地影响着中国的法治化进程。从20世纪初算起,中国的法治现代化已经走过了一个世纪的历程,而现代意义上的法治化社会并未完全在中国社会建立起来。根本的原因就在于法律的权威性尚未达到应有的高度。而树立法律的权威性恰恰又是法治社会的首要标志,是实施依法治国战略的现实起点和最终目标。

　　上述案例中的两名公交司机之所以将交警部门告上法庭,很重要的原因就是他们认为"所有的公交车都是这样拉人的"。是啊,我们这么多年都是这样过来的,也没有人想到要对照《道路交通安全法》查一查是否合法。况且,交警说这是违法的,也就是说超载侵犯了乘客的权益,可是,人家乘客又是怎么说的呢?与上述事件相似,宁波也曾发生过一起交警处罚超载公交司机的案例,在当地引发了不小的争议。两辆公交车在途经北仑富春江路与泰山路交叉口时,被北仑交警大队交警发现超载。交警要求公交车司机联系单位派车送乘客,并要进行处罚,但司机不予接受。整个过程耽误了车上近百位乘客按时上班。在"北仑热线"论坛上,许多当时坐在车上、最后上班迟到的市民不是对公交公司,而是对交警部门执法提出了很多意见。他们认为,公交车超载是实际情况,交警执法影响了市民上班,做法欠妥。有网友甚至表示,交警如果严格按照现行法律规定的标准执法,那么公交车都不用开了。乘客反对交警查处公交超载,动因也绝非是交警执法本身存在有悖法理的地方,仅仅是因为他们认为,"公交车超载是惯例"。尽管这样的"惯例"是危险的、不公平的、不合理的,但由于一直以来都得不到应有的改观,乘客们也就只能无奈地接受以至于习惯了。究竟是什么原因,让广大乘客对于自己本该拥有的法定权利置若罔闻,以至当警察出面保护他们的这一"神圣权利"时反而遭到他们的反对呢?

　　对于这起查处公交超载却触犯众怒的事件,我们必须追根求源地看到其实质。说到底,这是立法能否符合社会实际需要的问题。据了解,公交车超载在全国各个城市中都很普遍,有的地方还相当严重,超载率达到了100%、200%。所以,大部分交警对公交车超载基本持"睁一只眼闭一只眼"的态度,而且《道路交通安全法》的某些规定在公交车上是无法实施的,法律的规定在现实生活中成为虚文。赞同不处罚的市民认为,对公交超载进行处罚根本不符合中国国情,禁止超载势必要增加公交车的数量。而现在上下班高峰期的堵车现象已经十分严重了,如果增加车辆,而道路状况又没有改善,会使交通更加拥堵。当被问及若自己乘坐时因满员而被拒载时,人们普遍表示感到十分不满。执法的交警普遍表示,处罚超员的公交车面临两难状况。禁止公交车超员,就必须增加公交车的数量;如果拦下公交车清理超员的乘客,乘客的出行必然要受到影响。如果交警严格执法,按照大多数城市目前的公交运力,最后的结果只能是公交车对等车乘客视而不见、甩站而过,市民乘车将更加困难。而如果按照不超载的要求来增加运力,仅以广州为例,在上下班高峰期公交车至少要增加总量的三分之二才行。这样的话,不但已经十分拥挤的城市交通将变得更加寸步难行,市民乘车肯定也将付出更高昂的费用。但是作为交通执法部门,又不能对违反法律的行为视而不见。另一个不容忽视的问题是,如果因超载造成车厢内众多乘客相互碰撞、挤迫,发生群死、群伤的事故,这样的责任又该由谁来承担?更为严重的是,在权益长期处于受损状态下,人的心理往往会呈现一种转变趋势,那就是,从曾经的主动维权变成被动接受,继而由被动接受转变为麻木习惯。如此下去,公众的法律意识就会在无形之中逐渐消解,法律的权威在公众心目中就会越来越低,这对我们当前所进行的社会主义法治建设将会造成难以治愈的内伤,因为"法律如果不被信仰,就会形同虚设"。

  法制社会的生活常识告诉我们:法律必须贴近生活,否则就会成为"一纸空文"。针对城市公共交通问题,必须理顺法律、结合现实进行法律修改和调整。鉴于上述分析,笔者认为,解决当前"公交超载"现象的出路在于尽快修改现行的《道路交通安全法》,对于公交车辆做出不同于其他机动车辆的规定,同时又应当在法律条文当中凸显公交公司的法律义务,使新法既照顾到公交车辆的特殊性和我国当前的现实国情,又能最大限度地保护乘客的法定权利,使法律与道德、情理、社会现实和谐共处。这样,就不仅能够有效保护各方利益,也有助于维护法律的尊严,有助于公众法制意识的增强。

参考文献

[1] 陈才.惊闻公交车超载被交警拦截,表演性执法当止[N].扬子晚报,2007-09-06.
[2] 田巍.法律的权威性及其实现途径[J].长白学刊,2000(6):21-23.

[3] 788路公交车超载引出的话题[EB/OL]. http://www.nbrczp.com/ningbonews_list.asp? News ID=5979.

[4] 伯尔曼. 法律与宗教[M]. 北京: 三联书店, 1991.

[5] 章晓红. 公交"超载"案背后的法律冲突[N]. 民主与法制时报, 2007-12-29.

五、法律关系主体

【理论简介】

法律关系主体是法律关系的参与者,即法律关系中一定权利的享有者和一定义务的承担者。在我国,法律关系主体一般包括国家、机构、组织以及公民。法律关系主体的范围设定如果存在瑕疵,就会出现某种程度的法律空白,并且可能在司法实践中产生一定的弊端。

【典型案例】

2009年2月,云南省A县24岁男子李某某因盗伐林木被刑事拘留,在某县看守所度过11天后却因重伤住进医院,随后因"重度颅脑损伤"不治身亡。对于李某某的死因,警察解释为其与狱友玩"躲猫猫"游戏时不小心撞到墙壁导致头部受重伤。该案在网上传播开后遭到广大网民的质疑,并引起了最高人民检察院的高度重视,要求尽快依法查清案件事实。最高人民检察院派专员赶赴昆明指导办案。2月27日,云南省政府通报了"躲猫猫"事件的调查结果:"李某某系看守所内在押人员以玩游戏为名,殴打致死"。

【分析】

这是一个关于法律关系主体的案例。

在本案例的分析中,笔者主张进一步拓展监狱法律关系主体的现有范围,将看守所及其羁押的嫌疑人纳入相关法律的调整范围,是减少和预防"躲猫猫"事件重演的一条可行途径。需要说明的是,这一观点仅是笔者本人的学术探讨。妥否,尚有待学术界的商榷和立法机关的调研。

"躲猫猫"事件将一直以来远离人们视线的监管场所推到了风口浪尖上。这时人们才发现类似"躲猫猫"之类的事件并非个例。在媒体和公众诟病看守所管理弊端的同时,人们也发现一个令人不解的现象:作为短期羁押场所的看守所内频发犯罪嫌疑人非正常死亡事件,而长期监禁罪犯的场所——监狱却很少有此类事件的发生。

新中国成立以来,尤其是改革开放以来,我国监狱在罪犯权利保护方面取得了令人瞩目的成绩,这是广大监狱民警辛勤工作的结果。同时,我们也应该看到这一成绩的取得离不开一个重要的基础和前提——监狱法制的日趋完备。1994年12月,《中华人民共和国监狱法》(以下简称《监狱法》)的颁布实施成为我国罪犯权利保护的里程碑。《监狱法》78条条文当中,有关罪犯权利保护的条文就有30多条,以致有人称这部法律是我国罪犯权利保护的"大宪章"。

但是,我们仔细研读《监狱法》的条文就会发现:我国监狱法律关系的主体并不包括看守所以及看守所里羁押的犯罪嫌疑人。换句话说,《监狱法》赋予监狱在押罪犯的许多权利,看守所里羁押的犯罪嫌疑人是无法享有的。这些犯罪嫌疑人因涉嫌犯罪而被限制了人身自由,与普通公民相比他们的许多权利都无法行使或者受到一定程度的限制;同时,因为尚未经过法院审判而被认定为罪犯,无法受到《监狱法》的保护,这就在一定程度上形成了对这一部分公民权利保护的法律空白。进一步拓展我国监狱法律关系主体的范围,将看守所和犯罪嫌疑人纳入监狱法律关系的调整范围已经迫在眉睫。

法律关系是法律在调整人们行为的过程中所产生的一种特殊的社会关系,即人们根据法律规定而结成的特定的权利和义务关系,其构成要素包括三个方面:主体、内容、客体。监狱法律关系,是指监狱法所调整的监狱对罪犯执行刑罚、实施惩罚和改造而形成的监狱与罪犯和其他机关、组织或公民之间的权利义务关系。根据我国现行《监狱法》的规定,监狱法律关系的主体包括作为刑罚执行机关的监狱和在监狱服刑的罪犯。但是,在学术界,"监狱"的范畴要比我国现行《监狱法》规定的要大得多。一般认为,凡是以国家强制力将一定社会成员隔离于社会、限制或剥夺其人身自由的场所和设施,都应被视为监狱。其外延包括：已决犯监狱、看守所、劳教所、未成年犯管教所。这一广义的监狱范畴为世界大多数国家的监狱学界所认可。比如，日本监狱学家小河滋次郎在其著作《监狱学》中对广义监狱的界定就是：以国家威力监禁一切人类之场所；我国1954年颁布的《劳动改造条例》也曾把看守所纳入广义的劳动改造机关范围之内。与广义的"监狱"相对应，学术界对于"囚犯"的广义界定也要比我国现行的《监狱法》所规定的"罪犯"的范围要广。广义的"囚犯"，其内涵是：被国家强制力通过特定设施限制或剥夺人身自由，与社会隔离的人员；其外延包括：被判处剥夺自由刑罚之罪犯，被逮捕、刑事拘留之刑事被告人、犯罪嫌疑人，被处以治安、司法拘留者，被劳动教养者。联合国预防犯罪及罪犯处遇大会通过的《联合国囚犯待遇最低限度标准规则》也将未决犯和民事囚犯纳入其"囚犯"的范围之内。世界绝大多数国家均把羁押未决犯和民事、行政被拘留者纳入监狱职责范畴。

实际上，将看守场所纳入监狱法律关系主体的范围也是世界大多数国家的普遍做法。在许多国家，看守所是被视为监狱的一种类型——未决犯监狱规定在其监狱法律当中的。和其他类型的监狱一样，它们大都是由司法部门管辖的。比如，法国的监狱自1911年开始从内政部剥离出来改由司法部管辖。法国共有188所监狱，其中未决犯监狱就有117座。法国司法部下设监狱管理局，负责全国监狱行政管理工作，监狱管理局内设刑罚处、刑满释放处和行政管理人事处三个处。除监狱管理司外，法国司法部还下设司法事务司、刑事事务司、民事事务司、未成年保护司和行政事务管理司等。法国分为九个大区，设监狱管理分局，是司法部监狱管理司的派出机构，对监狱实施管理。俄罗斯在1998年将监狱由内务部移交到司法部，原来的一部分拘留所由司法部门管辖，一部分由公安部门管辖。2005年7月14日，普京总统签署了总统令，将拘留所全部交给司法部管辖。当然，作为未决犯监狱，许多方面的规定和已决犯监狱相比较都宽松得多。比如，在莫斯科未决犯监狱，怀孕的妇女在生育后还可享受特殊的照顾，包括母子享有禁室和必要的医疗、卫生护理，每天有更多的户外活动时间，孩子可以与妈妈一起生活至三岁。德国刑罚执行属于各州的内部事务，联邦没有自己的监狱。各州监狱由各州司法部和城市州的有关机关对所辖监狱行使有关职权。德国大多数州采取州司法部长直接领导监狱的体制，也有个别州采取州司法部长将监督权委托给被称为"司法执行局"的中间机构行使。由此可以看出，现代各国关于看守所的设置和管理有一个共同趋势：为避免犯罪嫌疑人或被告人的合法权利受侦查人员的任意侵犯,羁押场所一般不设在警察或其他侦查机关有能力进行控制的地方,而是将看守所作为监狱的一个组成部分,把看守所和犯罪嫌疑人作为监狱法律关系的主体对待,受《监狱法》的直接调整。事实证明,这样的看守所体系较好地保护了嫌疑人或被告人的权益。

反观我国现行看守所制度。《中华人民共和国看守所条例》(以下简称《看守所条例》)第五条明确规定:"看守所以县级以上的行政区域为单位设置,由本级公安机关管辖。"现行法律又过多地把侦查权配置给公安机关。对于普通刑事犯罪嫌疑人,检察机关基本上只是被动地依赖公安机关的证据。这就造成公安机关享有广泛的侦查权,负责寻找犯罪证据,而犯罪嫌疑人就关押在公安机关自己管理的看守所内。公安机关同时拥有两个身份,既为侦查机关,也是羁押机关,因而进行侦查活动的公安机关就有条件用违法违规的行为对待自己看管的犯罪嫌疑人,以获得证据,主要是口供。

如果将看守所和犯罪嫌疑人纳入我国监狱法律关系主体的范畴,直接受《监狱法》的调整,那么看守所就和监狱一样,它的唯一职责就是看管好犯罪嫌疑人或被告人,而不用从犯罪嫌疑人或被告人那里获得证据。公安机关、检察机关要讯问犯罪嫌疑人或被告人,必须得到看守所、司法行政部门的同意,而后两者对于前两者讯问期间犯罪嫌疑人或被告人的人身安全是负有责任的。在这样的相互制约之下,犯罪嫌疑人的权利无疑会得到较好的保护。

将看守所和犯罪嫌疑人纳入我国监狱法律关系的主体范畴,已经得到社会各界不同程度的认同。根据北京大学陈瑞华教授的观点,把看守所和犯罪嫌疑人纳入监狱法律关系主体的范畴,至少有四个好处。第一,看守所实现中立化、超然化,不再依附于侦查机关。一个中立的、超然的对案件没有任何利害关系的看守所能够更好地承担预防、保护作用。第二,刑讯逼供将大量减少。把看守所交给司法行政机关,使得看管部门与侦查部门之间明确彼此的责任,形成相互制约的关系,从而大大减少刑讯逼供发生的可能。第三,大幅度降低超期羁押的可能性。第四,一旦看守所从公安机关剥离出来,律师"会见难"被刁难的情况将会大幅度减少,因为看守所和律师的辩护不再处于直接对立的关系,律师"会见难"问题自然得到解决。

如果说将看守所和犯罪嫌疑人排除在监狱法律关系调整范围之外这一法律上的空白因为太小而在较长一段时期都为社会公众所忽视了的话,"躲猫猫"事件的发生则是通过一个鲜活的案例让我们明白:法律上的任何一个哪怕极其微小的疏漏都可能影响一个甚至一批公民极其重要的权利——甚至是生命！基于此，笔者认为应当进一步拓展我国监狱法律关系的主体范围，将看守所及其羁押的犯罪嫌疑人纳入《监狱法》的调整领域，以保障看守所内羁押的犯罪嫌疑人的合法权利。

参考文献

[1] 看守所何时不再"躲猫猫"[EB/OL]. http://www.yn.xinhuanet.com/newscenter/2009-03/01/.

[2] 侦押分离让躲猫猫躲开[EB/OL]. http://news.sina.com.cn/c/2009-03-05.

[3] 刘藩. 监狱学[Z]. 湖北法政社，1905.

[4] 夏宗素. 中外监狱制度比较研究文集[M]. 北京：法律出版社，2001.

[5] 郁宏军. 试论我国犯罪嫌疑人权利保护机制的完善：从刑讯逼供现象引起的思考[EB/OL]. http://www.chinacourt.org/html/article/200408/06/126542.

六、讼师鼻祖：邓析

【理论简介】

讼师是中国传统法文化中不可忽视的职业。然而遗憾的是，在法文化研究成果中，学界对讼师的关注才刚刚开始且少之又少。概括地说，讼师在古代社会中扮演着律师的职能。他们可能为金钱利益而充当挑词架讼的讼棍角色，也可能因以法维权而赢得讼师的尊称，具有极强的两面性。在中国这样一个具有深厚的历史文化积淀的国度里，对于讼师这样的职业绝不能视而不见，它的出现和存在具有深刻的经济、政治、法律、文化等根源，与西方的律师现象有相当大的区别。由于辩护在中国古代并不具备法律程序上的正当性，所以讼师在中国古代的为政者或法律的相关讨论中一般都不具备良好的形象，往往被视为影响社会和谐、挑词架讼的不安定分子。从根本上看，这种对讼师品质低下的定位是由中国古代铁板一块的集权体制造就的，并逐步影响整个社会，形成了一种独特的法制文化。在这种文化环境里，人们不认为讼师是一种崇高的职业，更谈不上对这种工作理解和支持。说到底,是中国传统文化认为权力具有至上性,不承认权力与权利之间有冲突、有矛盾,权力意识完全取代了权利意识。

【典型案例】

洧水甚大,郑之富人有溺者。人得其死者,富人请赎之。其人求金甚多。以告邓析。邓析曰:"安之!人必莫之卖矣。"得死者患之,以告邓析。邓析又答之曰:"安之!此必无所更买矣。"(《吕氏春秋·离谓》)

【分析】

这是一个关于我国古代"律师"的案例。

我国古代并没有律师,尽管如此,提到律师,人们总会联想到古代的"讼师"。战国时期的邓析,大概算得上是讼师的鼻祖了。他头脑灵活、能言善辩,经常帮人书写诉状,指点打官司的门路。老百姓有了诉讼之事,往往请他出谋划策,并给他些许报酬。对于邓析的所作所为,史书上是以何种方式来记载的呢?《列子》谓其"操两可之说,设无穷之辞"。《吕氏春秋》指责他"以是为非,以非为是,是非无度,可与不可日变,所欲胜因胜,所欲罪因罪"。为了说明这一点,《吕氏春秋》举了上述例证:郑国一富人,家中有人被水淹死,其尸体被一穷人捞去。富人听说后就想用钱赎回尸体,可是那穷人却漫天要价,想趁机捞一把。富人不想出那么多钱,就去找邓析帮忙。邓析告诉那富人:"别急,一文钱也别多出。因为除了你,谁也不会去买那具尸体的,还怕他不卖给你?"果然,那穷人等得心慌,却不见富人来买尸体,也去找邓析出主意。邓析对那穷人说:"急什么!少一文钱也别给他那具尸体,你知道,除了在你这里,他到哪里也买不到那具尸体,还怕他不来吗?"这样的处理方式使人不得不从道德和人情的角度对邓析感到不满。

在中国这样有着几千年古老文化传统的国度里,长期以来对民众影响巨大的儒家学说极力倡导"和为贵"的人际关系准则,"无讼"成为整个社会秩序化的象征。为了实现这一理想的社会秩序,中国古代社会几乎动用了一切力量来营造一种"非讼"的社会氛围,使"非讼"意识充斥于整个社会,将任何鼓励或帮助他人诉讼的行为划归为丑恶行径而为人所不齿。同时,由于讼师的行为不仅会挑起当事人的诉讼欲望,也会使没有受过多少法律训练的官员难以应付,所以历代统治者对于讼师不是持有支持的态度,而是持有打击和惩治的态度,在舆论上给讼师树立了负面形象,史家称之为"讼棍",民间则称其为"恶讼师"。其丑恶形象甚至铭刻于文章典籍之中。在这种背景之下,讼师的形象在中国传统文化当中备受歪曲。

当然,律师形象容易被负面化,这也跟这一职业自身的特点有关。无论你是一位怎样的律师不可能使所有的人都满意。律师这一职业本身存在着招人不满的一种可能性,因为律师的业务活动主要是参与诉讼,在参与诉讼的过程当中,每当给一方当事人带来了利益,可能或必然地会给另一方当事人带来损害。所以每当帮人打赢了官司就会受到对方当事人的怨恨和指责,而如果打输了官司就更惨了,两边的当事人可能都恶语相向。不难发现,律师作为一种职业,很容易受到当事人的指责。

即使在律师职业最早产生的西方,这一职业在西方国家的一般大众心目中的形象也不太高尚,许多流传甚为广泛的幽默故事可以让我们略有所知。一位医生、一位教师和一位律师,死后一起升入了天堂,报到之后等待着圣彼得分配住处。结果,圣彼得分给医生一套宽敞明亮的房子;分给教师一套别墅;而分给律师的是一栋十分华美的大厦,里面还有众多漂亮的舞女为之轻歌曼舞。医生和教师很是不服气,就去找圣彼得问个究竟,质问圣彼得为什么分给律师的住处竟比他们的好?圣彼得慢条斯理地说:"二位难道不懂得'物以稀为贵'的道理吗?要知道,至今为止,他可是升入天堂的第一个律师呀!"言外之意,医生和教师大多都能升入天堂,而律师却大多下了地狱。

由于传统文化的负面作用、舆论报道的偏颇以及公众情感因素的影响等诸多原因,直到现在,一提到律师,很多人的第一反应仍是"律师很有钱,很会钻法律的空子,很会搞关系"。当然,这其中也有律师队伍自身建设中存在的问题,但不可否认,传统文化的影响、媒体态度的偏颇以及公众情感的好恶也在其中发挥了相当大的作用。这种状况给律师执业造成许多人为的障碍,影响了律师行业的健康发展。律师是国家法治与民主进程的重要推动者,在一国的法治化进程当中起着不可替代的重要作用。尤其是在我们这样一个法治体系尚待完善的国度里,民众逐渐树立起法律意识,培养一种用法律的眼光看问题,而不是凭一时的感情冲动去看问题的习惯,对于我国的法治建设、律师事业的发展无疑具有更为重要的意义。

七、孔子审案与古代司法智慧

【理论简介】

在我国古代社会中,儒家思想长期处于绝对支配地位,"贵和持中、贵和尚中"的文化理念成为我国传统法律文化的特征。据历史考证,孔子作为儒家思想的创始人,他是"无讼"论的奠定人和倡导者。同时,他曾经称理想的执政目标:"听讼,吾犹人也,必也使无讼乎"(《论语·颜渊》)。另外,儒家典籍记载,尧舜之世,便是一个无讼的世界,而舜本人就是一个息讼止争的高手(《无讼集·讼讼》)。古代,国人对诉讼较为反感,他们认为诉讼是道德败坏的结果或表现。孔子曾在鲁国做过最高司法官,他处理诉讼的方式是无讼理念在司法实践中的典型体现,其中蕴含着我国传统司法智慧。

【典型案例】

《孔子家语·始诛第二》这个案例用今天的语言来表述大概内容是:孔子在鲁国做最高司法长官的时候,有父子两人因为发生矛盾来找孔子打官司。孔子就命令手下人将那父子两人暂时先关押在同一个监舍之内,一连三个月都没有审理此案。这样过了三个月,案件最终以父子和好、原告撤诉而圆满解决。

【分析】

这是一个关于古代司法智慧的案例。

据《史记》记载,孔子在51岁当上了鲁国的大司寇,这是孔子一生中做过的最高的官职了。《周礼·秋官司寇》是这样描述"大司寇"这一职务的:"大司寇之职,掌建邦之三典,以佐王刑邦国,诘四方……以圜土聚教罢民……以两造禁民讼。"意思就是大司寇的职责是负责建立和颁行治理天下的三法,以辅佐王惩罚(违法的)诸侯国,禁止四方各国(分裂);用狱城聚教那些游手好闲的不良之民;用使诉讼双方都到场的办法来防禁诉讼不实之词。用今天的话来说,孔子就是当时鲁国负责国防、治安和司法的最高长官。

作为鲁国的最高司法长官,孔子亲自审理过不少的案件,这些案件的处理方式反映了孔子的法律思想和司法智慧。针对上述案例这里要做一个说明,在古代,我国的监狱制度和今天有很大的区别,凡有打官司的,如果审案官员因各种原因无法立即审理的,原告、被告,甚至干连人等会被先看管起来。当时,作为最高司法长官的孔子命令将前来打官司的父子两个关押在同一个监舍之中。可以设想,一开始父子俩可能仍然是怒目相向,争论得面红耳赤;或许几天下来,怒气已经消了不少;再过一些时日,或许儿子会因为担心年老的父亲因监狱里粗陋的伙食影响了健康而每天为父亲省下一个或半个窝头,父亲因为怕正在长身体的儿子因营养不良得病而在每顿饭把自己的咸菜省出半份来给儿子吃……这样过了三个月,父子俩不仅将原来的矛盾忘到了九霄云外,而且因为相濡以沫的监狱生活唤醒了心底的父子亲情。

了解了上面的案例,我们不能不佩服作为伟大思想家的孔子在断狱审案上也自有高出常人之处。就该案的处理过程和结果来看,至少有以下几点是很值得称道的:

第一,节约了司法资源。在古代,行政兼理司法,也就是说不像今天有公安局、检察院、法院等专门的司法机构,这些机构的职能大多由行政长官兼理。这从我们大家都耳熟能详的有关包公的戏剧里,就可窥见一斑:无论大小案件,从立案侦查、审查起诉,到审理判决、执行刑罚,均由开封府的行政首长包拯亲自主持过问。而略通我国古代历史的人都知道,我国古代的公务员数量是很少的,据有关史料记载,一个中等的县级行政区吃"皇粮"的工作人员一般也就区区几十人而已。总之,我国古代的司法资源是很有限的,如何运用这十分有限的司法资源处理好纷纭复杂的民刑案件确实需要一定的政治智慧。我们看到,孔子在受理此案后,既没有让原被告双方搜集证据、提供证人、当庭辩论,也没有指定相关机构进行司法鉴定、证人测谎、冻结资产等。从头到尾,孔子只做了两件事:一是在受理案件后命令将原告被告"同狴执之";二是在原告申请撤诉后,大笔一挥,"赦之"。这无疑在最大程度上节约了有限的司法资源。

第二，彻底解决了纠纷。尽管孔子并没有对该案进行真正意义上的审理，但是纠纷的解决却是彻底的。原告自愿撤诉，当事人之间不仅尽弃前嫌，而且懂得了要珍惜父子亲情。孔子基于"性相近，习相远"的人性论，认为民事纠纷可以通过德化和教化来解决，罪犯可以通过仁德和礼义来教化。教化与刑罚相比，首先教化可以保持人善的本性，其次教化可以预防犯罪，再次犯罪之后，教化可以让罪犯良心发现，从而达到"以德去刑"的目的。因此，孔子反对不教而杀，认为道德教化是解决纠纷、预防犯罪的有效手段。这种以德去刑的思想被历代统治者作为宝贵的理念传承下来。受这种观念的影响而形成的调解的传统，是我国独创的代替性纠纷解决机制，被西方人视作"东方经验"。受孔子思想的影响，从汉代开始，处理民间发生的轻微刑事案件和田土户婚等民事案件，便推崇调解之路。唐代以后，调解制度逐渐制度化，调解的方式分为州县调解与民间调解。前者是在州县官主持下的调解，是诉讼内的调解，带有一定的强制性；后者是诉讼外调解，如宗族调解，乡邻调解。调解的依据是国法、家规、礼俗等。调解不仅可以减少诉讼当事人的讼累，而且符合社会安定和维护伦理亲情宗法社会的需要。《牧令书》所说："乡党耳目之下，必得其情，州县案牍之间，未必尽得其情，是以在民所处，较在官所断为更公允矣。"推行调解制度，调动了各方社会力量，调解的形式又灵活多样，能够起到缓和社会矛盾、防止当事人积怨、减轻讼累、降低诉讼成本，以及维护稳定的社会秩序等积极作用。

第三，有利于社会和谐和倡导良好的社会风气。孔子对该案的处理在当时引起了一些高层官员的不满，有人质问孔子作为一个司法官怎么可以不按照国家的刑律进行案件的裁定呢？孔子给出的理由是"不教其民而听其狱，杀不辜也"。孔子极力主张推行教化，反对实行"不教而杀"的纯任刑罚的苛政，主张对人民要"道之以德，齐之以礼"，反对"道之以政，齐之以礼"。用政令和刑罚驱使人民，人民慑于暴力的威胁，被迫服从统治者的意志，但心中没有善恶的道德观念；而依靠恩德和礼教的感染，人们不但会加强自我约束而且会以违法乱纪为耻辱。在儒家看来，道德伦理规范的价值要远远高于法律规范。孔子的这一司法理念被后人概括为"德主刑辅"，为后世贤者人所推崇和效法。比如，唐朝韦景骏任贵乡令时，有母子相讼者。景骏谓之曰："吾少孤，每见人养亲，自恨终天无分。汝幸在温清之地，何得如此？"垂泣呜咽，取《孝经》付令习读。于是母子感悟，各请改悔，遂称孝慈。宋代思想家陆九渊知荆门军时，百姓有争讼，每多方劝说。尤其对于父子兄弟之间的纠纷,他总是以儒家"纲常礼教"来开导、启发,最后使他们感动得自愿撕掉状书,重归于好。亲情源自人类本性,一个国家的法制,若失去了道德、亲情的支持,法律的合理性与合法性是会出问题的。同时,亲情的缺失,必将导致道德的沦丧,社会诚信的崩溃。法律的制定和实施只有考虑到人类的亲情因素,才能够有利于形成社会和谐氛围,有利于形成和维持良好道德风尚。

孔子审理诉讼案件时与众不同或高明之处在于:他主张通过道德教化的手段从源头上杜绝诉讼案件的再度发生。也就是他一贯主张的"导之以德,齐之以礼,有耻且格。"诚然,孔子所追求的"无讼",只是一种理想状态。社会和人性都十分复杂,不是所有问题都可以通过道德教化来解决的。但是,如果我们能够汲取孔子的司法智慧,把秉公执法与道德教化结合起来,防纷争于未然,岂不更好?孔子一直强调和追求"和为贵",如今,"构建和谐社会"亦成为社会主义司法理论的基本内容与司法实践的最终目的。司法调解,作为一种结案方式,追求促使双方当事人自愿达成协议,与"以和为贵"的传统道德观具有一致性。司法调解是双方当事人的合意的结果,是双方真实意思的自由表达,当事人从心理上容易接受调解协议,履行协议内容,能够取得案结事了、彻底化解纠纷的效果,有利于维护亲情、友情,恢复当事人的和睦关系,防止矛盾激化,避免产生不稳定因素,对维护社会安定与司法权威起着积极的作用。创设现代司法制度,是一个具有浓郁民族色彩的司法机理转型过程,它决不意味着沿袭久远的民族传统精神与司法智慧的历史性消逝。因此,对当代我国的司法制度改革来说,不要奢望从国外提供的模式中找到现成的答案,要凭借自身基于本国需要和条件的创造性行动实现古代司法智慧在现代环境中的历史性升华。当然,由于赖以存在的社会基础的不同,决定了传统司法智慧不可能完全适用于今天的司法实践。但是,对我国古代司法智慧中契合当代和谐社会构建需要的部分进行创造性的现代诠释,使之转化进而融入现代司法文化之中,为构建和谐社会服务是可能的,也是必要的。

八、缇萦上书与西汉刑罚制度改革

【理论简介】

公元前167年,汉文帝下诏废除肉刑,开始进行刑制改革。这就是我国历史上有名的文帝刑制改革。这次改革改变了原来包括肉刑在内的奴隶制"五刑"制度,这是奴隶制"五刑"向封建制"五刑"过渡的开始。这次对我国刑罚制度进步有着重大历史意义的改革是由一位名字叫缇萦的女子发起的。在以男性为主角的我国史籍中,缇萦是为数不多的几个"名垂青史"的女性之一。有关她的事迹,《史记·孝文本纪》《史记·扁鹊仓公列传》与《汉书·刑法志》上都有记载。

【典型案例】

缇萦是西汉名医淳于意的女儿。淳于意曾为西汉时齐国管理仓库的主管官员,为官清廉。时人尊敬他,不以姓名称他,而称他"仓公"。《史记》上把淳于意与扁鹊并列(见《史记·扁鹊仓公列传》),而且着墨尤重于后者,可见仓公的医术应该与扁鹊不相上下。淳于意有五个女儿,没有儿子,缇萦是他最小的女儿。汉文帝十三年,缇萦的父亲淳于意犯了王法,依律当处以肉刑,被押解往长安。缇萦硬是要随父亲到长安。路途中,淳于意反复检讨自己的言行,认为都是自己的古怪脾气惹出的祸端,因此利用驿站休息的机会,为许多慕名求医的人诊治疑难杂症。随父同行的缇萦也反复思索,并向皇帝上书:"妾父为吏齐中,皆称其廉平。今坐法当刑,妾伤夫死者不可复生,刑者不可复属,虽后欲改过自新,其道无由也。妾愿没入为官家奴婢,愿赎父刑罪,使得自新。"就是说自己愿为官家做奴婢以赎父罪,因为死了的人不能再活过来,受刑的人不能再恢复原状,想改过自新,也没有办法了。汉文帝读后感慨:"今法有肉刑三,而奸不止,其咎安在?非乃朕德薄而教不明欤?吾甚自愧""夫刑至断肢体,刻肌肤,终身不息,何其楚痛而不德也,岂称为民父母之意哉!"(《史记·孝文本纪》)大意是:对犯人施刑以致断肢体、伤肌肤,终身不能复原,多么令人痛苦而不合道德。我作为百姓的父母,这样做难道合乎天下父母心吗?应该废除肉刑!于是,汉文帝赦免了淳于意的肉刑,而且宣布从此废除肉刑这一不人道的刑罚。

【分析】

这是一个关于我国刑罚制度改革的案例。

关于这则弱女救父的故事,古往今来解释颇多。以孝悌为本者认为这是孝道为先的典范,女权主义者将缇萦奉为劳动妇女赤诚、勇敢的楷模。从法律的角度去看"缇萦上书"的影响,可将由此引发的"汉文帝废止肉刑"视为我国历史上一次极其重要的刑罚制度改革,它宣告了奴隶制"五刑"到封建制"五刑"的转变。这才是其最深层次的意义!

汉文帝刑罚改革前的刑制,沿袭禹之"五刑",所谓奴隶制"五刑"——墨、劓、宫、剕、大辟。割鼻刺面,让罪犯没脸见人;去了生殖器,让罪犯断子绝孙;断了左右脚,让罪犯一辈子站不起来;把脑袋砍掉则为大辟。奴隶制的"五刑"是不人道的、野蛮落后的刑罚制度,是一种典型的同态复仇。

由于缇萦的上书,汉文帝"怜悲其意",于是诏令改革刑制,遂由丞相张苍与御史大夫冯敬等拟订方案,经汉文帝批准,"定律"废除肉刑,并对其他方面一并改革,其内容有三。

其一,废除肉刑,而以其他刑罚代替。"诸当髡者,完为城旦舂;当黥者,髡钳为城旦舂;当劓者,笞三百;当斩左趾者,笞五百……"用今天的话语来表述,大意就是:罪当剃光头发以示羞辱的,改为保留头发去守城(男性)或是为官府加工稻米(女性)。要知道,在古代,人们认为身体发肤受之父母,被剃光了头发是天大的耻辱。三国故事中曹操因为不小心犯了军令毅然将自己的头发割下一小撮以示惩罚的故事,就证明了头发的重要性和剃发具有惩罚的功能。罪当刺面,作为永久耻辱标志的,也改为剃光头发去守城(男性)或为官府加工稻米(女性);罪当割去鼻子的改为打三百大板;罪当砍去左右脚的,打五百大板了事。从此,残损罪犯肢体的刑罚开始逐步退出中国刑制的历史舞台。

其二,广泛使用弃市作为死刑执行方法。"吏受赇枉法,守县官财物而即盗之,已论命复有笞罪者,皆弃市。"此项改革在让罪犯免却了肉体残疾之苦的同时,加重了对官吏贪赃枉法的刑罚,因为"皆弃市"就是"全部在大庭广众之下处以死刑"的意思。

其三,定徒役刑的刑期。"罪人狱雪已决,完为城旦舂,满三岁为鬼薪白粲;鬼薪白粲一岁,为隶臣妾;隶臣妾一岁,免为庶人。隶臣妾满二岁,为司寇;司寇一岁,及作如司寇一岁,皆免为庶人。其亡逃及有罪耐以上,不用此令。"这项改革主要是规定了一定刑期(如一年、二年)的劳役刑——守城(城旦)、舂米(舂)、为寺庙砍柴草(鬼薪)、拣米(白粲)、做官奴婢(隶臣妾)、戍守边防(司寇)等。这些改革措施,既体现了对罪犯的人道主义保护,又为社会保留了劳动力,在惩戒罪犯的同时,也可以为社会创造了一定的财富。这不能不说是一个历史性的进步。

这次刑制改革以后,汉景帝时期又进行过两次改定律令,减少笞刑数目,制定《箠令》,规范笞刑执行制度,大致完成了以废除肉刑为核心的改革。汉朝开始建立起新的刑罚体系,这一刑罚体系由死刑、徒役刑、笞刑为主组成,而辅之以肉刑、徙边、禁锢、族刑、罚金等。其在刑罚制度发展史上的进步意义在于,这一刑罚制度基本上结束了以肉刑为中心的历史,是我国古代刑罚制度从野蛮时期到文明时期的转折点。此后,到南北朝时期,肉刑逐渐被废除,封建"五刑"到北齐时出现了雏形,为隋唐以徒流刑为中心的封建五刑制的定型奠定了基础。

缇萦的事迹为后人广为称颂,《汉书》的作者班固就写过一首诗称赞缇萦,称赞《咏史》:"三王德弥薄,惟后用肉刑。太仓令有罪,就递长安城。自恨身无子,困急独茕茕。小女痛父言,死者不可生。上书诣阙下,思古歌鸡鸣。忧心摧折裂,晨风扬激声。圣汉孝文帝,恻然感至情。百男何愦愦,不如一缇萦。"其中"百男何愦愦,不如一缇萦"常常为后人引用。后来诗人李白也曾写诗咏缇萦:"淳于免诏狱,汉主为缇萦。"

九、亲亲相隐不为罪

【理论简介】

"亲亲相隐"是我国封建社会刑律的一项原则,亦称"亲属容隐",指亲属之间可以互相隐瞒罪行而不负刑事责任。"亲亲相隐"作为一种思想观念由来已久,《论语·子路第十三》中记载:"叶公语孔子曰:'吾党有直躬者,其父攘羊,而子证之'。孔子曰:'吾党之直者异于是,父为子隐,子为父隐,直在其中矣。'"即父亲偷了人家的羊,儿子告发了父亲。这种"大义灭亲"的行为从法律上讲是应当提倡的,但在孔子看来这却是一种应该受到谴责的丧德败行。相反,孔子主张父亲应替儿子隐瞒罪行,儿子也应替父亲隐瞒罪行,认为只有这样,才能体现父慈子孝的道理。《孟子·尽心上》亦通过假设的"舜窃父而逃"的故事表达了类似的观点。《孟子·尽心上》:"桃应问曰:'舜为天子、皋陶为士,瞽瞍杀人,则如之何?'孟子曰:'执之而已矣。''然则舜不禁与?'曰:'夫舜恶得禁之?夫有所受之也。''然则舜如之何?'曰:'舜视弃天下,犹弃敝蹝也。窃负而逃,遵海滨而处,终身欣然,乐而忘天下。'"翻译成现代汉语就是:舜为天子,而他父亲杀人犯法,这怎么处理呢?孔子说,由着皋陶秉公执法。桃应问:舜他就不徇个私网开一面救下自己父亲?孔子回答,舜不喜欢难道就要禁止吗?这天下是他从尧那里得来的,他就应当上承天命治理人民,让王之法度不被歪曲,岂能因个人不喜欢就更改?桃应继续追问,那舜到底应该怎么办呢?孔子回答,这时候,他就不想再当君主了。他会像丢掉一双破鞋子一样丢掉天下,偷偷把他父亲从大牢里救出来,然后背着他父亲逃走,跑到别人追不到的地方,如海边。从此过上了幸福快乐的生活,把天下忘个一干二净。

【典型案例】

时有疑狱,曰:甲无子,拾道旁弃儿乙养之以为子。及乙长,有罪杀人,以状语甲。甲藏匿乙,甲当何罪?仲舒断曰:"甲无子,振活养乙,虽非所生,谁与易之?《诗》云:'螟蛉有子,蜾蠃负之。'《春秋》之义,'父为子隐'。甲宜匿乙。"诏不当坐(董仲舒《春秋决狱》)。

这段文字大致的意思是,汉代的时候,一个人没有儿子,在道路旁捡了一个小孩子作为养子。这个小孩长大之后,杀了人,把杀人这件事告诉了养父。养父把这个小孩子藏了起来。问:养父是否有罪?董仲舒的回答是:养父和养子是父子关系,儿子犯罪了,父亲将他藏匿起来,无罪。

【分析】

这是一个关于我国古代"亲亲相隐"原则的案例。

汉代最早用"亲亲相隐"原则来判案的是董仲舒。董仲舒在这里显然是开始将孔子"父为子隐,子为父隐"的思想运用到司法实践当中。"亲亲相隐"作为一种司法原则得到普遍采用则是在汉宣帝的时候才开始的,强调"以孝治天下"的汉宣帝四年(公元前66年)曾下诏申明:"父子之亲,夫妇之道,天性也。虽有患祸,犹蒙死而存之。诚爱结于心,仁厚之至也,岂能违之哉!自今子首匿父母,妻匿夫,孙匿大父母,皆勿坐。其父母匿子,夫匿妻,大父母匿孙,罪殊死,皆上请廷尉以闻。"其大意是说子女帮助父母、妻子帮助丈夫、孙子帮助祖父母掩盖犯罪事实的,从今以后一概不追究其刑事责任。父母帮助子女、丈夫帮助妻子、祖父母帮助孙子掩盖犯罪事实的,一般情况下可以不追究刑事责任,死刑案件则要上请廷尉,由其决定是否追究首匿者的罪责,这段话也可以简单地概括为"亲亲相隐不为罪"。这就是通常所说汉代"亲亲相隐"的司法原则,据此,卑幼隐匿有罪尊长,不再追究刑事责任;尊长隐匿有罪卑幼,死罪上请廷尉决定是否追究刑事责任,死罪以下也不追究刑事责任。

从汉代开始,我国历代封建王朝的法律不但鼓励相隐,而且规定晚辈告发长辈,官府还会以"不孝"罪对晚辈处以严重的刑罚。我们认为,"亲亲相隐"的法律原则顺应了人的情感需求,不仅有利于家庭的和谐与整个社会秩序的稳定,而且符合现代法治保护人权的目的。众所周知,人权的主体是人,人的基本属性即为人性,衡量人权状况最根本的标准应该是人性的健康发展。人性的基本体现之一就是人类是有感情的、有爱恨的,这种感情首先表现为血缘之爱、亲情之爱,这种源自人的天性的感情超过其他各种因为利害关系形成的感情。

"亲亲相隐"作为一种法律制度在一定程度上恰恰体现和满足了人性的根本需要。另一方面,在人类社会进步到以家庭为基本单位时,"自我"的含义实际上扩大到了家庭,家庭成员构建的生活共同体成为"自我"的延伸。如果国家的法律规定在家庭成员犯罪后不允许亲属之间相互容隐,一味地倡导大义灭亲去检举、揭发家庭成员的犯罪行为,实际上是对人类自我保存本能的否定、对人性的否定。人性不存,何谈人权?所以说,"亲亲相隐"制度体现了中国古代朴素的人权意识。即使从现代人权的视角来考察汉代的"亲亲相隐"制度,我们也会发现在"亲亲相隐"制度之下,家庭成员之间的隐私权、不被强迫自证其罪的权利、有限沉默权以及证人拒绝作证权等一系列西方所标榜的现代人权均在其中,甚至可以说在某种程度上,汉代法律关于亲属之间容隐的规定所体现的人权保障比现代西方所宣扬的人权更具理性,规定的内容更为广泛。"亲亲相隐"的制度设计不仅体现了人性之本能,而且蕴含着伦理道德观念,与人道主义精神不谋而合,这些也与当代人权保障有异曲同工之妙!

合理继承和弘扬儒家"亲亲相隐"的思想,从汉代有关"亲亲相隐"制度当中吸取可以为我所用的资源,对于构建我国保障人权的刑事法律机制具有十分重要的意义。"亲亲相隐"制度并非中国古代所独有,综观世界各国之刑法,法律上规定近亲属有"容隐"特权的比比皆是。例如,《美国联邦证据规则》规定,公民"有不做对配偶不利的证言的特权";日本有关法律当中也有类似的规定,并将范围扩展到了"曾经的配偶"(前夫、前妻);德国甚至将夫妻间的免证特权推广到了订婚人之间。无论是汉代的"亲亲相隐"原则,还是现代世界许多国家法律规定的亲属"免证",这些规定都在一定程度上保护了人类最天然的血缘亲情,封堵了家庭成员之间相互背叛的通道,维护了人类自然的亲情关系和伦理基础,这是对人性和人权的真正尊重!

令人欣喜的是,汉代"亲亲相隐"原则当中所蕴含的重要的人权保障价值在我国当今的立法实践当中已经开始得到体现。2011年,我国刑事诉讼法修正案当中,规定除严重危害国家安全、社会公共利益的案件外,一般案件中当事人的近亲属有拒绝作证的权利。刑事诉讼法这一内容的修正,不仅符合当今世界人权保障之潮流,更是对中国传统法律文化的继承和发展。这也说明,汉代确立的"亲亲相隐"制度在当今中国依然具有强大的生命力和时间价值!

参考文献

[1] 王爱鲜.论亲亲相隐在现代刑法中的合理价值[J].信阳师范学院学报(哲学社会科学版).2007(6):39-43.

[2] 刘道朋."亲亲相隐"之现代刑事法律人文价值分析[J].兰州学刊,2011(1):92-97.

十、悯囚制度

【理论简介】

悯者,怜悯之义。汉统治者在"天下苦秦酷法久矣"的社会历史条件下,提出"宽缓刑狱"的主张,在这一狱政思想的支配下,汉代在监狱管理方面,建立了对狱囚实行宽宥,防止狱吏随意凌虐狱囚并保障其基本生活待遇的制度,这就是所谓"悯囚制度"。这一制度对后世的罪犯管理和教化产生了深远的影响。

【典型案例】

据《汉书》载,汉惠帝曾发出诏令:"民年七十以上若不满十岁,有罪当刑者,皆完之。"即对十岁以下或七十岁以上的罪犯都不施肉刑,以使其保持身体发肤的完整。此后汉宣帝也曾下诏:"自今以来,诸年八十,非诬告杀伤人,它皆勿坐。"这是宽宥老年人刑事犯罪的又一规定,该规定将年满八十岁的老人处刑的范围限定在诬告、杀人、伤人三种罪行上,除此之外的其他犯罪行为一律免予处罚。

《太平御览·卷六四三》记载,东汉"鲍昱为泚阳长,县人赵坚杀人系狱,其母诣昱,自言年七十余,唯有一子,适新娶,今系狱当死,长无种类,泽泣求衷。昱怜其言,令将妻入狱廨止宿,遂妊身有子"。此即让独子不至于断后的"听妻入狱"制度。

《后汉书·刑法志》记载,汉景帝后元元年(公元前143年)曾下诏:"高年老长,人所尊敬也;鳏寡不属逮者,人所怜也。"其著令:"年八十以上,八岁以下,师、侏儒当鞫系者,颂系之。"《汉书·宣帝纪》记载,汉宣帝元康四年(公元前62年)也下诏令:"朕念夫耆老之人,发齿堕落,血气即衰,亦无暴逆之心,今或罹于文法,执于囹圄,不得终其年命,朕甚怜之。自今以来,诸年八十非诬告杀伤人,它皆勿坐。"此即对于老幼病残者免戴刑具的"颂系制度"。

《后汉书·虞延传》记载,东汉光武帝建武年初,一个名叫虞延的人,在任细阳县令时,每年至伏腊之时,就遣本县监狱所羁押的囚徒归家,囚徒"并感其恩,应期而还"。《后汉书·戴封传》记载,东汉和帝永元年间,戴封升任中山相时,当时各县有罪囚四百余人,辞状已定,即将行刑。戴封有哀怜之意,皆允许回家一次,"与克期日,皆无违者"。此即"纵囚归家"制度。

《后汉书·钟离意传》记载,东汉堂邑县人防广为父亲复仇杀人入狱,在狱中得知其母病死,防广哭泣不食,县令钟离意得知后深表同情,让防广回家殡敛其母。防广处理了母亲后事,按期返回狱中,后来钟离意将此事奏明光武帝,防广竟得免去死罪。此即"离监奔丧"制度。

【分析】

这是一个关于我国古代"悯囚制度"的案例。

汉代法律规定当中有许多矜老怜幼的原则,尤其是汉朝的"颂系制度"更是体现了对于犯罪的弱势群体成员的人道主义关怀。所谓"颂系制度",就是矜恤老幼残疾罪犯,不加戴桎梏的制度。颂系诏令所宽容的对象都是一些幼弱、耄耋、盲人乐师和侏儒等老弱残类罪犯。汉代法律制定矜老怜幼原则的原因是多方面的,最直接的原因是老人、小孩的社会危害性相对较小,虽然当时的立法者是站在国家治理角度来确立矜老怜幼原则的,但我们也不应该否定这一制度本身所体现的朴素的人道主义精神。遵守矜老怜幼原则的法律规定,使得老年人和小孩可以从制度上避免一些严酷的刑罚,在处刑过程中享受到特定的人道待遇。国家法律规定不对老年人处以死刑,他们就能免受绞、斩之苦,可以安享天年。这不仅是对人的生命权的保障,也是对人性、人格的尊重,体现了对人的一种终极关怀,这是人道主义精神的必然要求,也是矜老怜幼原则的现实价值所在与可待发展之处。对于幼弱、耄耋、盲人乐师和侏儒等老弱残疾罪犯给予免戴刑具的宽宥措施更是体现了两汉时期相关法律对于弱势群体的人文主义关照。

两汉时期,在监狱管理方面,对女性罪犯在监禁上有特殊的宽宥措施。《汉书·平帝纪》记载,汉平帝元始四年诏:"妇女非身犯法,及男子八十以上七岁以下非坐不道,诏所名捕,皆不得系。"对于犯了罪的孕妇,还规定了缓刑措施,汉景帝后元三年(公元前141年)下诏:"孕者未乳,当鞫系者,颂系。"规定女犯怀孕未产,准予免戴刑具,待孕妇产后才可以依法行刑。《后汉书·卷一·光武帝纪上》记载,东汉光武帝也曾下过类似的诏书:"男子八十以上,十岁以下,及妇人从坐者,自非不道,诏所名捕,皆不得系。"除了上述行刑上的特殊规定外,汉代还有专门针对女性的刑名,如"女徒顾山"。对于"女徒顾山",《汉书·卷十二》是这样解释的:"谓女徒论罪已定,并放归家,不亲役之,但令一月出钱三百,以顾人也。为此恩者,所以行太皇太后之德,施惠政于妇人。"大意是说,女犯被定罪判决后可以被释放回家,但每月须出钱三百由官府雇人到山上砍伐木材,以此代替女犯应服的劳役刑。这是对于女性犯罪的一项变通性刑罚执行方式,是汉代统治者对女性的一项"惠政"。

汉代还有许多保护家庭伦理的法律措施,如"亲亲相隐"制度,规定亲属间相互隐瞒罪行可以不负刑事责任。汉宣帝在地节四年(公元前66年)曾下诏申明:"父子之亲,夫妇之道,天性也。虽有患祸,犹蒙死而存之。诚爱结于心,仁厚之至也,岂能违之哉!自今子首匿父母,妻匿夫,孙匿大父母,皆勿坐。其父母匿子,夫匿妻,大父母匿孙,罪殊死,皆上请廷尉以闻。"其大意是说,子女帮助父母、妻子帮助丈夫、孙子帮助祖父母掩盖犯罪事实的,一概不追究其刑事责任;父母帮助子女、丈夫帮助妻子、祖父母帮助孙子掩盖犯罪事实的,一般情况下可不负刑事责任,死刑案件则上请廷尉,由其决定是否追究首匿者罪责。另有"听妻入狱"制度若死罪系囚有妻无子,允许其妻入狱,其妻妊身有子后,再对罪犯行刑。这是儒家伦理道德观念在监狱管理制度上的反映。这种特殊的承嗣做法,可能是中国古代社会独有的法律现象。

汉代还有许多禁止掠笞瘐死系囚的规定,即禁止在监狱中对罪犯笞掠过当或虐待,防止罪犯因冻饿或笞掠过度而死亡。监狱官吏和狱卒如有违制,要追究其刑事责任。众所周知,在封建王朝的司法实践中,刑讯是常见的现象,常常可从史料中发现封建官吏故意和随意刑讯,导致囚犯伤残、死亡的记载。针对这一弊端,汉朝时候,对违反狱制凌辱、虐待囚犯,克扣囚衣、囚粮的监狱官吏予以严惩。《汉书·宣帝纪》记载,汉宣帝时规定"今系者或以掠辜,若饥寒瘐死狱中,何用心逆人道也！朕甚痛之。其令郡国岁上系囚以掠笞若瘐死者所坐名、县、爵、里,丞相御史课殿最以闻。"从现存法律史料来看,汉朝时已经有官员因刑讯不当和管理不慎而被降职的记载。例如,东汉时的周纡在任司隶校尉期间,皇帝在亲自审理洛阳囚徒时发现有两个囚犯因刑讯导致伤口生蛆,因此作为司隶校尉的周纡被降为左车骑都尉。罪犯作为特殊的弱势群体,其人身权利能够得到国家法律的保障,乃至受到皇帝的亲自关注,不能不说是汉代人权意识在罪犯管理方面的一个鲜明体现。

人权概念最早出自于西方国家,是由西方特有的制度和文化形成的。鉴于东西方传统文化不同的价值选择和要求,如果简单僵化地用西方的人权标准来对比、评价我国的人权制度,难免会得出我国传统文化价值取向与人权要求不相容的结论。但是,如果我们从人权的普遍道德出发,立足于我国丰富而悠久的传统文化,在比较中探寻我国传统文化中的人权要素,就不难发现,尽管我国古代没有明确的人权概念,但这并不等于我国古代没有人权观念或人权意识,尤其是人权概念当中所包含的人道精神在我国古代社会里不仅存在而且非常丰富。汉代有关罪犯处罚的许多规定,蕴含着我国古代人权思想的因素。

在西学理论风靡世界的今天,西方法律中有很多我国传统法律中没有的优秀因素,一经对比,中国传统文化往往显得"落后"。然而这样的比较忽视了文化的差异,也小看了我国传统文化中所蕴含的智慧和力量。因此,重新审视我国传统文化的价值,分析传统文化中所蕴含的人权要素,对于将现代世界人权观中具有普适意义又适合我国国情的要件,与我国传统政治法律文化中的人权资源相结合,进而催生出新的人权观,有着重要的启迪作用。汉朝"悯囚制度"的诸多规定中尽管找不到"人权"的字眼,但是其中所蕴含着的人道主义精神和人权保障价值在今天依然具有十分重要的现实意义！

参考文献

[1] 陈佑武.中国古代矜老原则与人权保障[J].人权,2005(6):31-33.

[2] 胡兴东.中国古代刑讯法律规制问题研究[J].云南大学学报,2008(1):27-35.

[3] 康敏妤,杨娟.人权与中国传统文化的连接:从"礼"的和谐精神中探寻[J].南方论刊,2007(9):61-62;67.

十一、马锡五审判方式

【理论简介】

抗日战争时期,陕甘宁边区高等法院陇东分庭庭长马锡五创造了将群众路线的工作方针运用于司法审判工作的审判方式,这一方式在边区政权所辖范围内得到普遍的推广。其主要内容是简化诉讼手续,实行巡回审判、就地审判。在审判中依靠群众,调查研究,解决并纠正疑难与错案,使群众在审判活动中得到教育。马锡五审判方式的特点:① 深入农村调查研究,实事求是地了解案情;② 依靠群众,教育群众,尊重群众意见;③ 方便群众诉讼,手续简便,不拘泥于形式;④ 坚持原则,依法办事,廉洁公正。这一方式是在巡回审判基础上发展出来的,是司法工作的一面旗帜。该方式的运用和推广,培养了大批优秀司法干部,解决了多个积年疑难案件,减少诉讼,促进团结,利于生产保证抗日,使新民主主义司法制度落到实处。这一审判方式包括三个环环相扣的步骤:查明案件事实;听取群众意见;形成解决方案,说服当事人接受。"马锡五审判方式"为当时广大老百姓所接受和推崇,并在以后相当长的时间内影响着我国民事诉讼程序的构造,其中许多具体原则和做法后来被直接运用于新中国的民事诉讼制度。

【典型案例】

陕甘宁边区高等法院陇东分庭庭长马锡五到华池县检查工作的时候,突然遇到一名女青年拦路告状。马锡五受理此案后,首先在区乡干部和群众中进行细致的调查,并且听取了各方面的信息意见。

原来,这位女青年叫封芝琴,自幼由父母包办与张金才之子张柏订婚。1942年,封芝琴长大成人,经人介绍曾与张柏见过面,双方都愿意结为夫妻。但她的父亲封彦贵为了从女儿身上多捞"彩礼"便与张家退了亲,准备将封芝琴卖给庆阳的财主朱寿昌。

张家知道后，纠集了亲友二十多人，深夜从封家将封芝琴抢走，让其与张柏成婚。封彦贵将此事告到司法处，司法人员未经周密调查，以"抢亲罪"判处张柏与封芝琴婚姻无效，张金才被判刑六个月，草草结了案。张家不服，封芝琴也不服，便去拦路告状。马锡五掌握了基本案情后，又询问了封芝琴的态度，封芝琴表示"死也要与张柏结婚"。

马锡五又广泛听取了群众意见后，召开群众性公开审判大会，做出如下判决：一，张柏与封芝琴的婚姻，根据婚姻自主的原则，准予有效。二，张金才深夜聚众抢亲有碍社会治安，判处短期徒刑；对其他参与者给予严厉批评。三，封彦贵以女儿为财物，反复出售，违犯婚姻法令，判处劳役，以示警戒。

这样的判决，合情合理，深得民心。群众听后十分称赞，热烈拥护。胜诉者封芝琴和张柏更是皆大欢喜，双方当事人也无不表示服判。后来边区文艺工作者以此事为素材，编写了鼓词《刘巧儿团圆》和剧本《刘巧儿告状》，新中国建立初期，又改编成评剧《刘巧儿》。该剧曾风靡全国，妇孺皆知，当时的男女老少都会哼上几句《刘巧儿》里的戏词。

【分析】

人们熟知戏曲《刘巧儿》对于反对封建婚姻起到的宣传作用，非法律专业的人士却不一定知道"刘巧儿"一案对于我国法制建设，尤其是对于我国民事审判方式改革的重要影响。在"刘巧儿"一案中，马锡五充分依靠群众，深入调查研究，注重调解，就地办案，不拘泥于烦琐的程序，从当时当地的实际情况出发，简易便利，兼顾法理与人情的审判方式受到了人民群众的欢迎。当年《解放日报》评论马锡五，称他真正是"民间"的，而不是"衙门"的。毛主席亲笔为马锡五题词，"一刻也离不开群众"。马锡五根据我国乡村社会的实际创立的这一审判模式被称为"马锡五审判方式"，被当时共产党领导的解放区司法界作为典型断案方式加以推广。"马锡五审判方式"成为批判旧司法、确立新司法的象征，成为共产党的司法制度取代国民党的司法制度的标志。正是在"马锡五审判方式"这束强光的照射下，国民党司法制度的缺点暴露无遗：脱离群众的"坐堂办案"，脱离实际的"本本主义"，"不利于人民"或"与人民隔离"的主观臆断、故弄玄虚、烦琐不堪。"马锡五审判方式"成为区别共产党的司法与国民党的司法、区别人民大众的司法与资产阶级的司法、区别新法与旧法的标志,这一审判方式被西方许多发达国家称为"东方经验"。新中国成立后,其作为解决民事案件的重要手段,曾经被我国各级人民法院普遍采用。

"马锡五审判方式"是在陕甘宁边区当时的司法理念、制度和经验的基础上,总结、提炼和发展出来的较系统的民事诉讼模式。我们可以用以下四个特点总结这一审判方式:① 法官全面调查证据,发现案件事实真相;② 发动和依靠群众,调解为主,司法干部与群众共同断案;③ 坚持原则,依法办事,廉洁公正;④ 实行巡回审理、田头开庭等简便利民的诉讼程序。"马锡五审判方式"包括三个有机联系的步骤:查明案件事实;听取群众意见,形成解决方案;说服当事人接受。"马锡五审判方式"为当时广大老百姓所接受和推崇,并在以后相当长的时间内影响着我国民事诉讼程序的构造,其中许多具体原则和做法后来被直接运用于新中国的民事诉讼制度。

"马锡五审判方式"不仅是革命根据地在特定历史条件下采用的一种战时的、临时性的审判方式或制度,它也是新中国成立后我国民事诉讼模式的原型,对我国的民事诉讼模式产生了实质性的影响。实际上,在 1982 年民事诉讼法(试行)制定公布之前,如果认真查阅新中国成立以来的有关文献,就可以清晰地看到从"马锡五审判方式"到当代民事诉讼模式的发展轨迹。从 1950 年《中华人民共和国诉讼程序试行通则(草案)》,到 20 世纪 50 至 70 年代最高人民法院关于审判方式的经验总结,民事诉讼程序和审判方式都是在当时政治背景下,总结社会中民事诉讼的实际情况及审判经验而逐步发展起来的。如果剔除那些政治性的时代用语,其中的一些基本原则,如便于当事人诉讼、便于法院审理等原则是贯彻始终的,这些基本原则正是"马锡五审判方式"的精神实质所在。

行 政 法 篇

一、行政法的基本原则

【法理简介】

行政法基本原则是指导和规范行政法的立法、执法以及指导规范行政行为的实施和行政争议的处理的基础性法则,是贯穿于行政法具体规范之中,同时又高于行政法具体规范、体现行政法基本价值观念的准则。它又分为实体性基本原则和程序性基本原则。行政法的实体性原则主要包括:依法行政原则,尊重和保障人权原则,越权无效原则,信赖保护原则,比例原则。行政法的程序性原则主要包括:正当程序原则,行政公开原则,行政公正原则,行政公平原则等。

【典型案例1】

2014年6月20日,原告吴某向被告深圳市宝安区法律援助处提交法律援助申请书并附相关证明材料,请求被告对原告劳动争议一案提供法律援助。深圳市宝安区法律援助处于2014年6月25日作出《不予法律援助决定书》,其中写道,经其审查,"依证据可能得到支持的诉讼标的额较小,决定不予法律援助"。

法院认为,根据《深圳市法律援助条例》相关规定,深圳市宝安区法律援助处负有受理、审查法律援助申请,指派、安排并监督法律援助人员为受援人提供法律服务的职责。被告以"依证据可能得到支持的诉讼标的额较小"为由,对原告决定不予法律援助,不符合《广东省法律援助条例》第九条以及《深圳市法律援助条例》第十二条的规定。因此,对原告要求确认被告作出《不予法律援助决定书》行为违法的诉讼请求,法院予以支持。最终法院判决:被告深圳市宝安区法律援助处于 2014 年 6 月 25 日作出的(援拒字〔2014〕第 6 号)《不予法律援助决定书》违法,案件受理费由被告深圳市宝安区法律援助处负担。

【分析】

这是一个关于依法行政原则的案例。

依法行政,是指行政主体必须依据法律开展行政活动,不得违反法律,行政主体对于其违法行为必须承担相应的后果,即"无法律无行政"。依法行政的要义之一就是行政主体必须依照法律、法规、规章的规定行使行政职权,否则就可能构成违法。行政机关及其他行政公务组织的行政职权必须由法律规定或授予。行政主体行使行政权不得超过法定的权限范围,否则无效。

本案涉及深圳市宝安区法律援助处对所受理的法律援助申请予以拒绝引发的行政争议。关于法律援助,我国于 2003 年 9 月 1 日起就施行了《中华人民共和国法律援助条例》,在其第三条明确了法律援助是政府的责任。本案的原告认为自己符合法律援助的条件而法律援助机构拒不施以法律援助,认为被告存在不作为行为,于是提起行政诉讼,要求被告承担法律行政责任。本案中的行政法律关系较为明确,如案例材料中所言,对于法律援助的准予条件和排除条件,我国相关立法均有明确规定,但深圳市宝安区法律援助处在未提供法定理由的情况下拒绝了原告的法律援助申请,最终其拒绝行为被确认违法。

依法行政就是依照法律、法规、规章的规定行使行政职权,否则就可能构成违法。行政主体的行政管理义务,其本义不仅应包括其法定职责,亦应包括其法定职权。从行政法理论上讲,行政主体的"职权"从另一角度看就是"职责",行政主体行使行政职权时,也在履行职责,我们可以将行政主体的职权和职责理解为同一事物的两个方面,职责随职权产生,从这个层面上来说,行政主体的作为义务与职权、职责都有关联,而行政主体的不作为行为,其行为表现也就同时包括了不履行法定职责和不行使法定职权的行为。对于行政不作为行为,行政主体应承担相应的法律责任和行政责任。

【法条链接】

《中华人民共和国法律援助条例》节选

第三条　法律援助是政府的责任,县级以上人民政府应当采取积极措施推动法律援助工作,为法律援助提供财政支持,保障法律援助事业与经济、社会协调发展。

法律援助经费应当专款专用,接受财政、审计部门的监督。

第四条　国务院司法行政部门监督管理全国的法律援助工作。县级以上地方各级人民政府司法行政部门监督管理本行政区域的法律援助工作。

中华全国律师协会和地方律师协会应当按照律师协会章程对依据本条例实施的法律援助工作予以协助。

《深圳市法律援助条例》节选

第二条　本条例适用于本市行政区域内的法律援助活动。

……

第七条　法律援助机构应当依照法律、法规及本条例规定受理、审查法律援助申请,指派、安排并监督法律援助人员为受援人提供法律服务。

……

第十二条　符合下列条件的公民,可以向法律援助机构申请无偿法律援助:

(一)符合本市规定的经济困难标准;

(二)申请事项依法在本市审理或者处理;

(三)因维护自身合法权益需要法律帮助。

……

第十七条　公民申请法律援助的事项,属于区级受理机关办理或者请求事项义务人是区级机关的,申请人应当向办理机关或者义务人所在地的区级法律援助机构提出申请。

公民申请法律援助的事项,属于市级受理机关办理或者请求事项义务人是市级机关的,申请人应当向市级法律援助机构提出申请。

不服人民法院一审判决、裁定上诉的案件,公民申请法律援助的,应当向市级法律援助机构提出申请。

其他法律援助事项,申请人应当向其住所地或者经常居住地的区级法律援助机构提出申请。

法律援助事项经劳动争议仲裁机构裁决或者人民法院裁判后,受援人要求继续提供法律援助的,应当向有受理权的法律援助机构另行申请。

《中华人民共和国行政诉讼法》节选

第六条　人民法院审理行政案件,对行政行为是否合法进行审查。

……

第七十四条　第二款　行政行为有下列情形之一,不需要撤销或者判决履行的,人民法院判决确认违法:

(一)行政行为违法,但不具有可撤销内容的;

【典型案例2】

原告黄某等人于2006年10月先后在福州市晋安区A镇某某山各建设一栋三层建筑物,但未完成相关审批手续。该地建筑房屋位于福州市晋安区某项目征收红线范围内。在和被征收方未谈妥的情况下,2015年,福州市国土资源局对黄某等人分别作出了相关处罚,责令其退还非法占用的土地,并自行拆除违法建筑物。2015年12月17日,涉案房屋被强制拆除。原告黄某等十人认为其所有的房屋是合法建筑,且区政府强拆系违法,遂以该区人民政府为被告,提起行政诉讼。

福州市中级人民法院经审理认为,黄某等人已就福州市国土资源局对涉案房屋作出的处罚决定提起行政诉讼,福州市晋安区人民法院于2015年12月11日作出撤销上述决定的行政判决。在此情况下,被告福州市晋安区人民政府于2015年12月17日对涉案房屋实施强制拆除于法无据,显属超越职权,且作出被诉强制拆除行为未履行任何法定程序,故判决确认被告福州市晋安区人民政府实施的强制拆除行为违法。

【分析】

这是一个关于程序正当原则的案例。

程序正当原则关系到行政行为如何行使。程序合法,即作出行政行为的方式、步骤、时间、顺序必须符合法律规定,否则将导致行政行为违法。国家机关行使公权力的行为必须严格依法做出,须遵守正当程序原则。如何控制行政权,尤其是自由裁量权的滥用,这是行政法学理论研究的一个重要课题,其最终落脚点就是如何用正当的行政程序来控制行政权的滥用,通过程序设定一套规则,规范行政行为的方式、步骤、时间和顺序。在行政法上,行政程序所应具有的工具性的价值就是要监督行政主体公平实施行政职权,防止自由裁量权被滥用。

早在1999年国务院就发布了《国务院关于全面推进依法行政的决定》,2004年又发布了《全面推进依法行政实施纲要》,其中提出了依法行政的六项基本要求:合法行政、合理行政、程序正当、高效便民、诚实守信、权责统一。同时指出,行政机关严格按照法定程序行使权力、履行职责。推进依法行政、建设法治政府要求政府能发挥模范带头作用,在全社会形成依法行政、依法办事的风气,执法应当严格、规范、公正、文明。依法行政的基本要义是行政权一定要依法行使,在法律框架下所实施的行政行为才是合法的、合理的。

本案中行政争议涉及行政强制执行程序,在我国关于行政强制有专门的法律规定,即2012年1月1日施行的《中华人民共和国行政强制法》,这是行政强制执行程序的最重要法律依据。本案中的福州市晋安区人民政府超越其职权范围组织强制拆除,明显违反了《中华人民共和国行政强制法》,最终经福州市中级人民法院审理确认违法。

【法条链接】

《中华人民共和国行政强制法》节选

第三十五条 行政机关作出强制执行决定前,应当事先催告当事人履行义务。催告应当以书面形式作出,并载明下列事项:

(一)履行义务的期限;

(二)履行义务的方式;

(三)涉及金钱给付的,应当有明确的金额和给付方式;

(四)当事人依法享有的陈述权和申辩权。

第三十六条 当事人收到催告书后有权进行陈述和申辩。行政机关应当充分听取当事人的意见,对当事人提出的事实、理由和证据,应当进行记录、复核。当事人提出的事实、理由或者证据成立的,行政机关应当采纳。

……

第四十四条 对违法的建筑物、构筑物、设施等需要强制拆除的,应当由行政机关予以公告,限期当事人自行拆除。当事人在法定期限内不申请行政复议或者提起行政诉讼,又不拆除的,行政机关可以依法强制拆除。

……

第四十六条 第三款 没有行政强制执行权的行政机关应当申请人民法院强制执行。但是,当事人在法定期限内不申请行政复议或者提起行政诉讼,经催告仍不履行的,在实施行政管理过程中已经采取查封、扣押措施的行政机关,可以将查封、扣押的财物依法拍卖抵缴罚款。

【典型案例3】

因环岗湖综合开发区项目推进需要,厚街镇政府为保障岗头村村民被征地后的生活,于1995年8月10日制定《关于大迳管理区岗头村在环岗湖开发区征地后保障村民生活的办法》(以下简称《办法》)。《办法》规定将由厚街镇政府、大迳管理区监督岗头村委会将土地管理费发给村民。

岗头村村民每年的收益包括土地管理费和新建厂房的租金。从1996年1月起,按当时人口(416人)计算,村民在不付出任何劳动的情况下每人每年可得到2454元的收益,每半年支付一次;村里财政的补助若达不到这个收益标准,则由镇政府负责补足。

村民认为从1997年开始厚街镇政府未按照《办法》足额支付补偿款,遂于2014年7月29日向被告申请行政复议,请求责令厚街镇政府按照《办法》支付拖欠的补偿款。被告以厚街镇政府承诺支付该生活费(收益)属于扶助承诺行为,不属于其法定职责,不属于可申请行政复议的情形,决定不予受理复议申请。村民不服,遂向法院起诉。东莞市中院经审理认为,厚街镇政府作出的承诺,具有明显的行政目的性,遂判决其撤销《行政复议申请不予受理决定书》并重新做出行政行为。

【分析】

这是一个关于诚信原则的案例。

信赖保护原则，是指人民基于对国家公权力行使结果的合理信赖而有所规划或举措，由此而产生的信赖利益应受保护。信赖保护原则主要包括两个方面：一是信赖保护原则的适用条件；二是信赖保护原则的法律效果。信赖保护原则的适用须具备如下条件：一是须有信赖基础，即行政机关须作出一定的行政行为，如命令或决定，否则就没有人民信赖的基础。二是须有信赖表现。人民须因信赖行政行为而有客观上具体表现信赖的行为，如安排其生活或处置其财产。如果纯属人民的主观愿望或期待而没有已生信赖的客观事实表现，尚不足以主张信赖保护。三是须信赖值得保护。人民的信赖须值得保护，如果这种信赖有瑕疵而不值得保护时，即适用无信赖保护原则。例如，以欺诈、胁迫或贿赂方法使行政机关作出行政行为的，或对重要事项提供不正确资料或完全不陈述而致使行政机关依该资料或陈述作出行政行为的，或明知行政违法或因重大过失而不知行政行为违法的，就属于信赖不值得保护情形。信赖保护的法律效果，可分为存续保护与财产保护，且两者之间存在选择关系。

本案中厚街镇政府制定的《办法》是为保障岗头村村民被征地后的生活，使村民产生了信赖基础，且村民实施了相对的行为，具有信赖基础，最后村民对于厚街镇政府的行为善意且无过错，完全符合信赖利益保护原则的各个要件。故厚街镇政府的行为虽不属于其法定职责，但其属于政府的具体行政行为，具有行政的目的。厚街镇政府1997年后并未支付补偿款项，则属于违反了信赖利益保护原则，被告厚街镇政府应对村民的复议决定依法予以受理并作出决定，而厚街镇政府不予受理该复议申请不当，法院应按照信赖利益保护原则作出撤销判决与答复判决。

政府诚信是社会诚信的基石，其在法律、法规授予的行政职权范围内作出的承诺，应当得到执行。根据《中华人民共和国行政许可法》《中华人民共和国地方各级人民代表大会和地方各级人民政府组织法》有关规定，政府在征地时所做的决定是在法律允许范围之内的，其应当兑现这一合法有效的承诺，故应当判决其撤销《行政复议申请不予受理决定书》，并重新作出行政行为。

本案中，为完成环岗湖综合开发项目，厚街镇政府制定《办法》所作出的承诺,其目的是为了项目顺利实施以及对岗头村村民生活进行有效保障,有效达成行政机关与村民之间的征地协议,是一项由行政机关作出的具体行政行为,其性质上具有明显的行政目的性,是行政机关为实现维护公共利益的行政管理目标,向行政管理相对方作出的为行政机关本身设定义务的行政行为。厚街镇政府对村民的承诺,属于与被征地相对人达成的征地协议的内容之一,也为自己设定了相应的义务,此时,村民基于政府机关的公信力,与行政机关之间产生正当的信赖利益。当政府不履行或不充分履行时,使得政府作出的具体行政行为得不到履行,此时就违反信赖利益保护原则,被征地农民或集体享有可申请复议或提起诉讼的救济途径,政府不予受理该复议申请不当。在此情况下,村民提起行政诉讼起诉至法院时,法院应判决其撤销《行政复议申请不予受理决定书》并责令被告重新作出行政行为。

【法条链接】

《中华人民共和国行政许可法》节选

第八条 公民、法人或者其他组织依法取得的行政许可受法律保护,行政机关不得擅自改变已经生效的行政许可。行政许可所依据的法律、法规、规章修改或者废止,或者准予行政许可所依据的客观情况发生重大变化的,为了公共利益的需要,行政机关可以依法变更或者撤回已经生效的行政许可。由此给公民、法人或者其他组织造成财产损失的,行政机关应当依法给予补偿。

《中华人民共和国地方各级人民代表大会和地方各级人民政府组织法》节选

第六十一条 乡、民族乡、镇的人民政府行使下列职权:

(一)执行本级人民代表大会的决议和上级国家行政机关的决定和命令,发布决定和命令;

(二)执行本行政区域内的经济和社会发展计划、预算,管理本行政区域内的经济、教育、科学、文化、卫生、体育事业和财政、民政、公安、司法行政、计划生育等行政工作;

(三)保护社会主义的全民所有的财产和劳动群众集体所有的财产,保护公民私人所有的合法财产,维护社会秩序,保障公民的人身权利、民主权利和其他权利;

（四）保护各种经济组织的合法权益；

（五）保障少数民族的权利和尊重少数民族的风俗习惯；

（六）保障宪法和法律赋予妇女的男女平等、同工同酬和婚姻自由等各项权利；

（七）办理上级人民政府交办的其他事项。

【典型案例4】

原告张某系某律师事务所律师，因代理诉讼案件需要，于2014年6月3日在某市政府信息公开网上，向该市交通运输局（以下简称市交通局）申请信息公开。因在法定期限内未收到市交通局答复，张某提起诉讼。被告市交通局认为其没有收到原告的申请，并在收到原告起诉状副本后，对原告的申请予以了答复，即原告在开庭前已经收到该答复。但原告认为，被告在原告起诉后虽然履行了政府信息公开职责，但该行为已经超过法律规定期限，故请求法院确认被告逾期答复的行为违法。

【分析】

这是一个关于高效便民原则的案例。

高效便民，是指行政机关依法高效率、高效益地行使职权，最大限度地方便人民群众，从而更好地服务于人民和实现行政管理的目标。高效便民，是行政管理规律和建设服务型政府的基本要求。高效便民原则主要表现在高效原则和便民原则两个方面。

一审法院认为：《最高人民法院关于行政诉讼证据若干问题的规定》（以下简称《规定》）第四条规定，在起诉被告不作为的案件中，原告应当提供其曾经向被告提出申请的证据材料。原告因被告受理申请的登记制度不完备等正当事由不能提供相关证据材料并能够作出合理说明的除外。《政府信息公开条例》第二十条规定，相对人可以采取数据电文的形式申请获取政府信息。本案中政府即行政机关应当要对公共平台的掌握情况负举证责任，而且有义务为相对人通过数据电文的形式申请的信息公开提供信息。本案中原告提出的申请是以行政主体建立的网络平台为媒介，该网络平台为行政主体所掌握和控制，对其运行程序、申请人提交申请后平台反馈情况、行政主体通过平台接受申请情况等,作为申请人的原告不可能知晓,所以被告应对此负有举证责任。而被告对于2014年6月3日原告提交申请时的系统运行情况未能举证予以证明,应视为其已经收到了原告的申请。故判决确认市交通局对张某2014年6月3日提出政府信息公开申请逾期未予答复的行为违法。

笔者认为,行政法中的高效便民是指行政机关依法高效率、高效益地行使职权,最大限度地方便人民群众,从而更好地服务于人民和实现行政管理的目标。高效便民原则主要表现在高效原则和便民原则两个方面。其中,高效原则在行政法上的基本要求之一就是行政机关应当严格遵循法定时限,禁止拖拉;便民原则的基本要求中指出应当健全服务咨询制度,及时、准确、全面解答民众的咨询和疑问,使民众准确知悉获取公共行政服务应当具备的条件和提供的手续,尽量少跑冤枉路。

本案中原告张某因诉讼案件需要,于2014年6月3日在某市政府信息公开网,向被告市交通局申请信息公开,却在法定期限内没收到任何回复。而根据《政府信息公开条例》的规定,张某应当获得政府的信息提供。本案中原告张某提出的申请是以行政主体建立的网络平台为媒介,该网络平台为行政主体所掌握和控制,对其运行程序、申请人提交申请后平台反馈情况、行政主体通过平台接受申请情况等,作为申请人的原告不可能掌握,所以被告应对此负有举证责任。而被告对于2014年6月3日原告提交申请时的系统运行情况未能举证予以证明,应视为其已经收到了原告的申请。故判决确认市交通局对张某于2014年6月3日提出政府信息公开申请逾期未予答复的行为违法。市交通局以其没有收到原告的申请作为抗辩理由,其做法违背了高效原则中应当严格遵循法定时限、禁止拖拉要求和便民原则中应当健全服务咨询制度,及时、准确、全面解答民众的咨询和疑问,使民众准确知悉获取公共行政服务应当具备的条件和提供的手续,尽量满足少跑冤枉路的要求。

【法条链接】

《最高人民法院关于行政诉讼证据若干问题的规定》节选

第四条 公民、法人或者其他组织向人民法院起诉时,应当提供其符合起诉条件的相应的证据材料。

在起诉被告不作为的案件中,原告应当提供其在行政程序中曾经提出申请的证据材料。但有下列情形的除外:

(一)被告应当依职权主动履行法定职责的;

(二)原告因被告受理申请的登记制度不完备等正当事由不能提供相关证据材料并能够作出合理说明的。被告认为原告起诉超过法定期限的,由被告承担举证责任。

《政府信息公开条例》节选

第二十条　相对人可以采取数据电文的形式申请获取政府信息。

【典型案例5】

2015年1月30日,甲等人向B市国有资产监督管理委员会邮寄信息公开申请,要求B市国有资产监督管理委员会公开其对A省某企业破产状况、债权债务情况、破产债权分配情况等有关信息。B市国有资产监督管理委员会收到申请后未给甲等书面答复。甲等人于2015年3月24日再次邮寄信息公开申请,B市国有资产监督管理委员会仍未给予书面答复。甲等向法院起诉要求确认B市国有资产监督管理委员会不履行政府信息公开职责的行政行为违法,请求判令其依法履行政府信息公开职责。庭审中,B市国有资产监督管理委员会提交了A省B市中级人民法院(2006)某民破字第1—2号民事裁定书,证明A省某企业已由B市中级人民法院裁定宣告破产还债,破产企业的清算由清算组实施,B市国有资产监督管理委员会并不掌握该信息。

此案经B市两级人民法院审理认为,B市国有资产监督管理委员会在收到甲等的政府信息公开申请后未在法定期限内答复,违反了《政府信息公开条例》的规定,属违法行为。但A省某企业已由B市中级人民法院宣告破产,破产企业的清算由清算组实施,B市国有资产监督管理委员会并不掌握甲等所请求公开的信息,对其信息公开的申请不予支持。遂判决确认B市国有资产监督管理委员会未答复的行为违法,驳回甲等请求公开其请求事项的诉求。

【分析】

这是一个关于行政公开原则的案例。

政府信息公开制度是指有关保障公民了解权及对了解权加以必要限制而形成的法律制度。它要求有关行政行为的信息都必须要公开,包括与当事人有关的文件、档案、材料等。在行政公开方面的立法最完备的国家当属美国,到目前为止,美国已经形成了比较完备的包括《情报自由法》《联邦政府法》和《联邦隐私权法》在内的有关行政法律体系。在我国,国务院颁发的《政府信息公开条例》于2008年5月1日起生效,在其第一条就开宗明义地指出立法目的是为了保障公民、法人和其他组织依法获取政府信息,同时促进政府提高行政工作透明度和依法行政。据此,行政机关在履行职责过程中,除涉及国家秘密、商业机密及个人隐私外,均应满足行政相对人的知情权,行政活动应当公开。随着服务型政府的建立,公民法治意识的增强,公民对于政府信息有着更高的知情要求。另一方面,行政主体通过政府信息公开,能在客观上防止暗箱操作,拓宽公民参与行政管理活动的途径,确保行政相对人对政府行政决定的影响力。同时以此为渠道监督行政主体,提高行政行为透明度,也就提升了行政行为的公信力。

近年来,政府信息公开类案件数量呈增多态势。我国国务院颁发的《政府信息公开条例》于2008年5月1日起生效,它为司法机关处理此类案件提供了强有力的法律依据。根据条例之规定,若行政相对人在生产、生活、科研中确需掌握某项政府信息,在满足条件的前提下,应当依程序申请政府信息公开,属于政府信息公开范围的依法依程序予以公开,若申请人所申请公开的信息确不属其公开范围或者其无此信息的,也应及时告知申请人,而不能对此类申请不予回复。

我国《政府信息公开条例》第三十三条第二款规定:"公民、法人或者其他组织认为行政机关在政府信息公开工作中的具体行政行为侵犯其合法权益的,可以依法申请行政复议或者提起行政诉讼。"在《政府信息公开条例》中,从主动公开、依申请公开和不予公开三个方面对政府信息公开的范围作了规定;此外,公民、法人或者其他组织认为行政机关不依法履行主动公开政府信息义务,直接向人民法院提起诉讼的,法院虽不予受理,但应当告知其先向行政机关申请获取相关政府信息;而对行政机关的答复或者逾期不予答复不服的,可以向人民法院提起诉讼,其属于行政诉讼受案范围。

【法条链接】

《政府信息公开条例》节选

第二十四条 行政机关收到政府信息公开申请,能够当场答复的,应当当场予以答复。

行政机关不能当场答复的,应当自收到申请之日起15个工作日内予以答复;如需延长答复期限的,应当经政府信息公开工作机构负责人同意,并告知申请人,延长答复的期限最长不得超过15个工作日。

申请公开的政府信息涉及第三方权益的,行政机关征求第三方意见所需时间不计算在本条第二款规定的期限内。

【典型案例6】

2015年2月,江苏省丹阳市珥陵镇鸿润超市(以下简称鸿润超市)向该市市场监督管理局(以下简称市市场监管局)提交个体工商户变更登记申请书,申请在原营业执照核准的经营范围内增加蔬菜零售项目。2015年2月,该局向鸿润超市出具个体工商户变更登记受理通知书,随后审查材料,赴实地调查核实,认定鸿润超市经营场所距丹阳市珥陵农贸市场不足200 m,其申请不符合《丹阳市人民政府关于转发市商务局〈丹阳市菜市场建设规范〉的通知》(丹政办发〔2012〕29号)中"菜市场周边200 m范围内不得设置与菜市场经营类同的农副产品经销网点"的规定,遂出具了驳回通知书,决定对其变更申请不予登记。鸿润超市不服诉至法院,请求撤销该驳回通知书,判令对其申请事项进行变更登记。

丹阳市人民法院一审认为,《个体工商户条例》第四条规定国家对个体工商户实行市场平等准入、公平待遇的原则。申请办理个体工商户登记,申请登记的经营范围不属于法律、行政法规禁止进入的行业的,登记机关应当依法予以登记。本案中,原告鸿润超市申请变更登记增加的经营项目为蔬菜零售,并非法律、行政法规禁止进入的行业。被告市市场监管局依据丹政办发〔2012〕29号文件中"菜市场周边200 m范围内不得设置与菜市场经营类同的农副产品经销网点"的规定,对原告的申请不予登记,但该规定与商务部《标准化菜市场设置与管理规范》不一致,与《商务部等13部门关于进一步加强农产品市场体系建设的指导意见》第(七)项"积极发展菜市场、便民菜店、平价商店、社区电商直通车等多种零售业态"不相符,也违反上述市场平等准入、公平待遇的原则,依法不能作为认定被诉登记行为合法的依据。遂判决撤销涉案驳回通知书、被告于判决生效后15个工作日内对原告的申请重新作出登记。一审宣判后,双方当事人均未上诉,被告为原告重新办理了变更核准登记。

【分析】

这是一个有关公平原则的案例。

公平原则的基本内涵是同等情况同等对待,不同情况区别对待,国家不得任意对行政管理相对人实施差别对待。

本案是行政机关违反市场平等准入、公平待遇原则的典型案例。首先,该市场监督管理局对其所采用的市政办的第29号文件中"菜市场周边200 m范围内不得设置与菜市场经营类同的农副产品经销网点"的规定属于地方政府制定的规章,其内容与我国国务院商务部制定的关于菜市场的规章相冲突,因而该文件不可作为拒绝工商户登记的法律依据。而且该文件也有违自由交易与公平竞争的市场秩序规则。其次,我国在新形势下强调要发挥市场对资源配置的决定性作用,更好地发挥政府的作用。政府作为主要的行政主体自然要对市场和商事交易乃至登记方面提供便利而非更多的限制,更加合乎行政行为的合乎立法目的性和现实。故而法院应判撤销该驳回通知书,判令对其申请事项进行变更登记。

【法条链接】

《个体工商户条例》节选

第四条 国家对个体工商户实行市场平等准入、公平待遇的原则。

申请办理个体工商户登记,申请登记的经营范围不属于法律、行政法规禁止进入的行业的,登记机关应当依法予以登记。

《中华人民共和国行政诉讼法》节选

第五十三条 公民、法人或者其他组织认为行政行为所依据的国务院部门和地方人民政府及其部门制定的规范性文件不合法,在对行政行为提起诉讼时,可以一并请求对该规范性文件进行审查。

前款规定的规范性文件不含规章。

《中华人民共和国行政诉讼法》节选

第六十四条 人民法院在审理行政案件中,经审查认为本法第五十三条规定的规范性文件不合法的,不作为认定行政行为合法的依据,并向制定机关提出处理建议。

【典型案例7】

2008年1月,某公司通过招拍挂程序取得A市B县某路5660.8平方米的国有土地使用权,土地用途为商业。2008年4月,因规划调整,使原宗地图与实际使用土地不符,减少了 $4.6 m^2$。2008年5月6日,该公司获颁上述土地的使用权证,面积为 $5656.2 m^2$,用途电脑打印为"商住",手写改为"商业",并盖有"更正"章。2008年8月1日,该公司因更名申请变更登记,后获颁国用〔2008〕第×××号国有土地使用权证,用途为商业。在土地使用过程中,该公司建设了两栋楼房,产权人均为该公司,其中一栋1—2层是某公司的4S店,3层是其股东住房,4—6层是案外人陈某开发建设的住房;另一栋一层是某公司的维修车间,2—6层是该公司开发的住房且已出售。其余的土地由陈某开发建成了十栋个人住宅,但建设工程规划许可证、房屋产权证等都是以该公司名义办理的。2014年11月26日,B县纪委联合调查组发现上述情况后将案件移送B县国土局调查处理。2015年2月9日,B县国土局作出行政处罚,认定某公司系擅自改变土地用途,责令其交还上述土地中 $4619 m^2$ 的国有土地,并处罚款12.9332万元罚款。某公司不服,提起诉讼。

A市B县人民法院经审理认为,被诉行政处罚决定认定事实清楚,证据确凿,定性准确,适用法律法规正确,符合法定程序和法定权限,判决驳回某公司的诉讼请求。

某公司不服,提起上诉。

A市中级人民法院经审理认为,根据《中华人民共和国土地管理法》和《中华人民共和国城市房地产管理法》的规定,某公司未按法律规定履行批准手续,将商业用地用于开发住房,属于擅自改变土地用途行为。依照《中华人民共和国行政处罚法》第二十三条:"行政机关实施行政处罚时,应当责令当事人改正或者限期改正违法行为。"《城镇国有土地使用权出让和转让暂行条例》第十七条第二款:"未按合同规定的期限和条件开发利用土地的,市县人民政府土地管理部门应当予以纠正,并根据情节可以给予警告、罚款直至无偿收回土地使用权的处罚。"当土地使用者擅自改变土地用途时,土地管理部门可责令限期改正,土地使用者拒不改正的,可以责令交还土地(无偿收回土地使用权),处以罚款。本案中B县国土局不是先责令土地使用者改正或者限期改正违法行为,而是径行剥夺土地使用权,并处以罚款,不符合法定程序。另在涉案土地上改变用途与符合规定用途的房屋已混合成栋,部分房屋已经规划许可并办理了不动产登记,且B县国土局责令某公司交还其中的 4619 m² 土地又未固定宗地范围,故该处罚决定不具有可执行性,明显不当。遂判决撤销一审判决;撤销被诉行政处罚决定;责令B县国土局对某公司擅自改变土地用途的行为重新作出处理决定。

【分析】

这是一个关于行政合理原则的案例。

行政合理原则指的是行政主体的行政行为,特别是涉及相对人合法权益的行政行为,除了必须合法之外,还应做到合理,要符合立法本身的目的、宗旨或精神,符合公平、正义原则,所实施的行政行为要合乎情理、恰当且适度。我国 2017 年修订的《行政诉讼法》第七十条第六项规定,行政行为存在明显不当的,人民法院判决撤销或者部分撤销,并可以判决被告重新作出行政行为。

如何判断行政行为是否存在明显不当,除了考察其是否合法之外,还要考虑其公平性和合理性。在本案中,二审法院的判决中即涉及对其合理性的考察,具体而言,是用效益原则去考察针对行政相对人的行政处罚是否合理。效益原则要求行政主体的行政活动必须以较小的成本耗费获取最大的社会经济效益。就本案而言,如何去追究行政相对人的法律责任就需要考虑行政管理的成本和效益之比,B县国土局径行决定剥夺土地使用权而未考虑土地上已建有房屋,因此二审法院判定该决定不具有可执行性,明显不当,最终撤销了B县国土局这一决定并责令重新作出处理决定。

【法条链接】

《中华人民共和国行政处罚法》节选

第二十三条　行政机关实施行政处罚时,应当责令当事人改正或者限期改正违法行为。

《中华人民共和国行政诉讼法》节选

第七十条　行政行为有下列情形之一的,人民法院判决撤销或者部分撤销,并可以判决被告重新作出行政行为:

(一)主要证据不足的;

(二)适用法律、法规错误的;

(三)违反法定程序的;

(四)超越职权的;

(五)滥用职权的;

(六)明显不当的。

【典型案例8】

2016年12月8日,《中国青年报·中青在线》刊发报道《1.9亿元"史上最贵强拆判决"何时执行》。报道披露,2011年5月,因政府修建福建平潭港区金井作业区某泊位工程,远大公司的在建船厂被强拆。强拆时双方未达成补偿协议,强拆工作也未向法院申请。5年后,福州市中级人民法院作出判决,确认平潭综合实验区管委会、平潭县人民政府的行政强制行为违法,应于判决生效之日起30日内支付赔偿金1.98亿元。平潭综合实验区管委会、平潭县人民政府提出上诉后,2016年7月,福建省高级人民法院二审维持原判。

该案被称"史上最贵"的行政赔偿案。这一判决遭遇了"执行难",判决生效后,被告在判决书规定的30内未主动履行判决。该公司申请人民法院强制执行后,被告仍未履行判决。2016年12月27日,远大公司收到了第一笔1.13亿元的赔偿款,尚有8500万元赔偿尚未支付。据记者了解,福建省高院、福州市中院在判决后曾多次前往平潭县沟通协调。

【分析】

这是一个关于行政行为越权无效原则的案例。

越权无效原则的基本含义是行政机关必须在法定权限范围内行为,一切超越法定权限的行为无效,不具有公定力、确定力、约束力和执行力。政府必须严格按照法律规定的方式和范围进行活动,如果政府的行为确系越权,法院可依法宣告政府越权行为无效,并责令政府就其越权行为造成的损害进行赔偿。

2015年3月5日,国务院总理李克强在十二届全国人大三次会议上作《政府工作报告》,谈及简政放权时,强调"大道至简,有权不可任性"。任何行政权力的行使都不能离开法制的约束,政府要依法全面履行职责,所作出的行政行为首先要于法有据,要合法、合理、公正。行政权力属于公权力,是全体人民赋予的,必须进行严格的监管约束。就政府决策权的行使而言,一项正确的决策至少要经过公众参与、科学论证评估,而不能像本案中的平潭综合实验区管委会、平潭县人民政府的行政强制行为那样,过于随意。一次"任性"的权力行使,就有可能给行政相对人权益及社会公共利益带来直接的损害。

这个案件给我们的启示是,国家行政机关作为国家权力机关的执行机关,特别是各级政府,在行政执法中要牢记一个重要观念,即政府权力无论大小,均由法律授予,在法定职权范围内,政府要充分行使管理国家和社会事务的行政职能,做到不失职、不越权,更不能"任性",要严格按照法律的规定履行行政职能和职责,依法行政。

【法条链接】

《中华人民共和国行政强制法》节选

第四条 行政强制的设定和实施,应当依照法定的权限、范围、条件和程序。

第五条 行政强制的设定和实施,应当适当。采用非强制手段可以达到行政管理目的的,不得设定和实施行政强制。

……

第十五条　行政强制的设定机关应当定期对其设定的行政强制进行评价,并对不适当的行政强制及时予以修改或者废止。

行政强制的实施机关可以对已设定的行政强制的实施情况及存在的必要性适时进行评价,并将意见报告该行政强制的设定机关。

公民、法人或者其他组织可以向行政强制的设定机关和实施机关就行政强制的设定和实施提出意见和建议。有关机关应当认真研究论证,并以适当方式予以反馈。

【典型案例9】

2013年2月28日,甲向A市公安局交通警察支队车辆管理所(以下简称市车管所)申请核发机动车检验合格标志,市车管所以甲有五项道路交通安全违法行为尚未处理完毕为由,对甲申请核发机动车检验合格标志不予办理。甲不服,向人民法院提起行政诉讼,请求判决确认市车管所不予为其办理机动车检验合格手续的行政行为违法。一审法院认为,市车管所依据《某市道路交通安全条例》《机动车登记规定》作出本案所诉行政行为并无不当,判决驳回甲的诉讼请求。二审法院认为,《中华人民共和国道路交通安全法》未规定机动车所有人未将涉及该车的道路交通安全违法行为处理完毕则不予核发机动车检验合格标志。《最高人民法院关于公安交警部门能否以交通违章行为未处理为由不予核发机动车检验合格标志问题的答复》明确答复,有关当事人申请核发机动车检验合格标志的案件应按照《中华人民共和国道路交通安全法》第十三条的规定执行。市车管所以车辆有违法行为未处理为由拒绝向甲核发机动车检验合格标志,明显违反上述法律的规定,属适用法律错误,遂判决撤销一审判决,确认市车管所不予核发机动车检验合格标志的行政行为违法。

【分析】

这是一个关于行政合法性原则的案例。

行政合法性原则要求指行政主体必须依据法律进行行政活动,不得违反法律,行政主体对其违法行为必须承担相应的后果。行政应当受法律的控制,法律制约行政,行政必须从属于法律,符合法律规定,不得与法律相抵触。即

"无法律无行政",行政行为要符合法律。

而判断行政行为是否合法的前提,是行政机关在行政执法过程中是否正确选择和适用相关法律规范。行政机关实施行政行为所依据的"法",从根本上说,必须是符合宪政精神的法,是体现人民整体意志和反映人民利益和要求的法,是通常所谓的"良法",而非"恶法"。这样的"法"应具有其他部门法共有的特点:普遍性、预期性、可预见性、公开性、明确性、稳定性等。从形式上说,应当避免法的泛化。在我国应当界定在法律、行政法规、地方性法规、自治条例、单行条例、合法的规章几类基本形式上。从法律要素上说,应作适当的外延扩大化理解,即还可包括法律原则、法律目的和法律精神。

除此之外,适用法律规范时还应注意处理上位法与下位法的位阶关系,在二者发生冲突时应适用上位法,否则将会导致行政行为因适用法律错误而被人民法院撤销或被确认违法。本案即涉及适用法律的位阶问题,《中华人民共和国道路交通安全法》由全国人民代表大会常务委员会审议通过,是关于核发机动车检验合格标志的最高级别的法律规范,该法中对于行政相对人申领机动车检验合格标志的程序并未设定"申请人须先处理完毕交通违章"的条件,某市《道路交通安全条例》《机动车登记规定》的相关规定与其上位法《中华人民共和国道路交通安全法》之规定不一致,因此本案中存在着适用法律错误的问题,故二审法院依此判定撤销一审法院之判决。

【法条链接】

《中华人民共和国道路交通安全法》节选

第十三条 对登记后上道路行驶的机动车,应当依照法律、行政法规的规定,根据车辆用途、载客载货数量、使用年限等不同情况,定期进行安全技术检验。对提供机动车行驶证和机动车第三者责任强制保险单的,机动车安全技术检验机构应当予以检验,任何单位不得附加其他条件。对符合机动车国家安全技术标准的,公安机关交通管理部门应当发给检验合格标志。

对机动车的安全技术检验实行社会化。具体办法由国务院规定。

机动车安全技术检验实行社会化的地方,任何单位不得要求机动车到指定的场所进行检验。

公安机关交通管理部门、机动车安全技术检验机构不得要求机动车到指定的场所进行维修、保养。

机动车安全技术检验机构对机动车检验收取费用,应当严格执行国务院价格主管部门核定的收费标准。

《中华人民共和国行政诉讼法》节选

第六十三条 人民法院审理行政案件,以法律和行政法规、地方性法规为依据。地方性法规适用于本行政区域内发生的行政案件。

二、行政法律关系

【法理简介】

行政法律关系是指行政关系经行政法规范调整后形成的行政法上的权利义务关系。

行政法律关系主体,又称行政法律关系的当事人,它是指行政法律关系的实际参加者,即在种种具体的行政法律关系中享有或者行使权利(力)和承担义务的双方或多方当事人。通常包括行政主体、行政相对人、行政第三人。行政法律关系客体,是指行政法律关系主体双方的权利义务所指向的对象。行政法律关系内容,是指行政法律关系主体各方及厉害关系相关人所享有或者行使的权利。行政法律关系的特征:① 意思表示的单方意志性;② 形式上的多样性;③ 主体上的恒定性与不可自由选择性;④ 内容上的法定性、不对等性、统一性与不可自由处分性。

【典型案例 1】

1995 年 6 月 3 日,河北省景县商业局食品加工厂为了解决职工住房问题,申请征收涉案土地。1995 年 10 月,原景县土地管理局从张某安处将该土地征收,并出让给景县商业局食品加工厂,并在办理土地登记过程中将土地使用者变为冯某章(冯某军之父)。1995年11月,河北省景县人民政府(以下简称景县政府)为冯某章颁发了国有土地使用证。冯某章办证后一直未建房。2003年3月1日,第三人张某安以3000元的价格将该地卖给赵某彬,双方签订转让协议。2004年赵某彬在该地上建房并居住至今,但一直未办理土地使用证。2009年6月,冯某章将赵某彬诉至景县人民法院,赵某彬得知冯某章已办证,遂提起行政复议。复议机关以程序违法为由撤销景县政府为冯某章颁发的国有土地使用证,并注销其土地登记。冯某章不服该复议决定,诉至法院。

【分析】

这是一个关于行政法律关系的案例。

本案因景县土地管理局的行政征收和景县人民政府颁发国有土地使用证的行政行为引发了一系列的行政法律关系。

在行政征收行为中景县土地管理局作为行政主体,原土地使用权人张某安作为行政相对人,景县商业局食品和加工厂为行政第三人。景县土地管理局依照相关的法律法规并经过法定的程序将张某安享有使用权的土地征收为无权利负担的国有土地,在该土地使用权权利变化的过程中,张某安未曾提起行政复议或行政诉讼,因此张某安不再享有该土地的使用权。景县土地管理局将该土地使用权转让给冯某章,冯某章由此取得了该国有土地使用权。景县人民政府给冯某章颁发国有土地使用权证书中,景县政府作为行政主体,冯某章为行政相对人。通过登记和颁发证书的行为形成权利外观,更加直观地保护冯某章通过转让取得的国有土地使用权。

赵某彬从张某安处取得该土地的使用权是没有法律依据的。张某安已经丧失了对该土地的使用权,所以此行为属于无权处分,而且景县土地管理局登记簿上登记的使用人是冯某章,赵某彬没有尽到合理交易审查也不能善意取得。赵某彬无论是通过转让取得土地使用权还是继受取得行政法律关系都是没有法律依据的,也就没有提起行政复议的权利。所以复议机关的撤销行为是违法的。

在本案中,该争议土地于1995年10月由原景县土地管理局从张某安处征收,该争议土地的性质已经转为国有土地,景县政府于1995年11月为冯某章颁发了国有土地使用证。冯某章获得该争议土地使用权是在该土地通过征收已转为国有土地基础之上做出的,而第三人赵某彬对该争议土地的占有是源于2003年与张某安的转让协议,其自2004年在该争议土地上建有房屋,并居住多年。根据时间线可见,赵某彬的利益在冯某章的权利之后所产生,赵某彬与1995年景县政府为冯某章颁发土地使用证并无法律上的利害关系。赵某彬不具备申请颁证行为的行政复议资格,同时也不具备申请行政复议的权利基础,复议机关应该对不符合规定的行政复议申请决定不予受理,并书面告知申请人赵某彬,鉴于该复议决定已做出,应当撤销该复议决定。

行政复议既能够为公民、法人或者其他组织的合法权益提供有力的法制保障,又能够维护行政活动的严肃性和权威性。在受理行政复议申请时,审查申请人资格,确保其符合利害关系人才能受理行政复议,对资格的审查更能充分发挥行政复议的价值,更好地维护行政秩序的稳定性。

【法条链接】

《中华人民共和国行政诉讼法》节选

第八十九条第一款第一项第二项　人民法院审理上诉案件,按照下列情形,分别处理:

(一)原判决、裁定认定事实清楚,适用法律、法规正确的,判决或者裁定驳回上诉,维持原判决、裁定;

(二)原判决、裁定认定事实错误或者适用法律、法规错误的,依法改判、撤销或者变更;

《最高人民法院关于执行〈中华人民共和国行政诉讼法〉若干问题的解释》节选

第七十六条　人民法院按照审判监督程序再审的案件,发生法律效力的判决、裁定是由第一审人民法院作出的,按照第一审程序审理,所作的判决、裁定,当事人可以上诉;发生法律效力的判决、裁定是由第二审人民法院作出的,按照第二审程序审理,所作的判决、裁定是发生法律效力的判决、裁定;上级人民法院按照审判监督程序提审的,按照第二审程序审理,所作的判决、裁定是发生法律效力的判决、裁定。

人民法院审理再审案件,应当另行组成合议庭。

【典型案例2】

因旧城改造项目建设需要,李某的房屋被列入征收拆迁范围。2017年6月18日,A县政府的工作人员及A县城市管理行政执法局书记亲自到现场指挥,组织公安、行政执法等多部门工作人员,带着机械设备将李某山的房屋强制拆除。李某认为,在整个强拆过程中,相关部门没有出示任何合法的文件,属于非法强拆,故向人民法院提起行政诉讼,请求:① 确认A县政府强制拆除李某山房屋的行政行为违法;② 本案的诉讼费用由A县政府负担。

【分析】

这是一个关于行政诉讼的案例。

行政诉讼中,被告适格包含两个层面的含义。一是形式上适格,亦即行政诉讼法第四十九条第二项规定的"有明确的被告"。所谓"有明确的被告",是指起诉状指向了具体的、特定的被诉行政机关。但"明确"不代表"正确",因此被告适格的第二层含义则是实质性适格,也就是《行政诉讼法》第二十六条第一款规定的,"公民、法人或者其他组织直接向人民法院提起诉讼的,作出行政行为的行政机关是被告"。又按照《行政诉讼法》第四十九条第三项的规定,提起诉讼应当"有具体的诉讼请求和事实根据",这里的"事实根据"就包括被告"作出行政行为"的相关事实根据。

就本案而言,再审申请人以A县政府对其房屋实施了强制拆除行为为由,以A县政府为被告提起本次诉讼,被告虽然是明确的,但并不符合实质性适格的要求。根据原审法院查明的事实,A县政府提交的行政处罚决定书、行政执法执行决定书、执行公告等证据已证明系A县城市管理行政执法局对再审申请人的房屋具体实施了拆除行为,且A县城市管理行政执法局作为政府工作部门是独立的行政主体,亦具有为其行为独立承担法律责任的能力。再审申请人虽提供了照片、证人证言等材料工以此证明A县政府是实施主体,但其提供的证据均不能否定A县城市管理行政执法局作出的行政处罚决定书、行政执法执行决定书等法律文件的效力。在此情况下,再审申请人仍坚持以A县政府为被告进行诉讼,显然不具有《行政诉讼法》第四十九条第三项要求的"事实根据"。在原审法院予以释明的情况下，再审申请人仍拒绝变更被告，属于《最高人民法院关于适用若干问题的解释》第三条第一款第三项规定的"错列被告且拒绝变更""已经立案的，应当裁定驳回起诉"的情形，一审法院裁定驳回起诉、二审法院裁定驳回上诉，并无不当。至于再审申请人所主张的强拆行为违法等问题，不是在审查是否符合法定起诉条件阶段所应审查的事项，因此对于再审申请人的该项主张，法院不予支持。

【法条链接】

《中华人民共和国行政诉讼法》节选

第九十一条　当事人的申请符合下列情形之一的，人民法院应当再审：

（一）不予立案或者驳回起诉确有错误的；

（二）有新的证据，足以推翻原判决、裁定的；

（三）原判决、裁定认定事实的主要证据不足、未经质证或者系伪造的；

（四）原判决、裁定适用法律、法规确有错误的；

（五）违反法律规定的诉讼程序，可能影响公正审判的；

（六）原判决、裁定遗漏诉讼请求的；

（七）据以作出原判决、裁定的法律文书被撤销或者变更的；

（八）审判人员在审理该案件时有贪污受贿、徇私舞弊、枉法裁判行为的。

第一百零一条　人民法院审理行政案件，关于期间、送达、财产保全、开庭审理、调解、中止诉讼、终结诉讼、简易程序、执行等，以及人民检察院对行政案件受理、审理、裁判、执行的监督，本法没有规定的，适用《中华人民共和国民事诉讼法》的相关规定。

《中华人民共和国民事诉讼法》节选

第二百零四条　人民法院应当自收到再审申请书之日起三个月内审查，符合本法规定的，裁定再审；不符合本法规定的，裁定驳回申请。有特殊情况需要延长的，由本院院长批准。

三、行政行为

【法理简介】

行政行为是指行政主体作出的能够产生行政法律效果的行为。行政行为的概念包括以下几层含义：① 行政行为是行政主体所为的行为；② 行政行为是行使行政职权，进行行政管理的行为；③ 行政行为是行政主体实施的能够产生行政法律效果的行为。

行政行为自成立时起就具有以下效力，即公定力、确定力、拘束力、执行力。

基于行政行为的适用范围，行政行为可以划分为两类：抽象行政行为和具体行政行为。抽象行政行为是指国家行政机关制定法规、规章和有普遍约束力的决定、命令等行政规则的行为。具体行政行为是指行政主体针对特定的对象，就特定的事项所作出的处理决定。

【典型案例1】

2008年11月18日，A市人民防空办公室（以下简称市人防办）向A市B房地产开发有限公司（以下简称B公司）下发《缴纳防空地下室易地建设费通知书》（以下简称《通知》），要求B公司依法缴纳防空地下室易地建设费，费用按面积计算，并载明逾期不申请复议也不向法院起诉又不履行的，将申请人民法院强制执行。2012年3月2日，市人防办再次向B公司作出防空地下室易地建设费征收决定（以下简称征收决定），决定要求B公司需补交防空地下室易地建设费987180元。B公司不服，提起诉讼，要求撤销市人防办的征收决定。一审法院判决驳回B公司的诉讼请求。二审法院认为，《通知》载明了行政行为所认定的事实、法律依据、法律后果、救济途径，已是一个成立并对当事人产生效力的具体行政行为。征收决定是对同一事项的重复行政行为，缺乏相应的事实根据，遂判决撤销一审判决，撤销市人防办作出的征收决定书。

【分析】

这是一个关于行政行为效力的案例。

行政行为一经作出即具备公定力、确定力、拘束力、执行力。其中，公定力是指已经生效的行政行为对行政相对人所产生的具有公共权威的效力，任何机关、组织或个人对于其效力都具有予以尊重的义务。确定力强调已作出且生效的行政行为非经法定程序不得随意变更和撤销，其另一层涵义是指针对同一事件，行政机关不能再次作出与先前行政行为相同的行政行为，否则构成重复处理行为。

行政主体的行政行为一经作出，就具备法定性和行政管理上的权威性、严肃性。重复处理行为显然违背了这一特性，使得行政行为的确定力、公定力和执行力处于不稳定状态，客观上削弱了行政行为的权威和公信力。同时，基于行政相对人对行政主体作出的行政行为的信赖，行政主体也不得违法作出重复处理行为。在行政执法实践中，行政主体应增强依法行政意识，防止出现类似的重复处理行为，给行政相对人的权益带来侵害。

【法条链接】

《最高人民法院关于适用〈中华人民共和国行政诉讼法〉的解释》节选

第一条　公民、法人或者其他组织对行政机关及其工作人员的行政行为不服，依法提起诉讼的，属于人民法院行政诉讼的受案范围。

下列行为不属于人民法院行政诉讼的受案范围：

（一）公安、国家安全等机关依照刑事诉讼法的明确授权实施的行为；

（二）调解行为以及法律规定的仲裁行为；

（三）行政指导行为；

（四）驳回当事人对行政行为提起申诉的重复处理行为；

（五）行政机关作出的不产生外部法律效力的行为；

（六）行政机关为作出行政行为而实施的准备、论证、研究、层报、咨询等过程性行为；

（七）行政机关根据人民法院的生效裁判、协助执行通知书作出的执行行

为,但行政机关扩大执行范围或者采取违法方式实施的除外;

(八)上级行政机关基于内部层级监督关系对下级行政机关作出的听取报告、执法检查、督促履责等行为;

(九)行政机关针对信访事项作出的登记、受理、交办、转送、复查、复核意见等行为;

(十)对公民、法人或者其他组织权利义务不产生实际影响的行为。

【典型案例2】

1999年5月4日,原告王大的弟弟王二与李某某一同前往A市杜集区民政局申请结婚登记。由于王二未达到法定结婚年龄,便冒用了原告的身份与李某某申请结婚登记,原告对此并不知情。原告与张某某在B市办理结婚登记,并一直以夫妻名义共同生活。2015年1月份,原告与妻子张某某到A市杜集区民政局办理离婚手续时,得知原告与第三人李某某登记为夫妻关系。原告遂提起行政诉讼,认为A市杜集区民政局在办理结婚登记过程中疏忽大意,未能查明登记人的身份信息,导致婚姻登记错误,请求人民法院依法确认被告颁发的原告与第三人李某某结婚证无效。

【分析】

这是一个关于无效行政行为的案例。

案例中,行政行为有实施主体不具有行政主体资格或者没有依据等重大且明显违法情形,原告申请确认行政行为无效,人民法院判决确认无效。

行政行为无效的法律特征:

第一,无效行政行为在范围上仅指"重大且明显的违法行为"。此限定范围是依大陆法系国家和地区通说,即其具有外在的"明显违法性"和内在的"重大违法性",前者指依一般公民的理性和经验所能判断的违法行政行为,后者指其违反了重要的法律法规,该通说在其他国家的立法上也有体现。比如,《联邦德国行政程序法》第四十四条第一项规定:"行政行为具有严重瑕疵,该瑕疵按所考虑的一切情况明智判断属明显者,行政行为无效。"

第二,无效行政行为在效力上表现为"自始、当然和确定无效"。从行政行为作出时，无需有权机关宣告就自动不具有任何法律效力，公民也没有尊重该行为的义务，并享有对该行为抵抗的权利，甚至在某些情况下，公民可以采取警告、逃脱等方式进行正当防卫和对抗．这实质上就是赋予了公民在行政行为执行"当时"的救济手段，因其具备"当时"性而不同于复议诉讼等"事后"救济手段。即使在事后的救济手段中，对于无效行政行为的救济也不受时效的限制，相对人拥有无期限追诉权，即"作出无效行政行为的机关和其他有权机关得随时宣告或确认其无效，相对人也可随时请求有权机关宣告或确认其无效"。对该无效行政行为，作出机关即使事后实施了追认、转换等补救措施，依然不能被法律所承认而变为有效。

被告Ａ市杜集区民政局的行政行为属于无效行政行为。《中华人民共和国行政诉讼法》第七十五条规定，被诉行政行为存在重大明显违法情形的，人民法院应当判决确认无效。在本案例中，王二未到法定年龄，便冒用原告身份与李某某申请结婚登记，被告Ａ市杜集区民政局未详细核实真实个人信息导致婚姻登记错误。王二在他人不知情的情况下冒用他人身份办理结婚登记的行为，构成重大且明显违法行为。被告在办理婚姻登记信息时，没有认真审核，属于工作上的重大失误。因此，原告诉求应予以支持。

根据《中华人民共和国婚姻法》第五条、第八条规定，结婚双方必须男女自愿并双方亲自到婚姻登记机关办理结婚登记。本案中，原告是被冒用信息和李某某进行登记，他本人并不知情，且没有和李某某结婚的意思表示，本人未到婚姻登记机关进行登记，因此两人之间的婚姻民事法律关系不成立。当原告要求和张某某在婚姻登记机关登记离婚时，才发现了问题，原告的的权利受到了侵害，故原告请求确认该行为无效的主张成立。

《中华人民共和国婚姻法》第二条第一款规定，我国为一夫一妻制，不允许同时存在两个以上的婚姻登记状况。根据《最高人民法院关于执行〈中华人民共和国行政诉讼法〉若干问题的解释》第四十二条规定："公民、法人或者其他组织不知道行政机关作出的具体行政行为内容的，其起诉期限从知道或者应当知道该具体行政行为内容之日起计算。对涉及不动产的具体行政行为从作出之日起超过二十年、其他具体行政行为从作出之日起超过五年提起诉讼的，人民法院不予受理。"原告取得结婚证是在1999年5月，提起诉讼是在2015年1月，已超过五年的最长时效。本案中由于行政机关的过错导致原告的婚姻登记状况违法，且行政机关的行为被认定为无效行政行为，因此对行政相对人自始不产生拘束力,不受起诉期限的限制。

此案例重在分析无效行政行为的时效性、适用情况的特殊性。显示了在当事人权益受损时法律的救济性,保护了当事人的合法权益,也维护了我国的婚姻登记制度的严肃性。

【法条链接】

《中华人民共和国行政诉讼法》节选

第七十五条 行政行为有实施主体不具有行政主体资格或者没有依据等重大且明显违法情形,原告申请确认行政行为无效的,人民法院判决确认无效。

《中华人民共和国婚姻法》节选

第二条第一款 实行婚姻自由一夫一妻、男女平等的婚姻制度。

……

第五条 结婚必须男女双方完全自愿,不许任何一方对他方加以强迫或任何第三者加以干涉。

……

第八条 要求结婚的男女双方必须亲自到婚姻登记机关进行结婚登记。符合本法规定的,予以登记,发给结婚证。取得结婚证,即确立夫妻关系。未办理结婚登记的,应当补办登记。

《最高人民法院关于执行〈中华人民共和国行政诉讼法〉若干问题的解释》节选

第四十二条 公民、法人或者其他组织不知道行政机关作出的具体行政行为内容的,其起诉期限从知道或者应当知道该具体行政行为内容之日起计算。对涉及不动产的具体行政行为从作出之日起超过20年、其他具体行政行为从作出之日起超过5年提起诉讼的,人民法院不予受理。

【典型案例3】

2005年5月18日,A市城市管理局(以下简称市城管局)与河南某某文化传播有限公司(以下简称某某公司)签订了 A 市户外广告经营权出让协议。协议约定:市城管局许可某公路铁路立交桥向南至大花坛,设置 32 块三面翻广告牌(原为 V-1 形广告牌,改造成三面翻广告牌),并将上述广告牌出让给某某公司,期限为 12 年,即自 2006 年 1 月 1 日起至 2017 年 12 月 31 日止。2010 年 6 月 30 日某某公司取得了《A 市户外广告设置许可证》,设置期限为 2010 年 6 月 25 日至 2011 年 6 月 25 日。设置期满后某某公司未再办理相关设置许可手续。2013 年 9 月,因 A 市某路大修、跨河桥梁加宽工程开工,负责施工的 A 市城市建设项目管理有限公司多次请示市城管局,尽快将工程范围内影响施工的广告设施拆除清理完毕,确保工程顺利施工。市城管局曾于 2013 年 10 月 22 日向原告某某公司发出紧急通知,请某某公司在 2 日内将某某路绿化带内影响施工的 V 形三面翻广告牌全部拆除,确保工程顺利施工。后因某某公司未及时自行拆除,市城管局于 2013 年 10 月 27 日组织有关人员将原告的 26 块 V 形三面翻广告牌予以拆除。某某公司诉至法院要求确认市城管局拆除 26 块广告牌的行为违法。

B 区法院审理后认为,市城管局作为 A 市市容环境卫生的行政主管部门,为保证某某路大修工程顺利施工,虽为履行行政管理职责,但未依法定程序使组织人员将原告的 26 块广告牌全部拆除,该事实行为应属于违法。原告某某公司要求确认被告拆除原告 V 形三面翻广告牌的行为违法的诉讼请求成立。判决:被告市城管局拆除原告某某公司 26 块 V 形三面翻广告牌的行为违法。市城管局不服,向 A 市中级人民法院提起上诉,二审驳回上诉,维持原判。

【分析】

这是一个关于行政行为的程序价值的案例。

追求行政行为的程序性价值是现代法治国家的重要标志,行政程序的价值在于其是保障行政行为公正的一道防线。行政程序有其自身价值,体现在:公正的行政程序是宪政精神在行政法上的体现;提高行政效率和效能,使行政行为简单、迅速和经济;监督行政主体公平实施行政职权,防止自由裁量权被滥用;通过程序的公正促成实体的公正,从而保护行政相对人的程序权益;扩大行政相对人参政权行使的途径,提升行政透明度;培养行政相对人积极的守法意识,确保被管理者对行政的信赖;为行政管理中产生的争议和冲突提供理性解决途径。

我国设立有关行政行为的程序法，很大程度上就是为了防止行政自由裁量权的滥用、限制自由裁量权。在行政机关行使行政权力、实施行政管理时，要严格遵循法定程序，依法保障行政管理相对人、利害关系人的救济权、参与权和知情权。具体而言，在程序方面有以下几方面要求：公正、公开、效率、参与。其中的"参与"，就是要求行政主体在履职时对行政相对人的救济权利（陈述权、申辩权、提起诉讼或复议的权利）予以保障。我国在行政法中强调的程序性价值，归根结底是要通过程序的公正促成实体的公正，真正实现依法行政。

本案牵涉到某某公司户外广告牌设立的合法性、市城管局拆除此广告牌的合法性，就前者而言，某某公司因未依法办理行政许可手续，且其广告牌也确实阻碍了城市建设项目管理有限公司的施工，因此属于应当拆除的情形，但也须依法依程序进行，要将拆除理由、期限等告知相对人，还需公示和听证，以保护行政相对人的陈述权和申辩权。在本案中，市城管局却未按法定程序便实施拆除，从而引发程序不当，其拆除行为最终被认定为违法。如上所言，程序公正才能保障实体公正，在当今依法行政法治意识日益增强的今天，更要求相关行政执法部门要文明执法、依程序执法，改变过去"重实体、轻程序"的非正常执法状况。

【法条链接】

《中华人民共和国行政许可法》节选

第三十八条　申请人的申请符合法定条件、标准的，行政机关应当依法作出准予行政许可的书面决定。

行政机关依法作出不予行政许可的书面决定的，应当说明理由，并告知申请人享有依法申请行政复议或者提起行政诉讼的权利。

……

第四十六条　法律、法规、规章规定实施行政许可应当听证的事项，或者行政机关认为需要听证的其他涉及公共利益的重大行政许可事项，行政机关应当向社会公告，并举行听证。

第四十七条第一款　行政许可直接涉及申请人与他人之间重大利益关系的，行政机关在作出行政许可决定前，应当告知申请人、利害关系人享有要求听证的权利；申请人、利害关系人在被告知听证权利之日起五日内提出听证申请的，行政机关应当在二十日内组织听证。

……

第七十二条 行政机关及其工作人员违反本法的规定,有下列情形之一的,由其上级行政机关或者监察机关责令改正;情节严重的,对直接负责的主管人员和其他直接责任人员依法给予行政处分:

……

(三)在受理、审查、决定行政许可过程中,未向申请人、利害关系人履行法定告知义务的;

……

(八)依法应当举行听证而不举行听证的。

【典型案例 4】

2004年1月13日,萍乡市土地收购储备中心受萍乡市肉类联合加工厂委托,经被告萍乡市国土资源局(以下简称市国土局)批准,在《A日报》上刊登了国有土地使用权公开挂牌出让公告,定于2004年1月30日至2004年2月12日在土地交易大厅公开挂牌出让 TG-0403 号国有土地的使用权,地块位于B市安源区后埠街万公塘,土地出让面积为 23173.3 m^2,开发用地为商住综合用地,冷藏车间维持现状,容积率为2.6,土地使用年限为50年。萍乡市亚鹏房地产开发有限公司(以下简称"亚鹏公司")于2006年2月12日通过投标竞拍方式以人民币768万元取得了 TG-0403 号国有土地使用权,并于2006年2月21日与被告市国土局签订了《国有土地使用权出让合同》。合同约定出让宗地的用途为商住综合用地,冷藏车间维持现状,土地使用权出让金为 331.42 元/m^2,总额计人民币768万元。2006年3月2日,市国土局向亚鹏公司颁发了萍国用〔2006〕第43750号和萍国用〔2006〕第43751号两本国有土地使用证,其中萍国用〔2006〕第43750号土地证地类(用途)为工业,使用权类为出让,使用权面积为 8359 m^2,萍国字〔2006〕第43751号土地证地类为商住综合用地。对此,亚鹏公司认为约定的"冷藏车间维持现状"是维持冷藏库的使用功能,并非维持地类性质,要求将其中一证地类由"工业"更正为"商住综合";但市国土局认为维持现状是指冷藏车间保留工业用地性质出让,且该公司也是按照冷藏车间为工业出让地缴纳的土地使用权出让金,故不同意更正土地用途。2012年7月30日,萍乡市规划局向萍乡市土地收购储备中心作出《关于要求解释〈关于萍乡市肉类联合加工厂地块的函》》,主要内容是:"我局在2003年10月8日出具规划条件中已明确了该地块用地性质为商住综合用地(冷藏车间约7300 m², 下同)但冷藏车间维持现状。根据该地块控规,其用地性质为居住(兼容商业),但由于地块内的食品冷藏车间是目前我市唯一的农产品储备保鲜库,也是我市重要的民生工程项目,因此,暂时保留地块内约7300 m²冷藏库的使用功能,未经政府或相关主管部门批准不得拆除。"2013年2月21日,市国土局向亚鹏公司书面答复:一、根据市规划局出具的规划条件和宗地实际情况,同意贵公司申请TG-0403号地块中冷藏车间用地的土地用途由工业用地变更为商住用地。二、由于贵公司取得该宗地中冷藏车间用地使用权是按工业用地价格出让的,根据《中华人民共和国城市房地产管理法》之规定,贵公司申请TG-0403号地块中冷藏车间用地的土地用途由工业用地变更为商住用地,应补交土地出让金。补交的土地出让金可按该宗地出让时的综合用地(住宅、办公)评估价值减去的同等比例计算,即297.656万元×70%=208.36万元。三、冷藏车间用地的土地用途调整后,其使用功能未经市政府批准不得改变。亚鹏公司于2013年3月10日向法院提起行政诉讼,要求判令被告将萍国用〔2006〕第43750号国有土地使用证上的地类用途由"工业"更正为商住综合用地(冷藏车间维持现状),并撤销被告"关于对房地产有限公司TG-0403号地块有关土地用途问题的答复"中第二项关于补交土地出让金208.36万元的决定。

判决结果:江西省萍乡市安源区人民法院于2014年4月23日作出(2014)安行初字第6号行政判决:一、被告萍乡市国土资源局在本判决生效之日起九十天内对萍国用〔2006〕第43750号国有土地使用证上的8359.1 m²的土地用途应依法予以更正。二、撤销被告萍乡市国土资源局于2013年2月21日作出的《关于对市亚鹏房地产开发有限公司TG-0403号地块有关土地用途的答复》中第二项补交土地出让金208.36万元的决定。宣判后,萍乡市国土资源局提出上诉。萍乡市中级人民法院于2014年8月15日作出(2014)萍行终字第10号行政判决:驳回上诉,维持原判。

【分析】

这是一个关于抽象行政行为及新《行政诉讼法》受案范围增加行政协议的案例。

抽象行政行为是指行政主体针对不特定行政管理对象实施的行政行为。其行为形式体现为行政立法（行政法规和规章）和行政规范性文件（具有普遍约束力的决定、命令）。

抽象行政行为的法律特征：第一，对象的普遍性。抽象行政行为以普遍的、不特定的人或事为行政对象，即它针对的是某一类人或事，而非特定的人或事。第二，效力的普遍性和持续性。首先，抽象行政行为具有普遍的效力，它对某一类人或事具有约束力；其次，抽象行政行为具有后及力，它不仅适用于当时的行为或事件，而且适用于以后将要发生的同类行为或事件。第三，准立法性。抽象行政行为在性质上属于行政行为，但它具有普遍性、规范性和强制性的法律特征，并须经过起草、征求意见、审查、审议、通过、签署、发布等一系列程序。第四，不可诉性。抽象行政行为不能成为行政诉讼的直接对象。如果相对方对抽象行政行为有异议，认为行为侵犯了自己的合法权益，向人民法院起诉的，人民法院不予受理。

抽象行政行为是指行政主体针对不特定行政管理对象实施的行政行为，其内容是对社会关系的一般调整。行政协议强调诚实信用、平等自愿，一经签订，各方当事人必须严格遵守，行政机关无正当理由不得在约定之外附加另一方当事人义务或单方变更解除。本案中，TG-0403号地块出让时对外公布的土地用途是"开发用地为商住综合用地，冷藏车间维持现状"，出让合同中约定为"出让宗地的用途为商住综合用地，冷藏车间维持现状"。但市国土局与亚鹏公司就该约定的理解产生分歧，而萍乡市规划局对原萍乡市肉类联合加工厂复函确认TG-0403号国有土地使用权面积23173.3平方米（含冷藏车间）的用地性质是商住综合用地。萍乡市规划局的解释与挂牌出让公告明确的用地性质一致，且该解释是萍乡市规划局在职权范围内做出的，符合法律规定和实际情况，并无重大明显的违法情形，具有法律效力，并对市国土局关于土地使用性质的判断产生约束力。因此，对市国土局提出的冷藏车间占地为工业用地的主张不予支持。亚鹏公司要求市国土局对"萍国用〔2006〕第43750号"土地证地类更正为商住综合用地，具备正当理由，市国土局应予以更正。亚鹏公司作为土地受让方按约支付了全部价款，市国土局要求亚鹏公司如若变更土地用途则应补交土地出让金，缺乏事实依据和法律依据，且有违诚实信用原则。行政机关在职权范围内对行政协议约定的条款进行的解释，对协议双方具有法律约束力，人民法院经过审查，可根据实际情况将其作为审查行政协议的依据。

【法条链接】

《中华人民共和国行政诉讼法》节选

第十二条 人民法院受理公民、法人或者其他组织提起的下列诉讼:

(一)对行政拘留、暂扣或者吊销许可证和执照、责令停产停业、没收违法所得、没收非法财物、罚款、警告等行政处罚不服的;

(二)对限制人身自由或者对财产的查封、扣押、冻结等行政强制措施和行政强制执行不服的;

(三)申请行政许可,行政机关拒绝或者在法定期限内不予答复,或者对行政机关作出的有关行政许可的其他决定不服的;

(四)对行政机关作出的关于确认土地、矿藏、水流、森林、山岭、草原、荒地、滩涂、海域等自然资源的所有权或者使用权的决定不服的;

(五)对征收、征用决定及其补偿决定不服的;

(六)申请行政机关履行保护人身权、财产权等合法权益的法定职责,行政机关拒绝履行或者不予答复的;

(七)认为行政机关侵犯其经营自主权或者农村土地承包经营权、农村土地经营权的;

(八)认为行政机关滥用行政权力排除或者限制竞争的;

(九)认为行政机关违法集资、摊派费用或者违法要求履行其他义务的;

(十)认为行政机关没有依法支付抚恤金、最低生活保障待遇或者社会保险待遇的;

(十一)认为行政机关不依法履行、未按照约定履行或者违法变更、解除政府特许经营协议、土地房屋征收补偿协议等协议的;

(十二)认为行政机关侵犯其他人身权、财产权等合法权益的。

【典型案例5】

杨某某于2015年5月5日向济南市中级人民法院起诉称,《济南市人民政府征收土地公告》(济征公告〔2014〕60号)涉及杨某某及配偶的房屋拆迁补偿。杨某某认为该公告依据的《关于济南等三市调整征地地面附着物和青苗补偿标准的批复》(价费发〔2008〕178号,以下简称178号批复)违法,于2014年2月25日依据《山东省行政程序规定》第五十五条的规定向山东省人民政府法制办公室提出审查申请。山东省人民政府法制办公室于2014年4月1日作出《规范性文件审查结果告知书》(鲁府法备告字〔2014〕2号),确认178号批复合法有效。杨某某认为山东省人民政府法制办公室的审查行为认定事实不清,处理结果错误,故起诉山东省人民政府,请求依法判决撤销《规范性文件审查结果告知书》鲁府法备告字〔2014〕2号。

山东省高级人民法院经审理认为,行政相对人对行政法规、规章或者行政机关制定、发布的具有普遍约束力的决定、命令提起诉讼的,不属于人民法院行政诉讼的受案范围。"具有普遍约束力的决定、命令"是指行政机关针对不特定对象发布的能反复适用的行政规范性文件,即行政法理论上所称的抽象行政行为。抽象行政行为未被纳入行政诉讼受案范围,其主要理由是抽象行政行为一般情况下不会直接侵害公民、法人或者其他组织的合法权益,它需要通过行政行为的转化才会影响行政相对人的权益。因此,依据现行法律规定,行政相对人如认为行政机关的行政行为所依据的行政规范性文件不合法,可以在对行政行为申请行政复议时,一并向行政复议机关提出对该规范性文件的审查申请,也可以在对行政行为提起诉讼时,一并请求对该规范性文件进行审查,而不能直接针对行政规范性文件提起行政复议或者行政诉讼。本案中,杨某某向人民政府法制机构申请审查的178号批复即是行政机关制定的具有普遍约束力的行政规范性文件。《山东省行政程序规定》第五十五条规定,"公民、法人和其他组织认为规范性文件违法的,可以向制定机关或者本级人民政府法制机构提出书面审查申请。接到申请的制定机关或者政府法制机构应当受理,并自收到申请之日起60日内作出处理;情况复杂,不能在规定期限内处理完毕的,经审查机关负责人批准,可以适当延长,但是延长期限最多不超过30日。处理结果应当书面告知申请人。"行政相对人认为规范性文件违法,有权向制定机关或者政府法制机构提出书面审查申请,接到申请的制定机关或者政府法制机构应当受理,并依法作出处理。但由于规范性文件不属于行政复议和行政诉讼的受案范围,规范性文件制定机关或者政府法制机构针对规范性文件的审查处理行为同样也不属于行政复议和行政诉讼的受案范围。综上,山东省人民政府对规范性文件的审查处理行为不属于行政诉讼的受案范围,杨某某以规范性文件及山东省人民政府对规范性文件的审查结果对其权利义务产生实际影响为由,直接向人民法院提起诉讼,系对法律的误解,理由不能成立,不予支持,故裁定驳回杨某某起诉。

【分析】

这是一个关于政府文件的审查行为的诉讼案例。

公民、法人或者其他组织认为政府颁发的规范性文件违法的,可以向规范性文件的制定机关或者本级人民政府法制机构提出书面申请,也可以在对行政行为提起行政复议或者行政诉讼时,一并请求对作出该行政行为所依据的规章以下规范性文件进行审查,但仅对规范性文件提起行政诉讼的,不属于人民法院受理范围。本案中,杨某某向山东省人民政府法制办公室提出书面审查申请,符合相关法律规定,但杨某某对规范性文件的审查结果有异议直接提起行政诉讼,属于对规范性文件起诉的范畴,政府部门颁发的规范性文件这一行为属于抽象行政行为,具有不可诉性,不属于人民法院行政诉讼的受案范围。法院认为抽象行政行为一般情况下不会直接侵害公民、法人或者其他组织的合法权益,它需要通过行政行为的转化才会影响行政相对人的权益。

依据现行法律规定,行政相对人如认为行政机关的行政行为所依据的行政规范性文件不合法,可以在对行政行为申请行政复议时,一并向行政复议机关提出对该规范性文件的审查申请,也可以在对行政行为提起诉讼时,一并请求对该规范性文件进行审查,而不能直接针对行政规范性文件提起行政复议或者行政诉讼。

【法条链接】

《中华人民共和国行政诉讼法》节选

第二条 公民、法人或者其他组织认为行政机关和行政机关工作人员的行政行为侵犯其合法权益,有权依照本法向人民法院提起诉讼。

……

第五十三条 公民、法人或者其他组织认为行政行为所依据的国务院部门和地方人民政府及其部门制定的规范性文件不合法,在对行政行为提起诉时,可以一并请求对该规范性文件进行审查。

……

第六十四条　人民法院在审理行政案件中,经审查认为本法第五十三条规定的规范性文件不合法的,不作为认定行政行为合法的依据,并向制定机关提出处理建议。

【典型案例6】

江苏省南京市发展和改革委员会于2010年7月对10家企业作出废弃食用油脂定点回收加工单位备案,其中包括南京发尔士化工厂和南京立升废油脂回收处理中心。2012年11月,南京市江宁区人民政府(以下简称江宁区政府)作出《关于印发江宁区餐厨废弃物管理工作方案的通知》(江宁政发〔2012〕396号,以下简称396号文),明确"目前指定南京立升再生资源开发有限公司(以下简称立升公司)实施全区餐厨废弃物收运处理。"该区城市管理局和区商务局于2014年3月发出公函,要求落实396号文的规定,各生猪屠宰场点必须和立升公司签订清运协议,否则将予以行政处罚。南京发尔士新能源有限公司(以下简称发尔士公司)对396号文不服,诉至法院,请求撤销该文对立升公司的指定,并赔偿损失。

裁判结果:南京市中级人民法院一审认为,被告江宁区政府在396号文中的指定,实际上肯定了立升公司在江宁区开展餐厨废弃物业务的资格,构成实质上的行政许可。区城市管理局和区商务局作出的公函已经表明被告的指定行为事实上已经实施。根据行政许可法相关规定,行政机关受理、审查、作出行政许可应当履行相应的行政程序。被告在作出指定前,未履行任何行政程序,故被诉行政行为程序违法。被告采取直接指定的方式,未通过招标等公平竞争的方式,排除了其他可能的市场参与者,构成通过行政权力限制市场竞争,违反了《江苏省餐厨废弃物管理办法》第十九条和"中华人民共和国反垄断法"第三十二条的规定。被告为了加强餐厨废弃物处理市场监管的需要,对该市场的正常运行做出必要的规范和限制,但不应在行政公文中采取明确指定某一公司的方式。原告发尔士公司对其赔偿请求未提交证据证实,法院对此不予支持。遂判决撤销被告在396号文中对立升公司指定的行政行为,驳回原告的其他诉讼请求。一审宣判后,双方当事人均未上诉。

【分析】

这是一个关于行政垄断的案例。

具体行政行为是指行政主体对特定行政管理对象实施的行政行为。其行为形式主要体现为具体行政决定,如行政处罚决定、行政强制执行决定、授予相对人某种权益或剥夺其某种权益的决定,拒绝相对人某种申请、请求的决定等,也包括执行和实施这些决定的行为。具体行政行为的形式主要体现为书面行政决定,有时也以非书面决定的形式表现,如口头通知、当面训诫等,特别是违法的具体行政行为,有些行政主体往往采取非书面的形式,以逃避司法审查。

本案是典型的涉及行政垄断的案例。行政法调整的行政垄断是指政府及其所属部门违法行政,为了追求狭隘的不法利益,运用强制手段,限制竞争,侵害市场公平竞争秩序的行为。本案中,江宁区人民政府制定的396号文在未履行任何行政程序的情况下,也没有采取招标等公平竞争的方式,直接指定南京立升再生资源开发有限公司实施全区餐厨废弃物收运处理,排除了其他市场参与者的可能性,构成通过行政权力限制市场竞争,违反了《反垄断法》和《反不正当竞争法》的相关规定。根据《行政诉讼法》第十二条关于行政诉讼受案范围的相关规定,行政机关滥用行政权力排除或者限制竞争的行为应当受到法律规制。

破除行政性垄断,本质上就是要处理好政府和市场的关系。行政性垄断比一般的经济垄断危害更大,相较于市场经营者,行政机关具有行政强制力,更容易实施垄断行为,容易破坏统一开放、公平有序的市场体系,影响市场发挥在资源配置中的决定性作用,还会造成行政效率的损失、政府公信力的下降。中国特色社会主义市场经济是法治经济,行政机关实施行政管理应当依照法律、法规、规章的规定进行。

【法条链接】

《中华人民共和国行政诉讼法》节选

第十二条 人民法院受理公民、法人或者其他组织提起的下列诉讼:

（一）对行政拘留、暂扣或者吊销许可证和执照、责令停产停业、没收违法所得、没收非法财物、罚款、警告等行政处罚不服的；

（二）对限制人身自由或者对财产的查封、扣押、冻结等行政强制措施和行政强制执行不服的；

（三）申请行政许可，行政机关拒绝或者在法定期限内不予答复，或者对行政机关作出的有关行政许可的其他决定不服的；

（四）对行政机关作出的关于确认土地、矿藏、水流、森林、山岭、草原、荒地、滩涂、海域等自然资源的所有权或者使用权的决定不服的；

（五）对征收、征用决定及其补偿决定不服的；

（六）申请行政机关履行保护人身权、财产权等合法权益的法定职责，行政机关拒绝履行或者不予答复的；

（七）认为行政机关侵犯其经营自主权或者农村土地承包经营权、农村土地经营权的；

（八）认为行政机关滥用行政权力排除或者限制竞争的；

（九）认为行政机关违法集资、摊派费用或者违法要求履行其他义务的；

（十）认为行政机关没有依法支付抚恤金、最低生活保障待遇或者社会保险待遇的；

（十一）认为行政机关不依法履行、未按照约定履行或者违法变更、解除政府特许经营协议、土地房屋征收补偿协议等协议的；

（十二）认为行政机关侵犯其他人身权、财产权等合法权益的。

除前款规定外，人民法院受理法律、法规规定可以提起诉讼的其他行政案件。

第十三条　人民法院不受理公民、法人或者其他组织对下列事项提起的诉讼：

（一）国防、外交等国家行为；

（二）行政法规、规章或者行政机关制定、发布的具有普遍约束力的决定、命令；

（三）行政机关对行政机关工作人员的奖惩、任免等决定；

（四）法律规定由行政机关最终裁决的行政行为。

四、行政不作为

【法理简介】

行政合法性原则要求行政主体做到责任行政,即权责要一致。行政职权与行政职责是一个问题的两个方面。职权是相对于被管理者而言的,行政机关行使的职权表现为一种权力;但相对于国家和社会公众而言,行政机关行使的职权本身就是一种职责,是向国家和社会公众承担的一种职责,行政主体只能为了履行某种行政职责才能行使相应的行政职权。行政机关的职权职责必须是相统一的,行使职权的行政机关必须承担相应的行政职责,是为了履行职责才去行使相应的职权,行使后必须承担相应的法律后果,即职权与职责相统一,行为主体与责任主体相一致,并且所承担责任的轻重、大小须与违法的严重程度相适应,这是责任行政的基本要求。行政机关行使行政职权应当做到合法、合理、到位,既不越权,亦不失权,也不能不作为。

行政不作为,是行政法律关系中"行为"客体的一种表现形式,是指行政主体在有积极实施行政行为的职责和义务的前提下,不履行、不完全履行或者拖延履行的消极行为。我国现行《行政诉讼法》中将行政主体不履行法定职责的不作为行为也列入了人民法院的受案范围。具体包括:申请行政许可,行政机关拒绝或者在法定期限内不予答复,或者对行政机关作出的有关行政许可的其他决定不服的;申请行政机关履行保护人身权、财产权等合法权益的法定职责,行政机关拒绝履行或者不予答复的;认为行政机关没有依法支付抚恤金、最低生活保障待遇或者社会保险待遇的;认为行政机关不依法履行、未按照约定履行或者违法变更、解除政府特许经营协议、土地房屋征收补偿协议等协议的,等等。

【典型案例1】

2006年10月,B市某干休所新建一栋建筑,甲以该建筑临近其住宅并侵犯其权利为由向B市规划局举报。B市规划局经调查确认该建筑未取得建设工程规划许可,遂于2012年11月作出《限期拆除决定书》,限其三日内将该违法建筑自行拆除,同时向B市C区人民政府(以下简称某区政府)发出《关于提请依法组织强制拆除违法建设的函》,提请C区政府组织强制拆除,但C区政府一直未组织实施。甲不服,诉至法院。

B市中级人民法院一审认为,根据《中华人民共和国城乡规划法》的规定,C区政府在接到B市规划局作出的限期拆除决定后,应当在法定期限内责成有关部门对违法建筑予以拆除,但其在收到函后三年多的时间里未对案件作进一步处理。B市规划局在下达《限期拆除决定书》、发出《关于提请依法组织强制拆除违法建设的函》后,亦未对案件进行监督检查。以上两主体已构成怠于履行法定职责。遂判决B市规划局、C区政府对涉案违法建设问题依法继续作出处理。某区政府不服提起上诉,A省高级人民法院二审判决驳回上诉,维持原判。

【分析】

这是一个关于行政不作为的案例。

在行政法理论中,行政不作为的表现形式,既包括行政机关应当履行而未履行或拖延履行法定职责的情况,也包括行政机关应当履行全部职责而无正当理由仅履行部分法定职责的情况。本案属于后者。

行政机关主体在行使行政职权时,应当做到合法、合理,其基本内涵是应恪尽职守、全面履行其法定职责,既不可超越权限,也不能不履行或者不完全履行其法定职责。

不作为行政行为违法,除必须达到一般行政行为的构成要件以外,还应包括以下四个构成要件:① 行政主体存在法定的作为义务。这种作为义务可能是法律法规规定的义务,也可能是行政机关行政行为所确定的作为义务,或者是行政机关先前行为带来的义务。② 这种特定的作为义务有履行的可能性。③ 这种义务没有被现实履行。④ 行政主体主观上存在过错(包括故意和过失)。例如,判断消防人员在接到报警30分钟后才赶到火灾现场的行为是否构成违法,就要根据上述四个条件,如其是否有能力在这一时间内赶到现场、工作人员是否存在主观上的过错等。

对于现实中的行政主体的不作为和不完全作为,因不完全作为在表现形式上已初步或者部分地履行了其法定职责,因此在外观上其违法程度具有一定的隐蔽性,但同样是对行政相对人的合法权益的侵害。从行政法治角度来说,客观上还会导致行政机关公信力的降低,同时也侵害了社会管理秩序和公共利益。

相应地,对行政不作为行为的复议审查要点主要包括两个方面:一是存在不作为情形的行政主体是否具有相应的法定职责,此时要结合单行法律、行政法规来判断;二是行政主体是否存在不履行或拖延履行法定职责的事实。具体表现:否定自身的管辖权;推诿或不予理会;拖延答复以及不答复,但又不说明理由等。

区分作为行政行为和不作为行政行为,目的是要解决二者的举证责任问题。举证不作为行政行为若依赖行政机关自证其不作为,将会产生失衡的无证明责任分配,一般在此类案件中,行政机关坚持认为其根本就不具有法定职责,即"自认为其不作为合法",因此不需提供任何证据来证明。此时只能由提出积极主张的当事人来证明,也就是由申请人来证明行政机关有法定职责;若提供不出证据,由法院辅助证明。

【法条链接】

《中华人民共和国城乡规划法》节选

第六十八条　城乡规划主管部门作出责令停止建设或者限期拆除的决定后,当事人不停止建设或者逾期不拆除的,建设工程所在地县级以上地方人民政府可以责成有关部门采取查封施工现场、强制拆除等措施。

《中华人民共和国行政诉讼法》节选

第七十二条　人民法院经过审理,查明被告不履行法定职责的,判决被告在一定期限内履行。

【典型案例2】

2012年12月11日,河南省南阳市A县B镇人民政府作出《关于对王某行政确权申请不予受理的决定》,王某起诉后,A县法院判决撤销了该处理决定,并限 B 镇人民政府于六十日内重新作出行政行为。B 镇人民政府上诉,南阳中院判决驳回上诉,维持原判。2013 年 12 月 20 日,B 镇人民政府作出《处理决定》(B 政〔2013〕105 号),决定对王某要求土地确权的申请不予受理。王某不服,向 A 县人民政府申请复议。A 县人民政府经复议撤销了该处理决定。2014 年 4 月 19 日,王某通过邮政快递向被告 A 县 B 镇人民政府邮寄确权申请书,要求对争议宅基地进行行政确权,A 县 B 镇人民政府未予答复。王某提起行政诉讼,请求法院判令 B 镇人民政府在法定期限内对王某申请的宅基地纠纷作出确权的具体行政行为。

此案经南阳两级人民法院审理认为,A 县 B 镇人民政府具有确认土地使用权属的职权,其未在六十日内对行政相对人的申请事项作出处理,构成行政不作为。遂判决:限 A 县 B 镇人民政府于判决生效后六十日内对王某的申请作出行政行为。

【分析】

这是一个关于行政执法的案例。

行政执法实践中,部分行政机关既有滥施行政权的一面,又有怠于职守、行政不作为的一面。近年来,由于行政权力范围不断扩大和广大人民群众的法律意识日渐增强,行政不作为类型的案件日益增多。若处理不好,从群众层面来看,可能会对行政机关产生"官官相护"的错误认知,动摇其对司法权威的信赖;从行政主体层面来看,客观上会损害行政机关的公信力,影响社会的稳定。因此,对行政不作为加强法律监督非常必要且紧迫,这也是维护行政法权威提出的要求。

在本案中,王某行政确权申请被 B 镇人民政府作出不予受理的决定,此决定后被法院及 A 县人民政府多次撤销。即便如此,B 镇人民政府对王某的申请仍未处理。从事件性质上说,B 镇人民政府的这种行为属于严重的不履行法定职责。

【法条链接】

《中华人民共和国行政诉讼法》节选

第七十二条 人民法院经过审理,查明被告不履行法定职责的,判决被告在一定期限内履行。

......

第九十六条 行政机关拒绝履行判决、裁定、调解书的,第一审人民法院可以采取下列措施:

......

(四)向监察机关或者该行政机关的上一级行政机关提出司法建议。接受司法建议的机关,根据有关规定进行处理,并将处理情况告知人民法院;

五、行政协议

【法理简介】

行政协议,在行政活动中常称为行政合同、行政契约,是指行政主体与相对人之间为执行公共事务,实现行政管理目标,适用行政法规则,依双方意思表示一致,设立权利和义务,且有较多特殊性的履行机制的协议。

【典型案例】

张某系A省B市C区某旧城改建项目拆迁范围内的住户。2013年12月12日,张某就其被拆迁房屋与B市C区凤翔镇土地房屋征收办公室(以下简称征收办)签订了《征收补偿安置协议》。张某选择房屋置换补偿方式,置换某小区上下两层商铺。协议签订后,张某依约腾空房屋,交由征收办拆除。2016年9月21日,征收办向张某交付房屋,张某发现交付的房屋系第三人某房地产开发有限责任公司在协议约定的小区大门内加盖,且没有门牌编号的商住混合房屋,与协议不符,遂诉至法院,请求判决B市C区住房和城乡建设局、征收办给付房屋补偿款。乙地铁路运输法院立案后,为了实质性化解行政争议,多次赴当地调查核实,在查明事实、分清是非的基础上,促使三方当事人自愿达成协议,征收办改变置换方式,收回商铺,以货币补偿方式补偿张某。张某主动申请撤诉。法院经审查,张某的撤诉申请不损害国家利益、社会公共利益、第三人合法权益,裁定准许撤回起诉。

【分析】

这是一个关于行政协议纠纷及其救济制度的案例。

(一)张某和B市C区凤翔镇土地房屋征收办公室签订的《征收补偿安置协议》是一种行政协议

行政协议,在行政活动中常被称为行政合同、行政契约,是指行政主体与相对人之间为执行公共事务,实现行政管理目标,适用行政法规则,依双方意思表示一致,设立权利和义务,且有较多特殊性的履行机制的协议。

本案中B市C区凤翔镇土地房屋征收办公室为行政主体一方,张某为相对人,张某就其被拆迁房屋与B市C区凤翔镇土地房屋征收办公室意思表示一致签订了《征收补偿安置协议》。双方设立权利义务,张某选择房屋置换补偿方式,置换某小区上下两层商铺,协议签订后,张某依约腾空房屋,交由征收办拆除,完成执行公共事务,实现行政管理的目标,符合行政协议构成要件,因此张某和B市C区凤翔镇土地房屋征收办公室签订的《征收补偿安置协议》是一种行政协议。

(二)张某和B市C区凤翔镇土地房屋征收办公室签订的行政协议引发行政争议

征收办2016年9月21日向张某交付房屋,张某发现交付的房屋系第三人某房地产开发有限责任公司在协议约定的小区大门内加盖,且为没有门牌编号的商住混合房屋,与协议规定的房屋类型不符合,遂诉至法院,请求判决定B市C区住房和城乡建设局、征收办给付房屋补偿款。此时行政协议发生争议,张某寻求司法救助,2015年5月1日起施行的《全国人民代表大会常务委员会关于修改〈中华人民共和国行政诉讼法〉的决定》第七十八条规定:"被告不依法履行、未按照约定履行或者违法变更、解除本法第十二条第一款第十一项规定的协议的,人民法院判决被告承担继续履行、采取补救措施或者赔偿损失等责任。"因此张某的请求成立,可以获得补偿款,通过采取司法救济途径解决行政协议纠纷。

（三）该案件在法院立案后积极适用调解方式，实质性化解行政争议

在该案中，张某在发现所交付房屋与签订的协议内容不符，诉至法院，这属于运用司法途径寻求救济，并且符合2015年5月1日起施行的《全国人民代表大会常务委员会关于修改〈中华人民共和国行政诉讼法〉的决定》第七十八条规定："被告不依法履行、未按照约定履行或者违法变更、解除本法第十二条第一款第十一项规定的协议的，人民法院判决被告承担继续履行、采取补救措施或者赔偿损失等责任。"乙地铁路运输法院作为立案法院积极多次赶赴当地调查核实，在查明事实、分清是非的基础上，积极促进三方当事人达成协议，以此来解决行政争议。征收办改变置换方式，收回商铺，以货币补偿方式补偿张某，既维护了张某的利益，也维护了行政相对人与行政机关之间关系，实质性地化解了行政争议，对行政机关全面、诚信履行行政协议义务，起到了指引和规范作用，实现了法律效果和社会效果的统一，切实做到了案结、事了、人和。由此可以看出，法院的调解是解决由行政协议引发的行政争议的优选措施，值得今后司法实践的借鉴与学习。

【法条链接】

《中华人民共和国行政诉讼法》节选

第十二条第一款第十一项　公民法人或者其他组织对行政机关不依法履行、未按照约定履行或者违法变更、解除政府特许经营协议、土地房屋征收补偿协议等协议行为提起行政诉讼的，属于行政诉讼的受案范围。

《最高人民法院关于适用〈中华人民共和国行政诉讼法〉若干问题的解释》节选

第十一条　行政机关为实现公共利益或者行政管理目标，在法定职责范围内，与公民、法人或者其他组织协商订立的具有行政法上权利义务内容的协议，属于行政诉讼法第十二条第一款第十一项规定的行政协议。公民、法人或者其他组织就下列行政协议提起行政诉讼的，人民法院应当依法受理：

（一）政府特许经营协议；

（二）土地、房屋等征收征用补偿协议；

（三）其他行政协议。

第十二条　公民、法人或者其他组织对行政机关不依法履行、未按照约定

履行协议提起诉讼的,参照民事法律规范关于诉讼时效的规定;对行政机关单方变更、解除协议等行为提起诉讼的,适用行政诉讼法及其司法解释关于起诉期限的规定。

第十三条 对行政协议提起诉讼的案件,适用行政诉讼法及其司法解释的规定确定管辖法院。

第十四条 人民法院审查行政机关是否依法履行、按照约定履行协议或者单方变更、解除协议是否合法,在适用行政法律规范的同时,可以适用不违反行政法和行政诉讼法强制性规定的民事法律规范。

第十五条 原告主张被告不依法履行、未按照约定履行协议或者单方变更、解除协议违法,理由成立的,人民法院可以根据原告的诉讼请求判决确认协议有效、判决被告继续履行协议,并明确继续履行的具体内容;被告无法继续履行或者继续履行已无实际意义的,判决被告采取相应的补救措施;给原告造成损失的,判决被告予以赔偿。原告请求解除协议或者确认协议无效,理由成立的,判决解除协议或者确认协议无效,并根据合同法等相关法律规定作出处理。被告因公共利益需要或者其他法定理由单方变更、解除协议,给原告造成损失的,判决被告予以补偿。

第十六条 对行政机关不依法履行、未按照约定履行协议提起诉讼的,诉讼费用准用民事案件交纳标准;对行政机关单方变更、解除协议等行为提起诉讼的,诉讼费用适用行政案件交纳标准。

六、行 政 处 罚

【法理简介】

行政处罚是指特定的行政主体依法对违反行政管理秩序而尚未构成犯罪的行政相对人给予的行政制裁。

行政处罚的法律特征:

第一,制裁性。行政处罚以行政相对人违反行政管理秩序行为的存在为前提,是行政主体对有违反行政法律规范行为相对人的一种惩罚,因而具有行政制裁性。

第二,处分性。行政处罚与行政命令、行政确认等不同,它是对相对人权利与义务的一种处分。比如,罚款决定,其法律效果是导致相对人一定数量的财产被剥夺;行政拘留决定,意味着相对人的人身自由权在一定的期限内被剥夺。

第三,不利性。行政处罚不是中性行为,而是不利行为,即会对行政相对人造成一种不利的后果。

第四,法定性。行政处罚作为一种特定的行政行为,其结果是导致相对人权利被剥夺,因而必须依法设定。根据《行政处罚法》的规定,行政处罚的机关、种类、范围、程序等都必须是法定的。行政处罚只能由拥有行政职权的行政主体决定并实施,其他任何组织、个人不能决定并实施行政处罚。行政处罚只适用于违反行政法律规范的行为。这里的违反行政法律规范的行为是指违反行政管理方面的法律、法规和规章的行为。

第五,行政处罚的对象一般为被认为实施了行政违法行为的公民、法人和其他组织,亦即行政法律关系中的外部相对人,包括国家机关、企事业单位和个人。

第六,行政处罚是违法者承担行政法律责任的一种表现形式。行政法律责任是行政法律关系主体应承担的法律责任,既包括行政主体因违法或不当行政而应承担的责任,也包括相对人违反行政法律规范而应承担的责任。

第七,行政处罚是一种以制裁为内容的具体行政行为。它以直接限制或剥夺相对人的人身权、财产权为内容,是由国家法律、法规和规章确定的,并由特定的行政主体实施的带有强制性的国家制裁措施,是一种可以惩戒性义务的行政处理决定。

【典型案例1】

2015年,被告A地公安局某派出所民警对原告甲所属公司进行日常消防监督检查中,发现该公司未按要求整改,准备采取断电整改措施。甲质疑检查人员身份,并辱骂拉扯。A地公安局遂以涉嫌阻碍执行职务,对甲实施传唤,传唤过程中保安任某殴打了甲。传唤至派出所后,甲咬伤民警胳膊,脱光衣服躺在办案区,用头撞墙并随地小便。A地公安局在询问笔录中未注明甲到案时间和离开时间。A地公安局认定甲构成阻碍执行职务,给予拘留十日行政处罚。经复议,上一级公安局维持了行政处罚决定。甲不服,遂提起行政诉讼。

【分析】

这是一个关于行政处罚及其程序的案例。

该案例中主要存在争议的问题是行政行为程序违法时判决类型的选择。综观本案基本事实及被诉处罚决定内容,甲的行为符合阻碍执行职务的构成要件,同时结合其客观行为表现,被诉处罚决定量罚适当。在案件实体结论正确的情形下,传唤程序的违法性,不是撤销判决的充分条件,因此在治安处罚案件中有必要对传唤行为的合法性加以审查。因为传唤属于行政调查范畴,是公安机关为查清事实、作出处理决定的重要过程性环节,在治安管理理领域常见多发相较于依申请行政行为,传唤属于公安机关依职权启动的调查程序,具有主动性强制性,不以相对人意志为转移,相对人应予以配合、协助,否则其将会承担更加不利的后果。为了规范传唤行为,相关法律规范对于传唤程序时限专门作出规定。因此,为了保证传唤目的实现,同时防止传唤行为滥用,应将传唤行为纳入行政处罚合法性的审查范围。这样传唤行为适法性的后果就体现在如在传唤之后对被传唤人作出治安处罚决定,传唤行为应被处罚决定吸收,成为治安处罚决定不可分割的组成部分。行政行为的组成部分违法,势必影响行为本身的合法性。因此,传唤行为的适法性将直接导致最终处罚决定的合法性,应当在治安处罚案件中对传唤行为合法性加以审查。

根据《行政处罚法》第三十六条和第三十七条规定,行政处罚主体发现行政相对人有依法应当给予行政处罚行为的,必须全面、客观、公正地调查,收集有关证据。必要时,依照法律、法规的规定,可以进行检查。行政机关在调查或者进行检查时,执法人员不得少于两人,并应当向当事人或者有关人员出示证件。当事人或者有关人员应当如实回答询问,并协助调查或者检查,不得阻挠。

根据《行政处罚法》第三十一条和第四十一条规定,行政处罚主体在作出行政处罚决定之前,必须告知当事人行政处罚的事实、理由、依据和有关权利(包括要求听证的权利)。行政机关应当记录这种告知过程,并请当事人签名,以供查用。本案中A地公安局并未遵循该项规定,且传唤行为违法,直接导致行政处罚违法。

根据《行政处罚法》第三十二条、第四十一条和第四十二条规定,听证只适用于处罚较重的案件,即责令停产停业、吊销许可证或执照、较大数额罚款等行政处罚,且只有在当事人要求听证的情况下,行政机关才可以提供听证,行政处罚主体在作出行政处罚决定之前,应当告知当事人有要求听证的权利,当事人要求听证的,行政机关应当组织听证。而本案 A 地公安局在受到原告质疑身份后,并未出示相关证件,而是直接以涉嫌阻碍执行职务,传唤至派出所后,且 A 地公安局在询问笔录中未注明甲到案时间和离开时间。A 地公安局认定甲构成阻碍执行职务,给予拘留十日行政处罚,并未给予原告相应的权利。

【法条链接】

《公安机关办理行政案件程序规定》节选

第四条　办理行政案件应当遵循合法、公正、公开、及时的原则,尊重和保障人权,保护公民的人格尊严。

《中华人民共和国行政处罚法》节选

第三十一条　行政机关在作出行政处罚决定之前,应当告知当事人作出行政处罚决定的事实、理由及依据,并告知当事人依法享有的权利。

第三十二条　当事人有权进行陈述和申辩。行政机关必须充分听取当事人的意见,对当事人提出的事实、理由和证据,应当进行复核;当事人提出的事实、理由或者证据成立的,行政机关应当采纳。行政机关不得因当事人申辩而加重处罚。

第三十六条　除本法第三十三条规定的可以当场作出的行政处罚外,行政机关发现公民、法人或者其他组织有依法应当给予行政处罚的行为的,必须全面、客观、公正地调查,收集有关证据;必要时,依照法律、法规的规定,可以进行检查。

……

第三十七条　行政机关在调查或者进行检查时,执法人员不得少于两人,并应当向当事人或者有关人员出示证件。当事人以采有关人员应当如实回答询问,并协助调查或者检查,不得阻挠。询问或者检查应当制作笔录。

行政机关在收集证据时,可以采取抽样取证的方法;在证据可能灭失或者以后难以取得的情况下,经行政机关负责人批准,可以先行登记保存,并应当在七日内及时作出处理决定,在此期间,当事人或者有关人员不得销毁或者转移证据。

执法人员与当事人有直接利害关系的,应当回避。

……

第四十二条 行政机关作出责令停产停业、吊销许可证或者执照、较大数额罚款等行政处罚决定之前,应当告知当事人有要求举行听证的权利;当事人要求听证的,行政机关应当组织听证。当事人不承担行政机关组织听证的费用。听证依照以下程序组织:

(一)当事人要求听证的,应当在行政机关告知后三日内提出;

(二)行政机关应当在听证的七日前,通知当事人举行听证的时间、地点;

(三)除涉及国家秘密、商业秘密或者个人隐私外,听证公开举行;

(四)听证由行政机关指定的非本案调查人员主持;当事人认为主持人与本案有直接利害关系的,有权申请回避;

(五)当事人可以亲自参加听证,也可以委托一至二人代理;

(六)举行听证时,调查人员提出当事人违法的事实、证据和行政处罚建议;当事人进行申辩和质证;

(七)听证应当制作笔录;笔录应当交当事人审核无误后签字或者盖章。

当事人对限制人身自由的行政处罚有异议的,依照治安管理处罚法有关规定执行。

【典型案例2】

2006年10月10日,经甲申请,A省B市公安局交通警察支队为其办理了机动车行驶证,车辆使用性质为公交客运,核定载客16人。2013年3月13日,甲驾驶该车营运时,被执勤交警稽查,实际载客为33人。2013年3月19日,C市公安局交通警察大队(以下简称C市交警队)认定甲驾驶营运客车载人超过核定人数20%以上,决定罚款200元、记12分。甲不服该决定,向C市公安局申请行政复议。2013年5月27日,C市公安局认为该案违法事实清楚,但适用法律条款错误、量处不当,决定撤销行政处罚决定,责令C市交警队在30日内重新作出行政行为。2013年6月20日,C市交警队认定甲驾驶营运客车超载106%,作出《公安交通管理行政处罚决定》(C公交决字〔2013〕第

6221032900033785号),对甲罚款2000元、驾驶证记12分。甲提起行政诉讼,请求撤销该处罚决定。

C市人民法院一审认为,C市交警队的处罚决定符合法定程序,判决维持。甲不服,提起上诉。B市中级人民法院二审认为,C市交警队在作出行政处罚时有违听取当事人陈述、不得因当事人申辩而随意加重其处罚等正当法律程序的要求。二审判决撤销一审判决,并撤销C市交警队作出的行政处罚决定。

【分析】

这是一个关于行政处罚的案例。

现代社会中,基于行政管理事务的复杂性和行政管理的内在需求,一方面必须赋予行政机关自由裁量权,另一方面,也必须对其加以限制,以防自由裁量权被滥用。就行政处罚权而言,行政机关作出处罚决定,必须依行政处罚法所规定的程序作出,并且要说明理由、听取意见、告知权利,对于较大数额罚款、吊销许可证执照等行政处罚,还须有听证过程,若违反这些程序规定,所作出的行政处罚无效。其目的在于确保行政主体充分听取利害关系人的意见,防止出现不公结果。

行政处罚中的一个重要原则就是处罚法定原则,即谁有权处罚、处罚依据是否合法、处罚程序是否法定,都要受到处罚法定的约束。该原则的设立正是为了防止滥设、滥施处罚。

就本案而言,交管部门有权对交通违法行为进行规制,但其执法行为必须依法进行,如上所述,《中华人民共和国行政处罚法》第三十二条中明确对当事人的申辩权进行了规定,即当事人有权听取意见、有权要求依法听证。在第三十二条的第二款还特别规定了行政机关不得因当事人申辩而加重处罚。本案中C市交警队的处罚决定在听取当事人陈述、不得因当事人申辩而加重其处罚两方面均存在程序不当,导致其处罚决定最终被撤销。

【法条链接】

《中华人民共和国行政处罚法》节选

第三十一条 行政机关在作出行政处罚决定之前,应当告知当事人作出行政处罚决定的事实、理由及依据,并告知当事人依法享有的权利。

第三十二条 当事人有权进行陈述和申辩。行政机关必须充分听取当事人的意见,对当事人提出的事实、理由和证据,应当进行复核;当事人提出的事实、理由或者证据成立的,行政机关应当采纳。

行政机关不得因当事人申辩而加重处罚。

【典型案例3】

2015年2月27日,A县公安局交通警察大队(后简称"A县交警大队")作出道路交通事故认定书,认定甲驾驶未按照规定期限进行安全技术检验的车辆,发生道路交通事故后驾车逃逸,承担事故的全部责任。2015年3月5日,A县交警大队告知甲拟作出行政处罚决定的事实、理由及依据,并告知当事人依法享有陈述、申辩和要求听证的权利,同日制作告知笔录。该笔录载明:"对公安机关拟作出的上述行政处罚,根据《中华人民共和国行政处罚法》第四十二条规定,你有权要求听证。如果要求听证,你应在被告知3日内向A县公安局交通警察大队提出听证,逾期视为放弃听证。"2015年3月6日,A县交警大队作出交通管理行政处罚决定书,给予甲罚款2200元的处罚,并于同年3月7日向甲送达。甲不服,遂诉至法院。2015年7月23日,A县人民法院作出判决:撤销A县交警大队于2015年3月6日作出的公安交通管理行政处罚决定。

【分析】

在该次行政处罚中,双方当事人的地位是不平等的,被处罚人对行政处罚主体的处罚行为有服从的义务,为了保护处于弱势的行政相对人的权益,行政处罚法中明确规定应给予被处罚人陈述权、申辩权、要求举行听证权、获得从轻处罚、免予处罚权、不受重复处罚权、不受追罚权(针对时效问题)、提起行政复议权、提起行政诉讼权、求偿权等,目的是为了保障被处罚人的基本权利免受行政处罚机关的不正当的侵害。相应地,对于行政处罚行为是否合法的审查,就要考虑实体合法和程序合法两个方面,即除了审查行政处罚行为是否符合行政处罚的适用规则(如管辖规则、一事不再罚规则、时效规则等),还要审查处罚行为是否符合程序规定(如处罚主体是否履行了查明事实、告知权利、听取当事人陈述和申辩的义务,另外,对于严重影响当事人权利义务的处罚决定,是否履行了告知当事人有要求举行听证权的义务)。

行政机关作出处罚决定,必须依规定程序作出;若违反这些程序规定,所作出的行政处罚无效。在本案中,A县交警大队虽在笔录中载明了被处罚人有听证权利,但被处罚人却从未明确表示放弃申请听证权,其却在次日便作出交通管理行政处罚决定书。1996年通过的《行政处罚法》第五章"行政处罚的决定"第三节专门规定了"听证程序",对行政处罚听证的范围、程序、要求等作出了具体规定,它是我国最早提出听证制度的一部法律,其中规定了行政处罚中听证程序适用于下列情形:行政机关作出责令停产停业、吊销许可证或者执照、较大数额罚款等行政处罚决定之前。行政机关依法依规举行行政处罚听证会,旨在充分听取当事人的陈述、申辩,允许当事人及利害关系人与执法人员进行质证,目的是查明事实真相,找准法律适用依据,依法作出处理决定,是保障当事人合法权益的重要程序。从本案中的处罚程序上来看,因A县交警大队事实上剥夺了当事人的听证权,因此应属于违法的行政处罚,该处罚也最终被撤销。

【法条链接】

《中华人民共和国行政处罚法》节选

第四十二条 行政机关作出责令停产停业、吊销许可证或者执照、较大数额罚款等行政处罚决定之前,应当告知当事人有要求举行听证的权利;当事人要求听证的,行政机关应当组织听证。当事人不承担行政机关组织听证的费用。

七、行 政 复 议

【法理简介】

行政复议,是行政复议机关对公民、法人或者其他组织认为侵犯其合法权益的具体行政行为,基于申请而予以受理、审理并作出决定的制度。

行政复议的法律特征:行政复议是一种经申请而启动的制度化程序。行政复议机关作出行政复议决定,必须基于公民、法人或者其他组织的申请。相对人之所以提出这种申请,是对具体行政行为不服,认为具体行政行为违法或不当,请求行政复议机关依法审查和纠正。如果没有这种申请,则行政主体不能主动实施行政复议行为。行政主体尽管基于其对所属行政主体的领导和监督权,在发现所属行政主体所作的具体行政行为违法或不当时,可依法主动予以撤销或变更,但这不是行政复议,只是上级对下级的一种一般性监督。

行政复议是对具体行政行为的一种法律救济制度。行政复议机关基于相对人的申请,对有争议具体行政行为所进行的审查。经审查行政复议机关认为该具体行政行为合法的,应作出维持决定;认为该具体行政行为不当的,应作出变更决定。因此,行政复议的客体是有争议的具体行政行为,行政复议是审查具体行政行为合法性和合理性并给予相应法律补救的一种行政救济制度,为相对人提供了排除行政侵害的可能性和途径。这种受理、审理和决定程序是借鉴了司法程序而建立起来的,比一般的具体行政行为程序更为严格。

【典型案例】

1994年3月,甲与村委会达成协议:甲配合村规划改造,同意将老宅院拆除,在之后适当的时机甲可优先挑选一处宅基地。后来甲要求村委会按照约定将某块地划为宅基地,虽多次请求、信访,但村委会一直没有兑现承诺。2015年4月23日,B县C乡人民政府针对甲宅基地问题作出了《信访事项处理意见书》,甲不服,向B县人民政府提起行政复议,但B县人民政府一直未作出处理。于是甲提起行政诉讼,要求B县人民政府履行受理其申请并作出行政复议决定的法定职责。公民法人或者其他组织对各级人民政府作出的行政行为不服,可向上级人民政府申请行政复议。属于上级人民政府受理范围的,上级人民政府应当受理并作出处理。A市中院最终依法判决某县人民政府败诉,并责令其于六十日内对甲的复议申请作出处理。

【分析】

这是一个关于行政复议程序的案例。

行政权的不当行使可能会产生不利的后果,如侵害了行政相对人的合法权益或损害了社会公共利益,必须对此进行监督、救济,违法的要撤销,不合理的要变更。这种监督和救济,在行政法律层面主要体现在五项法律中,分别是:行政复议法、行政监察法、行政诉讼法、国家赔偿法、行政补偿法。其中,《中华人民共和国行政复议法》已由全国人民代表大会常务委员会于1999年4月29日通过,自1999年10月1日起施行。2017年9月1日,第十二届全国人民代表大会常务委员会第二十九次会议修正。该法的立法宗旨是预防和纠正行政主体违法的或不当的具体行政行为给行政相对人的合法权益带来的侵害,通过监督行政机关以保障其依法行使职权,维护行政法治权威。简而言之,其最突出的作用就是保护公民不受行政机关违法行为的侵害。在司法实践中,行政复议程序在解决行政法律关系双方的纠纷和矛盾中起到了至关重要的作用。

行政复议要注意保证行政效率。对复议机关而言,一是受理应当及时;二是审理应当及时;三是复议决定应当及时;四是对复议当事人不履行复议决定的情况,复议机关应当及时处理。在该法的第十七条中,明确了接受行政复议申请人的申请并依法作出复议决定是行政机关的法定义务,任何行政机关不能以任何理由拒绝行政复议申请人的正当申请。作为行政机关依法行政,要为其所应为,职权职责范围内的义务必须履行。实践中,行政机关存在不履行或拖延履行法定职责的事实的具体表现有:否定自己有管辖权,推诿不管或置之不理,拖延时间不答复又不说明理由等。本案中,针对甲向某县人民政府提出的行政复议,该县人民政府一直未作出处理。基于此事实,某市中院最终依法判决某县人民政府败诉。

【法条链接】

《中华人民共和国行政复议法》节选

第二条 公民、法人或者其他组织认为具体行政行为侵犯其合法权益,向行政机关提出行政复议申请,行政机关受理行政复议申请、作出行政复议决定,适用本法。

……

第十七条 行政复议机关收到行政复议申请后,应当在五日内进行审查,对不符合本法规定的行政复议申请,决定不予受理,并书面告知申请人;对符合本法规定,但是不属于本机关受理的行政复议申请,应当告知申请人向有关行政复议机关提出。

除前款规定外,行政复议申请自行政复议机关负责法制工作的机构收到之日起即为受理。

八、行 政 诉 讼

【法理简介】

行政诉讼是个人、法人或其他组织认为行政主体以及法律法规授权的组织所作出的行政行为侵犯其合法权益而向法院提起的诉讼。行政诉讼法是规范行政诉讼活动和诉讼法律关系的法律规范的总称。它是规定人民法院、诉讼当事人以及其他诉讼参与人进行诉讼活动,及其在诉讼活动中形成的诉讼法律关系的法律规范。行政诉讼是一种诉讼程序法,主要是确定诉讼参加人的法律地位和相互关系的法律规范。

从学理上说,行政诉讼法有狭义和广义两种理解:狭义上的行政诉讼法也称形式意义上的行政诉讼法,特指由国家立法机关依据立法程序所制定的具有专门、完整法律形式的行政诉讼法典,通常被称为"民告官"。广义的行政诉讼法也称实质意义上的行政诉讼法,是指凡是在内容上属于规定行政诉讼问题的法律规范,无论其形式如何均属于行政诉讼法的范围。

【典型案例】

2015年7月26日,甲申请A区国土局公开对第三人非法占地行政处罚的具体结果。A区国土局答复后,甲不服申请复议。2016年1月28日,A市国土局撤销该答复,责令A区国土局15个工作日重新答复。2月16日,A区国土局作出延长答复期限告知书。2月26日,甲提起行政诉讼,要求确认A区国土局未在复议决定确定的期限内作出答复构成违法,并责令限期答复。2月29日,A区国土局以"三需要"为由,决定不予公开。

【分析】

这是一个关于行政诉讼的案例。

行政诉讼的受案范围,从人民法院的角度来说即主管范围,是指人民法院对哪些行政行为拥有司法审查的权限;从行政相对人的角度来说即诉权范围,是指受到行政权侵犯的公民、法人或其他组织权益受司法保护的范围。《行政诉讼法》用正面列举和反面排除的方式确定行政诉讼受案范围。

本案中法院裁定正确,甲提起要求确认A区国土局未在复议决定确定的期限内作出答复构成违法的行政诉讼,不属于行政诉讼受案范围,人民法院不应受理。因为A区国土局作出延期答复的决定,甲某申请行政复议尚在规定期限内,A区国土局并未逾期,所以人民法院不应受理,本案法院裁定不予受理正确。司法实践中正确把握行政诉讼受案范围对于人民法院和当事人都有重要意义,我国目前应该既要解决行政诉讼"立案难"顽疾,又要防止滥诉现象。

若甲就A区国土局未在法定期限内作出行政复议的决定起诉,人民法院应当受理。但是结合A区国土局延期答复告知书,甲申请的行政复议尚在规定期限内,他起诉时其所诉的行为事实上尚处于未完成、不成熟的状态,不属于人民法院行政诉讼的受案范围。A区国土局在复议决定规定的期限内未作出政府信息公开答复,属于复议决定在期限内未得到执行,不形成新的行政法律关系,不属于行政诉讼受案范围。综上所述,甲的诉讼请求不能得到法院的支持,他的诉讼行为也不属于行政诉讼范围。

【法条链接】

《中华人民共和国行政诉讼法》节选

第二条 公民、法人或者其他组织认为行政机关和行政机关工作人员的行政行为侵犯其合法权益,有权依照本法向人民法院提起诉讼。

前款所称行政行为,包括法律、法规、规章授权的组织作出的行政行为。

……

第十二条　人民法院受理公民、法人或者其他组织提起的下列诉讼：

（一）对行政拘留、暂扣或者吊销许可证和执照、责令停产停业、没收违法所得、没收非法财物、罚款、警告等行政处罚不服的；

（二）对限制人身自由或者对财产的查封、扣押、冻结等行政强制措施和行政强制执行不服的；

（三）申请行政许可，行政机关拒绝或者在法定期限内不予答复，或者对行政机关作出的有关行政许可的其他决定不服的；

（四）对行政机关作出的关于确认土地、矿藏、水流、森林、山岭、草原、荒地、滩涂、海域等自然资源的所有权或者使用权的决定不服的；

（五）对征收、征用决定及其补偿决定不服的；

（六）申请行政机关履行保护人身权、财产权等合法权益的法定职责，行政机关拒绝履行或者不予答复的；

（七）认为行政机关侵犯其经营自主权或者农村土地承包经营权、农村土地经营权的；

（八）认为行政机关滥用行政权力排除或者限制竞争的；

（九）认为行政机关违法集资、摊派费用或者违法要求履行其他义务的；

（十）认为行政机关没有依法支付抚恤金、最低生活保障待遇或者社会保险待遇的；

（十一）认为行政机关不依法履行、未按照约定履行或者违法变更、解除政府特许经营协议、土地房屋征收补偿协议等协议的；

（十二）认为行政机关侵犯其他人身权、财产权等合法权益的。

除前款规定外，人民法院受理法律、法规规定可以提起诉讼的其他行政案件。

第十三条　人民法院不受理公民、法人或者其他组织对下列事项提起的诉讼：

（一）国防、外交等国家行为；

（二）行政法规、规章或者行政机关制定、发布的具有普遍约束力的决定、命令；

（三）行政机关对行政机关工作人员的奖惩、任免等决定；

（四）法律规定由行政机关最终裁决的行政行为。

刑 法 篇

一、犯 罪 总 论

【法理简介】

根据我国《刑法》的规定，犯罪有三个方面的特征：① 犯罪是危害社会的行为，即具有一定的社会危害性。没有社会危害性，就没有犯罪，社会危害性没有达到相当程度，也不构成犯罪。② 犯罪是违反刑法的行为，即具有刑事违法性。犯罪是危害社会的行为，但并非危害社会的行为都是犯罪，只有为刑法所禁止并具有刑法所规定的犯罪构成要件，即达到了一定严重程度的行为，才能构成犯罪。③ 犯罪是应当接受刑罚处罚的行为，即具有应受惩罚性。犯罪行为同其他违法行为一样，都要承担相应的法律后果。对于违反刑法的犯罪行为来说，则要承担刑罚处罚的法律后果。

本部分内容主要包括犯罪概念与犯罪构成、犯罪主观方面、犯罪客观方面、犯罪客体、故意犯罪的停止形态、共同犯罪、正当行为、刑事责任等。

【典型案例 1】

甲某从小就很聪明乖巧，在 14 岁前，学习成绩一直在班上名列前茅。但在甲某 14 岁那年，父母离异，甲某跟随父亲生活。一开始，甲父还对甲某非常关心，但好景不长，父亲再婚后，对他就渐渐冷淡下来。转眼到了甲某 15 岁那年暑假，他与同学玩时认识了在社会上"混"的乙某等一伙人。他见乙某比自己才大两岁，却比自己活得潇洒得多。乙某出手大方，经常带着这一帮兄弟到网吧、游戏室等地方玩。渐渐地，乙某手里的钱很快就用完了。这时，乙某就对着这班小弟说现在手里没钱玩了,得想办法搞到钱,并告诉他们附近小区有一家挺有钱的,而且家里经常没人,可以趁屋主不在家的时候到他家里看看能不能搞到钱花。由于这些弟兄平时大手大脚花惯了,一时没钱的滋味让他们觉得很难受,纷纷同意乙某的意见。一天,趁屋主家里没人,乙某带着甲某、丙某、丁某一起窜至该小区,乙某用工具撬开房门,安排甲某与丙某(与乙某同年)在门外望风,自己和丁某(与甲某同年)进入屋内翻找现金和值钱的物品。当晚,甲、乙、丙、丁四人共盗得现金5万元,金项链6条,苹果电脑1台。几天后,屋主回来,发现家中被盗,立即报警。公安机关调取了案发现场附近的监控录像,很快就锁定甲某等4人,并将其抓捕归案。

请问:

1. 在本案中,甲、乙、丙、丁4人是否应当承担刑事责任?并说明理由。
2. 甲某等人的刑事责任应如何确定?

【分析】

这是一个关于刑事责任年龄的案例。

刑事责任年龄是指法律所规定的行为人对自己实施的刑法所禁止的、危害社会的行为负刑事责任而必须达到的年龄。一个人从出生到死亡,一般会经历婴儿阶段、幼儿阶段、少年阶段、青年阶段、中年阶段乃至老年阶段。人的认知和控制自身行为的能力并非与生俱来的,也不是一蹴而就可以形成的,而是随着年纪的增长逐渐发展成熟。同样是盗窃他人财物的行为,让一个认知和控制能力都尚未发育完全的幼儿和已经成年能够明确辨认、控制自己行为的成年人承担一样的刑事责任,很显然并不符合刑法中罪责刑相适应原则的基本要求。因此,必须根据一定的标准,对刑事责任年龄的不同阶段加以区分,使之能够更为准确、合理地被用于对实施刑法所禁止的危害社会行为的行为人进行处罚。刑法中将刑事责任年龄一般分为三个阶段:① 完全不负刑事责任年龄阶段。不同国家对于完全不负刑事责任年龄规定不是很统一,跨度从七周岁至十八周岁不等。鉴于我国政治、经济、文化教育状况,少年儿童的成长过程以及各类犯罪的情况综合考量,在我国,法律上认为不满十四周岁的人心智尚未成熟,还不具备辨认和控制自己行为的能力,因此这个年龄以下的人对于自己所实施的危害社会的行为,一律不用承担刑事责任。虽然这个年龄阶段的人不用承担刑事责任,但并不意味着就无需承担任何责任和受到任何管教。既然这个年龄阶段的人实施了危害社会的行为,其本身就存在一定的危害性,如果任其发展而不加约束,那么就可能在成长的过程中越演越烈。因此《中华人民共和国刑法》规定此年龄阶段的人虽然不需承担刑事责任,但应当依法责令其家长或者监护人加以管教,也可视需要由政府收容教养。同时对他人人身、财产造成损害的,也应当由其家长或者监护人依法承担相应的民事赔偿责任。② 相对负刑事责任年龄阶段。已满十四周岁不满十六周岁的人,与不满十四周岁的人相比已经具备了一定辨识和控制自己行为的能力,对于一些大是大非的问题已经能够明确辨认,对于自己的行为会造成何种后果也有了一定的认识,一般情况下能够控制自己不去实施严重的犯罪行为。因此,《中华人民共和国刑法》第十七条第二款作出明确的规定,此年龄阶段的人仅对故意杀人、故意伤害致人重伤或者死亡、抢劫、贩毒、强奸、放火、爆炸、投放危险物质等八种严重犯罪行为承担刑事责任。在这里需要强调的是,上述八种行为,而非八种罪名。比如,甲某(十五周岁)加入拐卖妇女、儿童的犯罪团伙,并在其中负责将拐卖妇女、儿童进行转运。在其转运的过程中遇到妇女反抗,甲某对该妇女进行殴打致其死亡,那么甲某虽然不符合拐卖妇女、儿童罪的犯罪主体要件,不成立拐卖妇女、儿童罪,但在其拐卖妇女、儿童的过程中却实施殴打并致人死亡的行为,应当对其殴打致人死亡的行为承担刑事责任,其罪名应以其实施的需要承担刑事责任的具体行为确定所犯罪名。③ 完全负刑事责任年龄阶段。十六周岁以上的人,根据其心理和生理发育程度,已经能够明辨是非,能够辨认和控制自己的行为,因此此年龄阶段的人应当对自己所实施的危害社会行为承担刑事责任。

另外,对于未成年人(不满十四周岁、已满十四周岁不满十六周岁、已满十六周岁不满十八周岁的人),我国刑罚坚持"教育为主,惩罚为辅"的原则,《中华人民共和国刑法》第十七条第三款规定,已满十四周岁不满十八周岁的人犯罪,应当从轻或者减轻处罚。确定行为人的年龄以其医学出生证明记载的时间为准。实施犯罪时的年龄,应按公历日期计算,生日次日为已满××周岁。

本案中,甲、乙、丙、丁其实施的行为系盗窃行为,且盗窃数额巨大。根据《中华人民共和国刑法》第十七条规定,犯盗窃罪的,犯罪主体应为年满十六周岁且具备辨认和控制自己行为能力的人。而本案中,甲某和丁某在实施盗窃行为时仅十五周岁,不符合盗窃罪犯罪主体要件,因此甲某、丁某不需要对其实施的盗窃行为承担刑事责任。而乙某和丙某在实施盗窃行为时已经年满十六周岁,符合盗窃罪的犯罪主体要件,应当为自己的行为承担相应刑事责任。

  本案中,乙某与甲某、丙某、丁某一起实施盗窃行为,其中因甲某、丁某无需承担刑事责任,故乙某和丙某构成共同犯罪。而乙某作为犯意提起者,组织甲某、丙某、丁某一同实施盗窃,对四人实施何种行为进行了详细分工,因此乙某是本案的主犯,应当对本案全部犯罪行为承担刑事责任。丙某在本案中属于从属地位,听从乙某分配,且未直接实施盗窃犯罪中的关键行为,在本案中起次要作用,因此,丙某作为本案从犯应当从轻或者减轻处罚。(鉴于本案盗窃数额巨大,故对于从犯丙某不能免除处罚)。乙某、丙某在实施盗窃行为时均未满18周岁,根据《中华人民共和国刑法》第十七条第三款之规定,应当从轻或者减轻处罚。

【法条链接】

《中华人民共和国刑法》节选

  第十七条 已满十六周岁的人犯罪,应当负刑事责任。

  已满十四周岁不满十六周岁的人,犯故意杀人、故意伤害致人重伤或者死亡、强奸、抢劫、贩卖毒品、放火、爆炸、投毒的,应当负刑事责任。

  已满十四周岁不满十八周岁的人犯罪,应当从轻或者减轻处罚。

  因不满十六周岁不予刑事处罚的,责令他的家长或者监护人加以管教;在必要的时候,也可以由政府收容教养。

  ……

  第二十六条 组织、领导犯罪集团进行犯罪活动的或者在共同犯罪中起主要作用的,是主犯。

  三人以上为共同实施犯罪而组成的较为固定的犯罪组织,是犯罪集团。

  对组织、领导犯罪集团的首要分子,按照集团所犯的全部罪行处罚。

  对于第三款规定以外的主犯,应当按照其所参与的或者组织、指挥的全部犯罪处罚。

  第二十七条 在共同犯罪中起次要或者辅助作用的,是从犯。

  对于从犯,应当从轻、减轻处罚或者免除处罚。

【典型案例2】

2017年11月17日20时许,被告人刘某某(无证)与魏某某各驾驶一辆货车从寿县安丰镇来到丰庄镇拉沙,货车到达后,两车前后排列等候拉沙。魏某某驾驶皖A×××××货车停放在第一位,刘某某驾驶皖N×××××货车停放在第二位,两车前后相距1m左右。刘某某和魏某某均离开了各自的车辆。在等候拉沙期间,魏某某从两车之间经过,皖N×××××货车向前溜车,将魏某某挤压在两货车之间,致使魏某某当场死亡。寿县公安司法鉴定中心鉴定,魏某某系车辆挤压致特重度颅脑损伤死亡。安徽全诚司法鉴定中心鉴定,皖N××××伤×(皖S××××挂)号重型自卸半挂牵引车的驻车制动无效。

法院审理后认为:被告人刘某某由于疏忽大意以致使事故发生并致一人死亡,其行为已触犯刑法,构成过失致人死亡罪。鉴于被告人刘某某归案后能如实供述犯罪事实,民事部分已同被害人近亲属达成协议并取得被害人近亲属谅解,故对被告人刘某以过失致人死亡罪判处被告人刘某有期徒刑一年,缓刑一年。

【分析】

这是一个关于犯罪过失的案例。

犯罪过失是指应当预见自己的行为可能发生危害社会的结果,由于疏忽大意而没有预见,或者已经预见而轻信能够避免的一种心理态度。犯罪过失的类型:① 疏忽大意的过失,是指应当预见自己的行为可能发生危害社会的结果,因为疏忽大意而没有预见,以致发生这种结果的心理态度。应当预见但由于疏忽大意而没有预见,就是疏忽大意过失的认识因素。疏忽大意过失的意志因素是反对危害结果发生或希望危害结果不发生。疏忽大意的过失是一种无认识的过失,即行为人没有预见自己的行为可能发生危害社会的结果;没有预见的原因并非行为人不能预见,而是在应当预见的前提下由于疏忽大意才没有预见;如果行为人小心谨慎,就会预见进而避免危害结果。应当预见是前提,没有预见是事实,疏忽大意是原因。② 过于自信的过失,是指已经预见自己的行为可能发生危害社会的结果,但轻信能够避免,以致发生这种结果的心理态度。

过于自信的过失是有认识的过失。行为人已经预见自己的行为可能发生危害社会的结果,同时又轻信能够避免危害结果,这就是过于自信过失的认识因素。已经预见是事实,"轻信能够避免"是行为人在已经预见危害结果的同时还实施该行为的主观原因。轻信能够避免,是指在预见到结果可能发生的同时,又凭借一定的主客观条件,相信自己能够避免结果的发生,但所凭借的主客观条件并不可靠。"轻信能够避免"主要表现为两种情况:一是过高估计自己的主观能力,二是不当地估计了现实存在的客观条件对避免危害结果的作用。"轻信能够避免"又表明行为人既不希望也不放任危害结果的发生,这便是过于自信过失的意志因素。

疏忽大意的过失与过于自信的过失的相同点:从认识因素上看,两者都预见到自己的行为会发生危害社会的结果;从意志因素上看,对危害结果的发生都不是持希望或者放任的心理态度,而都持排斥的心理态度。疏忽大意的过失与过于自信的过失的不同点是:在认识因素上,对危害结果的可能发生,过于自信的过失已经有所预见,而疏忽大意的过失根本没有预见;在意志因素上,对危害结果的可能发生,虽然都持排斥态度,但过于自信的过失是轻信能够避免,而疏忽大意的过失是疏忽。

过失致人死亡罪,是指由于普通过失致人死亡的行为。这种过失包含疏忽大意的过失与过于自信的过失。若同时包含出于过失的行为,损害以及行为与损害之间有因果关系三种因素,一般便可认为过失致人死亡罪成立。本案中,被告人刘某某驾驶车辆等待拉沙,因疏忽大意未做好安全措施,致使其驾驶的货车溜车,导致其撞击到被害人魏某某,可见被告人在这里的主观心态是"疏忽大意的过失"。刘某某本应意识到但实际上并没有意识其疏于对车辆的控制,导致车辆溜车。本案中,被告人刘某某未尽的是结果预见义务,属于疏忽大意的过失。这种疏忽大意的过失直接造成被害人魏某某颅脑损伤而死亡,死亡在这里就是损害结果。同时,也可以很明显地看到,在过失行为与损害之间存在着确定的因果关系。这便满足了构成过失致人死亡罪的全部要件。

《中华人民共和国刑法》第二百三十三条规定:"过失致人死亡的,处三年以上七年以下有期徒刑;情节较轻的,处三年以下有期徒刑。本法另有规定的,依照规定。"本案应属于情节较轻的范围,虽然造成了致人死亡的结果,但是被告人犯罪后主动归案,如实供述罪行,补偿了被害人家属的损失,最大限度地弥补了致人死亡带来的损害,应在三年以下有期徒刑的刑期内对被告人进行定罪量刑。《中华人民共和国刑法》第七十二条规定："对于被判处拘役、三年以下有期徒刑的犯罪分子,根据犯罪分子的犯罪情节和悔罪表现,适用缓刑确实不至再危害社会的,可以宣告缓刑。"本案中被告人的犯罪情节较轻,并积极悔改,对其适用缓刑也不致再危害社会,可以对其适用缓刑。

【法条链接】

《中华人民共和国刑法》节选

第十五条　应当预见自己的行为可能发生危害社会的结果,因为疏忽大意而没有预见,或者已经预见而轻信能够避免,以致发生这种结果的,是过失犯罪。

过失犯罪,法律有规定的才负刑事责任。

……

第二百三十三条　过失致人死亡的,处三年以上七年以下有期徒刑;情节较轻的,处三年以下有期徒刑。本法另有规定的,依照规定。

【典型案例3】

被告人杨某某于2000年8月起兼任中国小商品城福田市场（2003年3月改称中国义乌国际商贸城,简称国际商贸城）建设领导小组副组长兼指挥部总指挥,主持指挥部全面工作。2002年,杨某某得知义乌市稠城街道共和村将列入拆迁和旧村改造范围后,决定在该村购买旧房,利用其职务便利,在拆迁安置时谋取非法利益。杨某某遂与被告人王某某（杨某某的妻妹）、被告人郑某某（王某某之夫）共谋后,由王、郑二人出面,通过共和村王某某,以王某芳的名义在该村购买赵某某的3间旧房（房产证登记面积为61.87 m^2,发证日期为1998年8月3日）。按当地拆迁和旧村改造政策,赵某某有无该旧房,其所得安置土地面积均相同,事实上赵某某也按无房户得到了土地安置。2003年三四月份,为使3间旧房所占土地确权到王某芳名下,在杨某某指使和安排下,郑某某再次通过共和村王某芳,让该村村民委员会及其成员出具了该3间旧房系王某芳于1983年所建的虚假证明。杨某某利用职务便利,要求兼任国际商贸城建设指挥部分管土地确权工作的副总指挥、义乌市国土资源局副局长吴某某和指挥部确权报批科人员,对王某芳拆迁安置、土地确权予以关照。国际商贸城建设指挥部遂将王某芳所购房屋作为有村证明但无产权证的旧房进行确权审核,上报至义乌市国土资源局确权,并按丈量结果认定其占地面积 64.7 m^2。此后,杨某某与郑某某、王某芳等人共谋,在其岳父王某祥在共和村拆迁中可得 25.5 m^2 土地确权的基础上,于 2005 年 1 月编造了由王某芳等人签名的申请报告,谎称"王某祥与王某芳共有三间半房屋,占地 90.2 m^2,二人在 1986 年分家,王某祥分得 36.1 m^2,王某芳分得 54.1 m^2,有关部门确认王某祥房屋 25.5 m^2、王某芳房屋 64 m^2 有误",要求义乌市国土资源局更正。随后,杨某某指使国际商贸城建设指挥部工作人员以该部名义对该申请报告盖章确认,并使该申请报告得到义乌市国土资源局和义乌市政府认可,从而让王某芳、王某祥分别获得 72 和 54 m^2(共 126 m^2)的建设用地审批。王某祥的土地确权面积仅应得 36 m^2 建设用地审批,其余 90 m^2 系非法所得。2005 年 5 月,杨某某等人在支付选位费 24.552 万元后,在国际商贸城拆迁安置区获得两间店面 72 m^2 土地的拆迁安置补偿(案发后,该 72 m^2 的土地使用权被依法冻结)。该处地块在用作安置前已被国家征用并转为建设用地,属国有划拨土地。经评估,该处每平方米的土地使用权价值 3.527 万元。杨某某等人非法所得的建设用地 90 m^2,按照当地拆迁安置规定,折合拆迁安置区店面的土地面积为 72 m^2,价值 253.944 万元,扣除其支付的 24.552 万元后,实际非法所得 229.392 万元。

此外,2001 年至 2007 年间,被告人杨某某利用职务便利,为他人承揽工程、拆迁安置、国有土地受让等谋取利益,先后非法收受或索取 57 万元,其中索贿 5 万元。

浙江省金华市中级人民法院于 2008 年 12 月 15 日作出(2008)金中刑二初字第 30 号刑事判决:一、被告人杨某某犯贪污罪,判处有期徒刑十五年,并处没收财产二十万元;犯受贿罪,判处有期徒刑十一年,并处没收财产十万元;决定执行有期徒刑十八年,并处没收财产三十万元。二、被告人郑某某犯贪污罪,判处有期徒刑五年。三、被告人王某芳犯贪污罪,判处有期徒刑三年。宣判后,三被告人均提出上诉。浙江省高级人民法院于 2009 年 3 月 16 日作出(2009)浙刑二终字第 34 号刑事裁定,驳回上诉,维持原判(最高人民法院指导性案例第十一号:杨某某等贪污案)。

【分析】

这是一个关于共同犯罪的案例。

共同犯罪是指二人以上共同故意犯罪。犯罪是一种复杂的社会现象,就实施犯罪的人数而言,大多数由一人单独完成,但也有不少犯罪是二人以上共同实施的。共同犯罪并非简单的若干单独犯罪的累加,而是会给社会带来更大危害的一种特殊犯罪形态。共同犯罪的构成要件:一、从犯罪主体看,行为人必须是二人以上,既可以是单位,也可以是自然人。同时,共同犯罪人应是达到刑事责任年龄、具有刑事责任能力的人。二、从犯罪的客观要件看,各共同犯罪人必须有共同的犯罪行为,即犯罪人的行为指向同一犯罪事实,相互配合,共同行为与犯罪结果间存在刑法上的因果关系。三、从犯罪的主观要件看,各共同犯罪人必须有共同的犯罪故意,也就是共同犯罪人通过意思联络,认识到他们的共同犯罪行为会发生危害社会的结果,并决定参与共同犯罪,希望或者放任这种结果发生的心理态度。我国关于共同犯罪人的立法分类:组织、领导犯罪集团进行犯罪活动的或者在共同犯罪中起主要作用的,是主犯;在共同犯罪中起次要或者辅助作用的,是从犯;在共同犯罪中被胁迫参加犯罪的人是胁从犯;以劝说、利诱、授意、怂恿、收买、威胁等方法,将自己的犯罪意图灌输给本来没有犯罪意图的人,致使其按教唆人的犯罪意图实施犯罪的人是教唆犯。

我国刑法规定,职务犯罪属于身份犯罪,只有具备法定身份的人才能成为这些犯罪的主体,不具备主体资格的人即使实施了这些犯罪也不构成犯罪,或者构成其他犯罪。在共同犯罪中,无身份的人往往与有身份的人相互勾结,共同实施只有具备一定身份才能实现的犯罪即身份犯罪。因此,无身份者与有身份者的共犯问题始终是刑法中的重要问题,存在多种解释。

我国现行刑法中没有对身份犯的共同犯罪问题作出明确规定,但在刑法分则中对具体的身份犯共同犯罪的认定与处罚问题有所明确。《中华人民共和国刑法》第三百八十二条第三款规定:"与前两款所列人员勾结,伙同贪污的,以共犯论处。"2000年发布的《最高人民法院关于审理贪污、职务侵占案件如何认定共同犯罪几个问题的解释》中针对贪污、职务侵占案件的身份犯的共犯问题规定:"行为人与国家工作人员勾结,利用国家工作人员的职务便利,共同侵吞、窃取、骗取或以其他手段非法占有公共财物的,以贪污罪共犯论处。"从这些规定中,可以得知我国采用的是"主犯决定说",即应以主犯的身份来确定共同犯罪的罪名。

本案中,被告人杨某某为国家工作人员,符合贪污罪的主体要件;行为上符合利用职务上的便利,侵吞、窃取、骗取或者以其他手段非法占有公共财物的行为要件。贪污罪中的"利用职务上的便利",是指利用职务上主管、管理、经手公共财物的权力及方便条件,既包括利用本人职务上主管、管理公共财物的职务便利,也包括利用职务上有隶属关系的其他国家工作人员的职务便利。本案中,杨某某正是利用担任义乌市委常委、义乌市人大常委会副主任和兼任指挥部总指挥的职务便利,给下属的土地确权报批科人员及其分管副总指挥打招呼,才使得王某芳等人虚报的拆迁安置得以实现;主观方面杨某某、郑某某、王某芳多次商量讨论,利用杨某某的职务之便利,多次向其下属部门和有关单位提出关照要求,由郑某某、王某芳办理有关手续,都具有共同犯罪的故意。因此,杨某某、郑某某、王某芳三人构成贪污罪的共同犯罪。

【法条链接】

《中华人民共和国刑法》节选

第二十五条 共同犯罪是指二人以上共同故意犯罪。

二人以上共同过失犯罪,不以共同犯罪论处;应当负刑事责任的,按照他们所犯的罪分别处罚。

……

第九十三条 本法所称国家工作人员,是指国家机关中从事公务的人员。

国有公司、企业、事业单位、人民团体中从事公务的人员和国家机关、国有公司、企业、事业单位委派到非国有公司、企业、事业单位、社会团体从事公务的人员,以及其他依照法律从事公务的人员,以国家工作人员论。

……

第三百八十二条 国家工作人员利用职务上的便利,侵吞、窃取、骗取或者以其他手段非法占有公共财物的,是贪污罪。

受国家机关、国有公司、企业、事业单位、人民团体委托管理、经营国有财产的人员,利用职务上的便利,侵吞、窃取、骗取或者以其他手段非法占有国有财物的,以贪污论。

与前两款所列人员勾结,伙同贪污的,以共犯论处。

第三百八十三条　对犯贪污罪的,根据情节轻重,分别依照下列规定处罚:

(一)贪污数额较大或者有其他较重情节的,处三年以下有期徒刑或者拘役,并处罚金。

(二)贪污数额巨大或者有其他严重情节的,处三年以上十年以下有期徒刑,并处罚金或者没收财产。

(三)贪污数额特别巨大或者有其他特别严重情节的,处十年以上有期徒刑或者无期徒刑,并处罚金或者没收财产;数额特别巨大,并使国家和人民利益遭受特别重大损失的,处无期徒刑或者死刑,并处没收财产。

对多次贪污未经处理的,按照累计贪污数额处罚。

犯第一款罪,在提起公诉前如实供述自己罪行、真诚悔罪、积极退赃,避免、减少损害结果的发生,有第一项规定情形的,可以从轻、减轻或者免除处罚;有第二项、第三项规定情形的,可以从轻处罚。

犯第一款罪,有第三项规定情形被判处死刑缓期执行的,人民法院根据犯罪情节等情况可以同时决定在其死刑缓期执行二年期满依法减为无期徒刑后,终身监禁,不得减刑、假释。

【典型案例4】

李某(男,24岁)与苏某(女,23岁)系中学同学,成年后在同一城市工作,时常联系,久而久之便互生好感,谈起恋爱。苏某家人得知后,嫌弃李某家庭条件不好,工资也不高,反对两人交往。开始时,苏某还跟家人据理力争,认为谈恋爱不能只图对方的钱,要看对方对自己是否真心。但一次同学聚会,苏某看到以前样样不如自己的女同学个个穿金戴银,找的都是有钱的男朋友,心态开始不平衡。再加上家人一直反对,渐渐对李某也淡了下来。李某得知后非常气愤,认为苏某不再愿意跟自己在一起都是因为苏某家人从中作梗,便伺机报复。一日,李某购得剧毒药"毒鼠强"一包,并趁苏家没人之际翻墙入院,将鼠药投入苏家日常饮水的水缸后离去。李某回家后对自己的行为进行了深刻的反省,觉得自己也确实存在很多不足,苏某不肯和自己在一起也情有可原。想通后,李某赶紧回到苏家,将掺有毒鼠强的水全部倒掉换成了干净的水。

请问：

1. 李某是否成立犯罪未遂？为什么？
2. 对于李某，应当如何处罚？

【分析】

这是关于犯罪形态的一个案例。

我国刑法分则中规定的量刑是以犯罪既遂这种完成形态进行设定的，但一般情况下犯罪通常不是一次性动作，而是需要经历产生犯意、为实施犯罪行为积极准备、着实实施犯罪行为以及最终完成犯罪行为这样一个变化发展的过程。由于主客观的原因，犯罪行为很可能在这个变化发展的某一个过程中停止下来，不再向前推进。在犯罪行为完成之前停止下来，相对完成整个犯罪行为而言，社会危害性要小。对不同的犯罪停止形态进行研究分析，从而确定合适的量刑规则，不仅能够准确地对犯罪人所实施的犯罪行为依照罪责刑相适应的原则予以处罚，同时也能够鼓励犯罪人主动放弃犯罪或者积极有效地防止危害结果发生，进而降低犯罪行为所造成的社会危害。

犯罪停止形态，是指故意犯罪在其产生、发展和完成犯罪的过程及阶段中，因主客观原因而停止下来的各种犯罪状态。就犯罪停止形态的特征来看，可将犯罪停止形态划分为完成形态和未完成形态。完成形态是指犯罪既遂，而未完成形态视其停止的阶段和原因又可以细分为犯罪预备、犯罪未遂和犯罪中止三种。犯罪停止状态是一种绝对的停止，不存在成立犯罪预备后，再成立犯罪未遂等的其他情况，即一个犯罪行为，有且只有一种犯罪停止形态。犯罪停止形态仅存在于故意犯罪中。过失犯罪的行为人对于危害结果的发生并非追求或者放任，因此不会为了实施犯罪行为而预先准备，因此不存在犯罪预备这种停止状态。同时，过失犯罪一般要求已经发生了实际的危害结果，即刑法所保护的法益已经受到了侵害，犯罪已告完成，因此也不存在犯罪中止和犯罪未遂这两种停止形态。

犯罪停止的具体形态包括：一、犯罪既遂。犯罪既遂，是指行为人故意实施的犯罪行为已经具备了刑法分则所规定的某种犯罪的全部构成要件，犯罪已告完成。二、犯罪预备。犯罪预备，是指为了实施犯罪，准备工具、制造条件，却因为行为人自身意志以外的原因停止下来。三、犯罪未遂。犯罪未遂，是指已经着手实施犯罪行为,但由于行为人本人意志以外的原因停止下来的犯罪形态。四、犯罪中止。犯罪中止,是指在犯罪过程中自动放弃犯罪或者自动有效地防止犯罪结果的发生。

要准确把握是否成立犯罪中止,需要注意以下几个方面:

1. 犯罪中止的成立时间。与犯罪预备必须发生在实行行为开始之前、犯罪未遂只能发生在着手实行之后不同的是,犯罪中止既可以发生在实行行为开始之前的预备阶段,预备阶段的犯罪中止成立;也可以发生在实行行为开始之后,犯罪结果发生之前,成立实行阶段的犯罪中止。即只要犯罪未完成,犯罪中止可能在任何阶段成立。

2. 犯罪中止的自动性。成立犯罪中止,要求行为人自动放弃犯罪或者自动有效地防止犯罪结果的发生。也就是说犯罪中止的原因是行为人内在的原因,是行为人自愿而为,并非外力强迫所致。这是犯罪中止与犯罪预备、犯罪未遂之间的最大区别。正是基于行为人中止犯罪的自动性,说明行为人的主观恶性较小、有悔罪表现,因此刑法在对犯罪中止量刑时给予了行为人较为宽大的处理。

3. 犯罪中止的有效性。无论是未实行终了的犯罪中止,还是实行终了的犯罪中止,行为人都必须保障不会再发生其实施犯罪时所希望或者放任发生的犯罪结果或者目的,否则,犯罪中止不能成立。例如,甲原本打算杀死乙,在捅刺乙一刀后,看到乙流血痛苦的样子,打消了把乙杀死的念头。若捅刺部位不是致命部位,乙不会因为刺伤而死亡,则甲停止继续行凶的行为可以被视为未实行终了的犯罪中止成立。若甲捅刺的一刀恰好刺到了乙的动脉主血管,如果不及时救治,乙很快就会因失血过多而死亡,此时甲必须将乙及时送医抢救,使乙得救,方可被视为实行终了的犯罪中止成立。

本案中,李某的行为犯罪未遂不成立。犯罪未遂是指已经着手实施犯罪行为,但由于犯罪行为人本人意志以外的原因停止下来的犯罪形态。而本案中,虽然李某已经着手实施犯罪行为(购买剧毒药并将之投入苏家用于日常饮水的水缸中),但在苏家人饮用含有剧毒药品的水前,基于自己的意志而非本人意志以外的原因,自动将毒水倒掉,并有效防止苏家人中毒死亡的危害结果的发生,属于实行终了的犯罪中止,而不是犯罪未遂。

犯罪中止的行为人虽然已经做出了犯罪行为(预备行为、实行行为),但是基于自己的意志,在能够继续实行并完成犯罪的情况下,主动放弃犯罪或者积极有效地防止犯罪结果的产生,足以说明其社会危害性较既遂犯要小,其主观恶性相对预备犯、未遂犯要轻。因此,对于未遂犯,不再是可以比照既遂犯从轻或减轻处罚,而是应当对没有造成损害的,免除处罚;造成损害的,减轻处罚。

李某为了报复苏某家人购买剧毒药物,并已经将其投入苏家人日常饮用水中,其犯罪行为已经实行完毕,但在危害结果发生之前将含有剧毒药品的水倒掉,防止了苏家人中毒死亡的结果发生,犯罪中止且未没有造成损害。根据《中华人民共和国刑法》第二十四条第二款的规定,应当免除处罚。

【法条链接】

《中华人民共和国刑法》节选

第二十二条 为了犯罪,准备工具、制造条件的,是犯罪预备。

对于预备犯,可以比照既遂犯从轻、减轻处罚或者免除处罚。

第二十三条 已经着手实行犯罪,由于犯罪分子意志以外的原因而未得逞的,是犯罪未遂。

对于未遂犯,可以比照既遂犯从轻或者减轻处罚。

第二十四条 在犯罪过程中,自动放弃犯罪或者自动有效地防止犯罪结果发生的,是犯罪中止。

对于中止犯,没有造成损害的,应当免除处罚;造成损害的,应当减轻处罚。

【典型案例5】

李某(男)与王某(女)恋爱一年,因两人性格不合而分手。分手后,李某心有不甘,觉得自己在王某身上付出了感情,也花了很多钱,却连王某的手都没牵过,太窝囊。一天酒后,李某约王某见面,并威胁王某称其要是不出来就到王某家找麻烦。王某只好应约前往。李某趁着酒劲对王某动手动脚,并提出王某陪自己一晚以后就再也不纠缠王某了。王某不从,李某就将王某往树林里拖。此时,曹某听到王某呼救声赶过来,跟李某发生厮打。眼看曹某不敌李某,王某在一边又惊又怕,惊恐之中捡起一块石头砸向李某头部。李某应声倒地,后经抢救无效死亡。

请分析李某、曹某、王某的行为。

【分析】

这是一个关于正当防卫的案例。

正当防卫,是指为了保护国家、公共利益、本人或者他人的人身、财产和其他权利免受正在进行的不法侵害,采取对不法侵害人造成或者可能造成损害的方法,制止不法侵害的行为。正当防卫是刑法明文规定的法定阻却违法性事由之一,究其本质是制止正在进行的不法侵害,保护国家、集体或者个人的各项合法权益。依照《中华人民共和国刑法》第二十条规定,正当防卫分为一般正当防卫和特殊正当防卫两种。前者在实施中需要注意防卫限度,一旦超过防卫限度,防卫者应当依法承担相应的刑事责任;后者在针对特殊情形实行防卫时,则不存在防卫过当的问题。

一般正当防卫的成立条件:① 不法侵害的现实性。正当防卫成立应以存在现实的不法侵害为前提,这是能够实施防卫行为的起因条件。a. 不法性。要求面对的侵害行为是违法的,这里的"法"既包括刑法,也包括其他法律。但是对一般违法行为实施防卫时要特别注意这种违法行为是否具有攻击性、破坏性、紧迫性、持续性,否则对于一般轻微违法行为不宜过度防卫。b. 现实性。要求不法侵害必须是真实存在的,而不是想象的。如果是行为人以为存在不法侵害,而对他人实施所谓的"防卫"行为,则构成"假想防卫",造成损害的,应当为自己的行为承担相应的责任,符合犯罪构成要件的,还应当承担刑事责任。② 防卫目的。实施正当防卫的行为人在实施防卫行为时的动机和目的要合法,必须是为了保护国家、公共利益、本人或者他人的合法权益的情况下,方可实施。若为了使自己的不法行为规避法律的制裁而实施所谓的"防卫",则不能构成正当防卫,造成损害的,应当承担相应的责任,乃至刑事责任。比如,甲与乙因为相邻权问题一直纠纷不断,对此甲怀恨在心,一心想报复乙,但又不想承担刑事责任。于是甲某故意将土堆在乙门口,阻碍乙正常出入,并用言语刺激乙,使其基于愤怒对自己动手,趁乙徒手攻击自己时将准备好的匕首扎入乙腹部。此时的甲就是借实施防卫来实现自己原本就打算侵害乙的目的,在这种情况下,甲不具有防卫目的,其行为属于"防卫挑唆",其本质仍是不法侵害。除了"防卫挑唆"之外,互相斗殴、偶然防卫也不具有防卫目的,正当防卫不能成立。③ 防卫时间。行为人实施防卫时,不法侵害应当正在进行,即在不法侵害开始实施到实施结束这段时间内,正当防卫可以成立。如果不法侵害尚未进行或者不法侵害已经实施完毕,则行为人再针对他人实施防卫,则被称为"防卫不适时",其行为本质也是一种不法侵害行为,而非正当防卫。④ 防卫对象。正当防卫成立要求行为人实施防卫的对象必须是不法侵害人本人,而不能是不法侵害人以外的第三人,即使对第三人作出某种行为可能达到制止不法侵害人继续实施不法侵害的目的。在这种情况下,第三人对行为人而言并不存在客观侵害,若针对第三人实施,则是另一种侵害行为,该行为不应当排除其违法性,行为人必须为自己的行为承担法律后果。此条件是为了防止行为人为达到制止不法侵害的目的伤及无辜。⑤ 防卫限度。在行为人的防卫行为符合上述条件实施防卫行为时必须没有明显超过必要限度造成重大损害,这是正当防卫成立的限度条件。法律赋予公民实施防卫的权利,但并不意味着公民可以任意不加节制的使用,法律仅赋予公民在可以制止不法侵害的限度内进行防卫,而不能滥用防卫权,过度防卫。比如,甲发现乙入室盗窃,为了防止自己财物丢失,采取了将乙刺死的方式来保护自己的财产,这显然超过了制止乙继续实施盗窃行为的必要限度,且造成了乙的死亡这一严重的后果,其行为不再构成正当防卫,而构成防卫过当,甲应当为自己的行为承担相应的刑事责任。

特殊正当防卫的成立条件:特殊正当防卫由于其行为不存在防卫限度,因此其成立条件除了具备现实侵害、防卫目的、防卫时间、防卫对象的基础,更为重要的是仅在侵害行为为行凶、杀人、抢劫、强奸、绑架以及其他严重危及人身安全的暴力犯罪时方可成立。

本案中,李某违背王某意志,意图强迫王某与其发生性关系,符合强奸罪的犯罪构成,因其意志以外的原因未得逞,属于犯罪未遂。曹某的行为成立正当防卫。曹某听到王某呼救后,为保护王某不被李某侵犯,与李某发生厮打行为,符合正当防卫的构成要件,不需要承担任何刑事责任。而王某作为合法权益被侵害的被害人,在面对曹某不敌李某,李某很快就会继续对自己实施不法侵害的时候,捡起石头砸向李某以制止李某的不法行为,也成立正当防卫。至于王某是否防卫过当的问题,根据《中华人民共和国刑法》第二十条第三款之规定,对正在进行行凶、杀人、抢劫、强奸、绑架以及其他严重危及人身安全的暴力犯罪,采取防卫行为,造成不法侵害人伤亡的,不属于防卫过当,不负刑事责任。王某所面对的正是强奸这种严重危及自身安全的暴力犯罪,构成正当防卫中的特殊正当防卫,即使造成李某的死亡也不属于防卫过当,无需承担刑事责任。

对危害自身的行为进行防卫是人的本能,而法律将这种本能通过法定的形式赋予公民是对人权的基本保障。正当防卫制度的出现具有十分重要的意义。为了尊重人的自卫本能,同时也防止有人借防卫借口实施不法侵害,刑法通过明文形式将正当防卫的条件和要求加以规定和限制,一方面保护了被害人和侵害人的合法权益,另一方面也鼓励和支持公民积极同危害国家、危害公共利益和他人合法权益的违法犯罪行为做斗争。

【法条链接】

《中华人民共和国刑法》节选

第二十条　为了使国家、公共利益、本人或者他人的人身、财产和其他权利免受正在进行的不法侵害,而采取的制止不法侵害的行为,对不法侵害人造成损害的,属于正当防卫,不负刑事责任。

正当防卫明显超过必要限度造成重大损害的,应当负刑事责任,但是应当减轻或者免除处罚。

对正在进行行凶、杀人、抢劫、强奸、绑架以及其他严重危及人身安全的暴力犯罪,采取防卫行为,造成不法侵害人伤亡的,不属于防卫过当,不负刑事责任。

第二十一条　为了使国家、公共利益、本人或者他人的人身、财产和其他权利免受正在发生的危险,不得已采取的紧急避险行为,造成损害的,不负刑事责任。

紧急避险超过必要限度造成不应有的损害的,应当负刑事责任,但是应当减轻或者免除处罚。

第一款中关于避免本人危险的规定,不适用于职务上、业务上负有特定责任的人。

二、危害公共安全罪

【法理简介】

危害公共安全罪是一个概括性的罪名,这类犯罪侵害的客体是公共安全,客观表现为实施了各种危害公共安全的行为。它同侵犯人身权利的杀人罪、伤害罪以及侵犯财产的贪污罪、盗窃罪等有显著的不同,危害公共安全罪包含着造成不特定的多数人伤亡或者使公私财产遭受重大损失的危险,其伤亡、损失的范围和程度往往是难以预料的。因此它是《中华人民共和国刑法》普通刑事犯罪中危害性极大的一类犯罪。

该罪侵害的客体是公共安全,即不特定的多数人的生命、健康和重大公私财产安全及公共生产、生活安全。其本质特征表现为不特定性,这类犯罪侵害的对象和可能造成的危害后果,事前往往无法预料和控制。如果行为人的犯罪行为所侵害的不是不特定的多数人的生命、健康或重大公私财产,而只是特定的个人或者特定的公私财产,则不构成危害公共安全罪。

该罪在客观方面表现为实施了各种危害公共安全的行为,既可以表现为有作为也可以表现为不作为。由于危害公共安全行为具备严重的社会危害性,危害公共安全罪的行为既包括已经造成损害后果的行为,也包括虽未造成严重后果,却足以危害不特定的多数人的生命、健康和重大公私财产安全及公共生活安全的行为。因此,只要行为人的犯罪行为足以危害公共安全便构成危害公共安全罪。但是过失实施危害公共安全的行为,必须有造成严重危害后果才构成犯罪。

该罪主体多数为一般主体,少数为特殊主体构成。此外,该类犯罪中有的犯罪可以由单位构成,有的犯罪只能由单位构成。凡达到刑事责任年龄、具备刑事责任能力的人均可成为该罪主体。

该罪在主观方面表现为犯罪的故意,包括直接故意和间接故意。所谓故意,就是行为人明知自己的行为会危害公共安全,有可能造成不特定的多数人伤亡或者公私财产的重大损失,并且希望或者放任这种结果的发生。

【典型案例1】

李某在未获得相关部门批准的情况下,违法占用国有土地建房。国土资源局经调查核实后,对郑某下发《责令停止国土资源违法行为通知书》(以下简称《通知书》),要求李某在收到《通知书》之日起十五日内,自行拆除违法建筑,恢复土地原状。李某在收到该《通知书》后,觉得自己房子已经盖起来了,也花了不少钱建房,如果就这么拆了,对自己来说也是一笔不小的损失,于是拒绝履行《通知书》要求的行为。鉴于李某拒绝履行,下发《通知书》的国土局联合某区政府以及公安部门,对李某的违法建筑实施强制拆除。李某为了阻止自己的房屋被强制拆除,驾车对实施拆除的工作人员连续冲撞,造成四名工作人员受伤。后经鉴定,四名工作人员的损伤程度均为轻伤。

请问:
1. 在本案中,李某的行为构成故意伤害罪还是以危险方法危害公共安全罪?
2. 对李某应当如何量刑?

【分析】

这是一个关于危害公共安全罪的案例。

李某的行为构成以危险方法危害公共安全罪,而非故意伤害罪。本案中,李某所侵害的客体并不是某一个人或者某几个人的身体健康,而是不特定多数人的生命、健康以及公私财产安全,其侵害的犯罪对象是不特定的。其主观目的也不是为了伤害他人的身体健康,而是放任自己的行为对不特定多数人的生命、健康造成危险,因此李某的行为构成以危险方法危害公共安全罪而非故意伤害罪。

以危险方法危害公共安全罪,是指故意使用除放火、决水、爆炸、投放危险物质以外的,且与前述行为性质相当的其他危险方法,足以危害公共安全的行为。该罪属危险犯罪,只要行为对不特定多数人的生命、健康以及公私财产造成危险,即可构成该罪。是否实际造成危害结果不影响该罪的成立。

在危害公共安全罪这一类罪名中,最常见采用的危害公共安全的行为是放火、决水、爆炸以及投放危险物质。但在司法实践中,往往还存在以放火、决水、爆炸以及投放危险物质以外的各种不常见的危险方法实施危害公共安全的犯罪行为。

该罪的犯罪客体是公共安全。"公共安全"是指不特定多数人的生命、健康以及公私财产的安全。其中"不特定多数人",是区分该罪与他罪的核心关键。如果危害行为是有针对性地对某一人或者某一类能够与不特定多数区分开的人或者公私财产,则不构成该罪,符合他罪构成要件的,构成他罪。该罪在客观上的表现为实施了除放火、决水、爆炸、投放危险物质以外的,且与前述行为性质相当的其他危险方法,足以危害公共安全的行为。首先,行为人所实施的行为是除放火、决水、爆炸、投放危险物质以外的危害公共安全的行为。其次,行为人实施的此类行为还需达到与放火、决水、爆炸、投放危险物质等行为危害性质和危害程度相当。比如,以私设电网的危险方法危害公共安全、以驾车冲撞人群的危险方法危害公共安全以及在人群中开枪的危险方法危害公共安全等行为,均可以认为是该罪的客观表现行为。近年来,以驾车撞人的方式危害公共安全的行为呈现上升趋势。第三,危害公共安全的行为有多种形式,如果《中华人民共和国刑法》中已经对某种行为单列罪名,则依据特殊规定优先原则,对该行为不能再以该罪论处。该罪的犯罪主体是一般主体,即已满16周岁,且具有辨认和控制能力的人均可成为该罪的犯罪主体。该罪的主观方面为故意犯罪,要求行为人对于其行为会对公共安全造成危害,即会对不特定多数人的生命、健康以及公私财产造成重大危害是明知的,但仍然追求或者放任这种危害结果的发生。

该罪与故意伤害罪、故意杀人罪的区别在于行为人在实施犯罪行为时的主观目的及犯罪对象是故意伤害或者杀害某一特定主体,还是对不特定的多数人造成危害,如果是对不特定多数人的生命、健康或者公私财产造成危害,那么不论其采取何种手段均构成该罪,如果行为在实施行为时抱着伤害他人或者杀害他人的目的,同时又针对某一特定主体而实施,那么则构成故意伤害罪或者故意杀人罪。

该罪与危险驾驶罪的区别在于行为人实施犯罪行为的场所不同,构成危险驾驶罪要求行为人驾驶机动车在道路上行驶,其侵犯的客体是复杂客体,不仅包括不特定多数人的生命、健康以及公私财产安全,同时还包括道路交通秩序。

其行为方式多表现为在道路上追逐竞驶、醉酒驾车等。而构成该罪并无上述要求。

根据《中华人民共和国刑法》第一百一十四条、第一百一十五的规定,犯该罪,尚未造成严重后果的,处三年以上十年以下有期徒刑;致人重伤、死亡或者给公私财产造成重大损失的,处十年以上有期徒刑、无期徒刑或者死刑。李某的行为虽然造成四名工作人员受伤,人数较多,但根据伤情鉴定意见,四名工作人员均为轻伤。而该罪量刑加重情节需要致人重伤、死亡或者公私财产遭受重大损失才可判处十年以上有期徒刑、无期徒刑或者死刑。因此,本案中,李某的行为尚未造成严重后果,根据《中华人民共和国刑法》第一百一十四条规定,应当判处以三年以上十年以下有期徒刑。

【法条链接】

《中华人民共和国刑法》节选

第一百一十四条　放火、决水、爆炸以及投放毒害性、放射性、传染病病原体等物质或者以其他危险方法危害公共安全,尚未造成严重后果的,处三年以上十年以下有期徒刑。

第一百一十五条　放火、决水、爆炸以及投放毒害性、放射性、传染病病原体等物质或者以其他危险方法致人重伤、死亡或者使公私财产遭受重大损失的,处十年以上有期徒刑、无期徒刑或者死刑。

……

第一百三十三条之一　在道路上驾驶机动车,有下列情形之一的,处拘役,并处罚金:(一)追逐竞驶,情节恶劣的;(二)醉酒驾驶机动车的;(三)从事校车业务或者旅客运输,严重超过额定乘员载客,或者严重超过规定时速行驶的;(四)违反危险化学品安全管理规定运输危险化学品,危及公共安全的。

机动车所有人、管理人对前款第三项、第四项行为负有直接责任的,依照前款的规定处罚。

有前两款行为,同时构成其他犯罪的,依照处罚较重的规定定罪处罚。

……

第二百三十二条　故意杀人的,处死刑、无期徒刑或者十年以上有期徒刑;情节较轻的,处三年以上十年以下有期徒刑。

……

第二百三十四条 故意伤害他人身体的,处三年以下有期徒刑、拘役或者管制。

犯前款罪,致人重伤的,处三年以上十年以下有期徒刑;致人死亡或者以特别残忍手段致人重伤造成严重残疾的,处十年以上有期徒刑、无期徒刑或者死刑。本法另有规定的,依照规定。

【典型案例2】

2017年10月26日5时30分许,B区交警大队执勤民警接110指令,称在A市C区某路段巡逻时发现驾驶皖A××××号小型轿车的驾驶员王某,有酒后驾驶机动车嫌疑。B区交警大队执勤民警随即赶往现场。经呼气酒精检测,王某检测结果为143 mg/100 ml,有醉酒后驾驶机动车的嫌疑。当日6时15分,在A市某医院对王某抽取血样,并于当日将王某血样送至某司法鉴定所进行鉴定。2017年11月14日经某司法鉴定所鉴定,王某血样酒精含量为144.3 mg/100 ml,属于醉酒后驾驶机动车。

【分析】

这是一个关于危险驾驶罪的案例。

危险驾驶罪,是指在道路上驾驶机动车,具有追逐竞驶,情节恶劣的;醉酒驾驶机动车的;从事校车业务或者旅客运输,严重超过定额乘员载客,或者严重超过规定时速行驶的;违反危险化学品安全管理规定运输危险化学品,危害公共安全的行为。

危险驾驶罪的立法源于1997年刑法典规定的交通肇事罪,系过失犯罪,且只有造成严重危害后果才能定罪,在保护法益的及时性方面存在明显不足。2011年2月25日,第十一届全国人民代表大会常务委员会第十九次会议通过的《刑法修正案(八)》第二十二条增加危险驾驶罪罪名。危险驾驶罪设立的初衷在于弥补法律的滞后性,更好地维护公共交通安全,保护民生。

危险驾驶罪的犯罪构成:① 该罪的犯罪客体。该罪侵犯的法益为交通运输公共安全。② 该罪的客观方面。该罪的客观要件为行为人在道路上实施了危险驾驶行为。根据《中华人民共和国刑法》第一百三十三条之一的规定,危险驾驶的行为分为两类:第一,追逐竞驶,情节恶劣的。追逐竞驶即通常所说的"飙车",是指行为人在道路上以同行的其他车辆为竞争目标,追逐行驶。追逐竞驶行为需情节恶劣才构成犯罪。第二,醉酒驾驶。醉酒驾驶是指在醉酒状态下在道路上驾驶机动车的行为。③ 该罪的主体为一般主体。凡属年满16周岁、具有辨认和控制能力的人均可构成该罪的主体。④ 该罪的主观方面为故意。该罪惩罚的是危险驾驶行为,行为人在实施危险驾驶行为时主观方面肯定是故意,而非过失。

危险驾驶罪不同于交通肇事罪和以危险方法危害公共安全罪。危险驾驶是故意犯罪,但危险驾驶行为如果造成重大交通事故,且危险驾驶者对重大交通事故主观上为过失,则符合交通肇事罪的构成要件,应以交通肇事罪论处。具体进行裁量时,可以将醉酒驾驶作为从重处罚的酌定情节予以考虑,不宜进行数罪并罚。另外,危险驾驶行为亦有可能被认定为以危险方法危害公共安全罪。例如,因醉酒而丧失驾驶机动车的能力,却在大雾天驾驶机动车高速行驶,导致他人伤亡的,即使对伤亡结果仅有过失,也不能被认定为交通肇事罪,而应被认定为以危险方法危害公共安全罪。

本案中,王某驾驶皖Ａ××××号小型轿车,在A市C区某路段公安巡逻时发现王某具有酒后驾驶车辆的嫌疑,将王某交给B区交警大队,经呼气酒精检测,王某检测结果为143 mg/100 ml,后经某司法鉴定所鉴定,王某血样酒精含量为144.3 mg/100 ml,属于醉酒后驾驶机动车。故王某的行为已构成危险驾驶罪。

根据《中华人民共和国刑法》第一百三十三条之一的规定,犯该罪的,处拘役,并处罚金。有前款行为,同时构成其他犯罪的,依照处罚较重的规定定罪处罚。

【法条链接】

《中华人民共和国刑法》节选

第一百三十三条之一 在道路上驾驶机动车,有下列情形之一的,处拘役,并处罚金:

(一)追逐竞驶,情节恶劣的;

(二)醉酒驾驶机动车的;

（三）从事校车业务或者旅客运输，严重超过额定乘员载客，或者严重超过规定时速行驶的；

（四）违反危险化学品安全管理规定运输危险化学品，危及公共安全的。

机动车所有人、管理人对前款第三项、第四项行为负有直接责任的，依照前款的规定处罚。

有前两款行为，同时构成其他犯罪的，依照处罚较重的规定定罪处罚。

【典型案例3】

2017年4月，被告人李某通过微信和一个微信名为"没事玩玩秃鹰"人进行联系，双方商定李某以4000元的价格从对方手中购买一支高压气枪。李某于2017年4月12日通过微信向对方转账4000元，对方分别通过快递公司将6组气枪部件和2盒气枪铅弹邮寄给李某。2017年8月2日，李某到公安机关投案，并将6组气枪部件和989发气枪铅弹上交公安机关。经A市公安司法鉴定中心鉴定，铅弹为非制式气枪弹。

【分析】

这是一个关于非法买卖弹药罪的案例。

非法买卖弹药罪，是指违反国家有关弹药管理法规，擅自买卖弹药，危害公共安全的行为。该罪源于刑法第一百二十五条第一款规定的非法制造、买卖、运输、邮寄、储存枪支、弹药、爆炸物罪，该罪属于选择性罪名，行为人只要有上述行为之一即构成该罪。由于弹药的杀伤力与破坏力相当大，故我国《刑法》将该罪以及其他有关枪支、弹药、爆炸物的犯罪，规定为危害公共安全的犯罪，并将该罪及其他重大犯罪规定为抽象的危险犯罪。

非法买卖弹药罪的立法背景是随着治安形势的变化，非法制造、买卖、持有、私藏爆炸物品、枪支弹药等违法犯罪为代表的涉枪、涉爆犯罪活动呈逐年增多的趋势，且对公共安全和人民群众生命财产安全造成严重危害。

非法买卖弹药罪的犯罪构成：① 该罪的犯罪客体是公共安全。即不特定多数人的生命、健康和重大公私财产的安全。该罪是涉及危险对象的犯罪，但并不表现为对这种对象的破坏，也不具有放火、爆炸等罪一经实施即会同时造成多人死伤或公私财产广泛破坏的特点。将其归入危害公共安全罪中是因为枪支、弹药、爆炸物这种危险物品,易被犯罪分子控制,有可能危及到广大人民群众的生命安全、国家财产的安全,给社会治安带来极大隐患。② 该罪的客观方面表现为违反国家有关弹药管理法规,擅自买卖弹药的行为。所谓非法买卖,是指违反法律规定,未经有关部门批准许可,私自购买或者出售弹药的行为。买卖,即包括以金钱货币作价的各种非法经营的交易行为,亦包括以物换取弹药的以物易物的交换行为以及赊购等行为方式。无论其方式如何,只要有买卖行为,即构成该罪。该罪的犯罪对象为弹药。所谓弹药,是指能为上述各种枪支使用的子弹、金属弹丸、催泪弹或其他物质。如果行为人非法买卖的不是上述管理法规规定的弹药,而是其他娱乐性物品,则不宜以该罪论处。③ 该罪的主体为一般主体,即达到法定刑事责任年龄、具有刑事责任能力的自然人都可以构成。根据《中华人民共和国刑法》第一百二十五条第三款的规定,单位也可成为该罪主体。单位非法从事买卖弹药的活动,其主管人员和直接责任人员,应按该罪论处。④ 该罪的主观方面表现为故意,即明知是弹药而非法买卖。其动机则可能多种多样,有的为了营利,有的为了实施其他犯罪。不同的动机一般不影响定罪。

李某的行为构成非法买卖弹药罪。非法买卖弹药罪是指违反《中华人民共和国枪支管理法》等国家对枪子、弹药、爆炸物的管理制度,非法出售、购买、交换弹药的行为。本案中,李某违反法律禁止性规定,通过网络联系一个微信名为"没事玩玩秃鹰"人,商定使用微信转账支付4000元,从对方购买了6组气枪部件和2盒气枪铅弹。铅弹经A市公安司法鉴定中心鉴定:铅弹为非制式气枪弹,故其行为构成非法买卖弹药罪。

根据《中华人民共和国刑法》第一百二十五条第一款与第三款的规定,犯该罪的,处三年以上十年以下有期徒刑;情节严重的,处十年以上有期徒刑、无期徒刑或者死刑。单位犯该罪的,对单位判处罚金,并对其直接负责的主管人员和其他直接责任人员,依照上述法定刑处罚。

李某不构成非法买卖枪支罪,根据《最高人民法院关于审理非法制造、买卖、运输枪支、弹药、爆炸物等刑事案件具体应用法律若干问题的解释》第一条的规定,个人或者单位非法制造、买卖、运输以火药为动力发射的非军用枪支一支以上或者以压缩气体等为动力的其他非军用枪支二支以上的,非法制造、买卖、运输气体铅弹五百发以上或者军用子弹一百发以上的,以非法制造、买卖、运输枪支、弹药罪定罪处罚。本案中李某购买六组气枪部件,未组装成枪支,同时根据上述规定,购买以压缩气体等为动力的其他非军用枪支二支以上,方可构成非法买卖枪支罪。故李某的行为不构成非法买卖枪支罪。

【法条链接】

《中华人民共和国刑法》节选

第一百二十五条 非法制造、买卖、运输、邮寄、储存枪支、弹药、爆炸物的,处三年以上十年以下有期徒刑;情节严重的,处十年以上有期徒刑、无期徒刑或者死刑。

非法制造、买卖、运输、储存毒害性、放射性、传染病病原体等物质,危害公共安全的,依照前款的规定处罚。

单位犯前两款罪的,对单位判处罚金,并对其直接负责的主管人员和其他直接责任人员,依照第一款的规定处罚。

《最高人民法院关于审理非法制造、买卖、运输枪支、弹药、爆炸物等刑事案件具体应用法律若干问题的解释》节选

第一条 个人或者单位非法制造、买卖、运输、邮寄、储存枪支、弹药、爆炸物,具有下列情形之一的,依照刑法第一百二十五条第一款的规定,以非法制造、买卖、运输、邮寄、储存枪支、弹药、爆炸物罪定罪处罚:

(一)非法制造、买卖、运输、邮寄、储存军用枪支一支以上的;

(二)非法制造、买卖、运输、邮寄、储存以火药为动力发射枪弹的非军用枪支一支以上或者以压缩气体等为动力的其他非军用枪支二支以上的;

(三)非法制造、买卖、运输、邮寄、储存军用子弹十发以上、气枪铅弹五百发以上或者其他非军用子弹一百发以上的;

(四)非法制造、买卖、运输、邮寄、储存手榴弹一枚以上的;

(五)非法制造、买卖、运输、邮寄、储存爆炸装置的;

(六)非法制造、买卖、运输、邮寄、储存炸药、发射药、黑火药一千克以上或者烟火药三千克以上,雷管三十枚以上或者导火索、导爆索三十米以上的;

(七)具有生产爆炸物品资格的单位不按照规定的品种制造,或者具有销

售、使用爆炸物品资格的单位超过限额买卖炸药、发射药、黑火药十千克以上或者烟火药三十千克以上、雷管三百枚以上或者导火索、导爆索三百米以上的；

（八）多次非法制造、买卖、运输、邮寄、储存弹药、爆炸物的；

（九）虽未达到上述最低数量标准，但具有造成严重后果等其他恶劣情节的。

介绍买卖枪支、弹药、爆炸物的，以买卖枪支、弹药、爆炸物罪的共犯论处。

三、妨害社会管理秩序罪

【法理简介】

妨害社会管理秩序罪是指妨害国家机关对社会的管理活动，破坏社会正常秩序，情节严重的行为。妨害社会管理秩序指妨害国家行政机关、司法机关以及各种社会事务机关的管理活动。妨害社会管理秩序罪的共同特征主要有：① 侵犯客体是社会管理秩序；② 客观方面表现为妨害国家机关对社会依法实行管理活动，破坏社会正常秩序，情节严重的行为；③ 犯罪的主体多数是一般主体，也有少数是特殊主体；④ 主观方面绝大多数表现为故意，个别犯罪表现为过失。

刑法分则第六章规定了九小类妨害社会管理秩序的犯罪，它们依次是：① 扰乱公共秩序罪；② 妨害司法罪；③ 妨害国（边）境管理罪；④ 妨害文物管理罪；⑤ 危害公共卫生罪；⑥ 破坏环境资源保护罪；⑦ 走私、贩卖、运输、制造毒品罪；⑧ 组织、强迫、引诱、容留、介绍卖淫罪；⑨ 制作、贩卖、传播淫秽物品罪。

【典型案例】

2012年2月27日20时，被告人宋某酒后在歙县某镇某小区"永元"小店门口遇到被害人金某,宋某向其借钱,遭到金某拒绝。于是双方发生纠缠,在金某将宋某推开后,宋某便驾驶皖JY××××轿车撞向站在"永元"小店门口的金某,金某躲开后,轿车将"永元"小店内一个柜台、一个货架、一台验钞机及四箱青岛啤酒撞坏。宋某将车倒出"永元"小店时又撞到金某停放在路边的皖J6××××轿车。金某逃离现场,宋某驾车在其身后继续追逐,在诚徽酒店后门处将牟某某的皖JL××××轿车、方某某的皖J6*×××轿车撞坏。后有人将宋某送回家中,宋某回家后又返回现场取车,在金某家门口遇见金某,双方再次发生争执。在头部被金某打了几拳后,宋某再次驾驶汽车将金某停放在家门口的皖J6××××汽车撞坏,之后又撞进金某家中,造成金某家中的铝合金卷闸门、屋内的仿古式实木八仙桌、五羊本田摩托车等物损坏。经歙县价格认证中心鉴定,涉案物品损失价值人民币2.7854万元。

【分析】

这是一个关于寻衅滋事罪的案例。

寻衅滋事罪,是指肆意挑衅,随意殴打、骚扰他人或任意损毁、占用公私财物,或者在公共场所起哄闹事,严重破坏社会秩序的行为。寻衅滋事罪的立法背景是从1979年的刑法第一百六十条规定的流氓罪中分解出来的一种罪。1979年刑法第一百六十条规定:"聚众斗殴,寻衅滋事,侮辱妇女或者进行其他流氓活动,破坏公共秩序,情节恶劣的处七年以下有期徒刑、拘役或者管制。"1997年刑法对之作了分解,具体规定为四种犯罪:一是强制猥亵、侮辱妇女罪;二是聚众淫乱罪;三是聚众斗殴罪;四是寻衅滋事罪。2011年《刑法修正案(八)》对寻衅滋事罪又进行了修改。

寻衅滋事罪的犯罪构成:① 该罪的犯罪客体是社会秩序。该罪的行为构成是多元的,不同的行为构成所指向的侵害法益不尽相同。② 该罪的行为方式包括四种类型:随意殴打他人,情节恶劣的;追逐、拦截、辱骂、恐吓他人,情节恶劣的;强拿硬要或者任意损毁、占用公私财物,情节严重的;在公共场所起哄闹事,造成公共秩序严重混乱。③ 该罪的主体为一般主体,凡已满十六周岁具有刑事责任能力的自然人均能成为该罪的主体。行为人只要实施了寻衅滋事的行为,此罪名既可由单个人实施,也可由结伙聚众形式出现。④ 该罪的主观方面是直接故意,即明知自己的行为会发生破坏社会秩序的危害结果,并且希望这种结果发生。

本案中,宋某构成寻衅滋事罪。通常情况下,寻衅滋事罪所保护的法益主要是公共秩序的稳定,但在寻衅滋事的过程中,往往也存在以损毁财物为行为方式的寻衅滋事的行为,不仅侵害了公共秩序,而且侵害了他人的财产权。此时,该行为不仅符合寻衅滋事罪的构成要件,而且也符合故意毁坏财物罪的构成要件,在实践中会产生定罪的困惑。具体来说,财物损毁型的寻衅滋事罪,是指强拿硬要或者任意损毁、占用公私财物,情节严重的行为。该罪不同于故意毁坏财物罪,故意毁坏财物罪是指故意毁坏或者损坏公私财物数额较大或者其他严重情节的行为。当一行为同时触犯数罪时,属于想象竞合犯,应从一重罪处断。

本案中,宋某酒后遇见被害人向其借钱未果即驾车在公共场所肆意追逐被害人,肆意损毁被害人和他人的车辆等物品,其一行为同时触犯寻衅滋事罪和故意毁坏财物罪,其实施毁坏财物的行为发生在寻衅滋事行为过程中,属于想象竞合犯,应从一重罪处断,故以寻衅滋事罪定罪处罚。

需要注意的是,寻衅滋事罪,必须是行为情节恶劣、情节严重或者造成公共场所秩序严重混乱的,才构成犯罪。对于情节轻微、危害不大的寻衅滋事行为,以一般违法行为论处。

犯寻衅滋事罪的,处五年以下有期徒刑、拘役或者管制。纠集他人多次实施前款行为,严重破坏社会秩序的,处五年以上十年以下有期徒刑,可以并处罚金。

【法条链接】

《中华人民共和国刑法》节选

第二百九十三条 有下列寻衅滋事行为之一,破坏社会秩序的,处五年以下有期徒刑、拘役或者管制:

(一)随意殴打他人,情节恶劣的;
(二)追逐、拦截、辱骂、恐吓他人,情节恶劣的;
(三)强拿硬要或者任意损毁、占用公私财物,情节严重的;
(四)在公共场所起哄闹事,造成公共场所秩序严重混乱的。

纠集他人多次实施前款行为,严重破坏社会秩序的,处五年以上十年以下有期徒刑,可以并处罚金。

《最高人民法院、最高人民检察院
关于办理寻衅滋事刑事案件适用法律若干问题的解释》节选

第一条　行为人为寻求刺激、发泄情绪、逞强耍横等,无事生非,实施刑法第二百九十三条规定的行为的,应当认定为"寻衅滋事"。

行为人因日常生活中的偶发矛盾纠纷,借故生非,实施刑法第二百九十三条规定的行为的,应当认定为"寻衅滋事",但矛盾系由被害人故意引发或者被害人对矛盾激化负有主要责任的除外。

行为人因婚恋、家庭、邻里、债务等纠纷,实施殴打、辱骂、恐吓他人或者损毁、占用他人财物等行为的,一般不认定为"寻衅滋事",但经有关部门批评制止或者处理处罚后,继续实施前列行为,破坏社会秩序的除外。

第二条　随意殴打他人,破坏社会秩序,具有下列情形之一的,应当认定为刑法第二百九十三条第一款第一项规定的"情节恶劣":

（一）致一人以上轻伤或者二人以上轻微伤的;

（二）引起他人精神失常、自杀等严重后果的;

（三）多次随意殴打他人的;

（四）持凶器随意殴打他人的;

（五）随意殴打精神病人、残疾人、流浪乞讨人员、老年人、孕妇、未成年人,造成恶劣社会影响的;

（六）在公共场所随意殴打他人,造成公共场所秩序严重混乱的;

（七）其他情节恶劣的情形。

四、破坏社会主义市场经济秩序罪

【法理简介】

破坏社会主义市场经济秩序罪是指违反国家经济管理法规,破坏社会主义

市场经济秩序,严重危害国民经济的行为。我国刑法规定的破坏社会主义市场经济秩序罪包括:

1. 生产、销售伪劣产品罪。包括生产、销售伪劣产品罪,生产、销售假药罪,生产、销售劣药罪,生产、销售不符合卫生标准的食品罪,生产、销售有毒、有害食品罪,生产、销售不符合标准的医用器材罪,生产、销售不符合安全标准的产品罪,生产、销售伪劣农药、兽药、化肥、种子罪,生产、销售不符合卫生标准的化妆品罪。

2. 走私罪。包括走私武器、弹药罪,走私核材料罪,走私假币罪,走私文物罪,走私贵重金属罪,走私珍贵动物、珍贵植物制品罪,走私珍稀植物、珍稀植物制品罪,走私淫秽物品罪,走私普通货物、物品罪,走私废物罪。

3. 妨害对公私、企业的管理秩序罪。包括虚报注册资该罪,虚假出资、抽逃出资罪,欺诈发行股票、债券罪,提供虚假财会报告罪,妨害清算罪,隐匿、销毁会计凭证、会计账薄、财务会计报告罪,公司、企业人员受贿罪,对公司、企业人员行贿罪,非法经营同类营业罪,为亲友非法牟利罪,签订、履行合同失职被骗罪,玩忽职守造成破产、严重损失罪,滥用职权造成破产、严重损失罪,徇私舞弊低价折股、出售国有资产罪。

4. 破坏金融管理秩序罪。伪造货币罪,出售、购买、运输假币罪,金融工作人员购买假币、以假币换取货币罪,持有、使用假币罪,变造货币罪,擅自设立金融机构、期货机构罪,伪造、变造、转让金融机构经营许可证、批准文件罪,高利转贷罪,非法吸收公众存款罪,伪造、变造金融票证罪,伪造、变造国家有价证券罪,伪造、变造股票、公司、企业债券罪,擅自发行股票、公司、企业债券罪,内幕交易、泄露内幕交易信息罪,编造并传播证券、期货交易虚假信息罪,诱骗投资者买卖证券、期货合约罪,操纵证券、期货交易价格罪,违法发放贷款罪,用账外客户资金非法拆借、发放贷款罪,非法出具金融票证罪,对违法票据承兑、付款、保证罪,骗购外汇罪,逃汇罪,洗钱罪。

5. 金融诈骗罪。包括集资诈骗罪,贷款诈骗罪,票据诈骗罪,金融凭证诈骗罪,信用证诈骗罪,信用卡诈骗罪,有价证券诈骗罪,保险诈骗罪。

6. 危害税收征管罪。包括逃税罪,抗税罪,逃避追缴欠税罪,骗取出口退税罪,虚开增值税专用发票用于骗取出口退税、抵扣税款发票罪,伪造、出售伪造的增值税专用发票罪,非法出售增值税专用发票罪,非法购买增值税专用发票、购买伪造的增值税专用发票罪,非法制造、出售非法制造的用于骗取出口退税、抵扣税款发票罪,非法制造、出售非法制造的发票罪,非法出售用于骗取出口退税、抵扣税款发票罪,非法出售发票罪。

(七)侵犯知识产权罪。假冒注册商标罪,销售假冒注册商标的商品罪,非法制造、销售非法制造的注册商标标识罪,假冒专利罪,侵犯著作权罪,销售侵权复制品罪,侵犯商业秘密罪。

(八)扰乱市场秩序罪。包括损害商业信誉、商品声誉罪,虚假广告罪,串通投标罪,合同诈骗罪,组织、领导传销活动罪非法经营罪,强迫交易罪,伪造、倒卖伪造的有价票证罪,倒卖车票、船票罪,非法转让、倒卖土地使用权罪,提供虚假证明文件罪,出具证明文件重大失实罪,逃避商检罪。

【典型案例1】

2006年年底,董某买了4台电脑,并在网上花200元钱买了网络游戏《热血传奇》的外挂软件,组成"代练公司"。2007年3月,为了扩大生意规模,董某在网上重新购买了一个名为"冰点管家"的非法外挂程序。该外挂通过修改的客户端程序,破坏了原《热血传奇》游戏的防外挂检测功能,绕过正常的游戏客户端与服务器端之间的通信协议,使游戏商计算机系统中的客户认证功能丧失。为此,董某夫妇购置了80多台电脑,申请了QQ号、银行账号、客服电话和40条电信宽带,并成立了"土人部落工作室"。妻子陈某雇了12名员工,分成客服组和技术组。客服组专门负责具体的"代练"操作。代练人员的工作内容有两项:一是在游戏《热血传奇》中"刷屏",告诉玩家们"土人部落工作室"提供"代练"业务;二是负责在QQ上接洽玩家,介绍具体价格。从2006年到案发,他们先后替1万多个"热血传奇"游戏玩家代练升级,接受来自全国各地游戏玩家汇入的资金500多万元,获利近200万元。2007年11月,就在董某夫妇的"生意"越做越火时,《热血传奇》的运营商——上海盛大网络发展公司向南京警方报案。

【分析】

这是一个关于非法经营罪的案例。

非法经营罪,是指自然人或者单位,违反国家规定,故意从事非法经营活动,扰乱市场秩序,情节严重的行为。非法经营罪是从被取消的投机倒把罪名中分解衍生出的,《刑法》第二百二十五条采用了叙明罪状表述,并以列举的方式作了具体规定。但是非法经营罪仍然保留了"口袋罪"的某些特征。《刑法》第二百二十五条第四项"其他严重扰乱市场秩序的非法经营行为"之规定,在尚无立法解释加以限制的情况下,显然是一个富有弹性的条款,从而给司法机关留下较大的自由裁量余地。非法经营罪主要是涉及特殊行业经营许可方面的犯罪,如烟酒、金融等行业。国家对这些特殊行业实行许可制度,违反这种许可制度情节严重的,就构成非法经营罪。

作为江苏省第一起被公诉的"网络代练"案,该案曾在定性(罪还是非罪、此罪还是彼罪)上产生过巨大争议。一种意见认为,"网络代练"仅属于民事侵权,不应入罪。此外,根据罪刑法定原则,"法无明文规定不为罪",由于现行刑法对于"代练"行为并没有明文规定,因此不应追究"代练"行为的刑事责任。一种意见认为,"网络代练"应当构成犯罪。关于构成何罪又有不同的观点,南京市公安局网监支队以涉嫌破坏计算机信息系统罪立案;有人认为应当认定为侵犯著作权罪;也有人认为应当认定为非法经营罪。

董某夫妇的行为具有严重的社会危害性,应当以犯罪论处,这一点是毋庸置疑的。问题的关键点在于董某夫妇的行为性质,即"网游代练"行为的性质。

然而,关于该行为性质的认定,主要围绕两个焦点问题:第一,董某使用外挂程序给上海盛大网络发展公司造成损害的行为,是否属于非法经营中最要打击的严重扰乱市场秩序的行为;第二,董某夫妇的行为是否违反了国家关于计算机软件保护、信息系统安全以及网络管理等方面的规定,是否属于非法经营罪中"违反国家规定"的情形。

其一,董某夫妇所使用的外挂程序,违反了正常的游戏客户端与服务器端之间的通信协议,使上海盛大网络发展公司在计算机系统中的客户认证功能丧失,严重影响其生产经营秩序。其二,虽然《中华人民共和国刑法》第二百二十五条并没有对非法经营的方式作出具体规定,其后的相关司法解释中也未明确"外挂"属于非法经营的形式之一,但2006年国务院颁布的《信息网络传播权保护条例》(2013年修订)第四条规定:"为了保护信息网络传播权,权利人可以采取技术措施。任何组织或者个人不得故意避开或者破坏技术措施,不得故意制造、进口或者向公众提供避开或者破坏技术措施的装置或者不见,不得故意为他人避开或者破坏技术措施提供技术服务,但是法律、行政法规规定可以避开的除外。"同时,该条例第十八条明确规定,故意避开或者破坏技术措施,构成犯罪的,应依法追究刑事责任。董某夫妇提供非法链接的行为是典型的避开技术措施的行为,应当受到法律的制裁,以非法经营罪追究刑事责任。

因此,董某夫妇违反法律规定,未经上海盛大网络发展公司许可和授权,非法将外挂软件使用到上海盛大网络发展公司享有知识产权的游戏程序上,进行有偿性代练,牟取了巨额非法利益,其行为侵害了上海盛大网络发展公司的合法权益,属于出版非法互联网出版物的行为,具有严重的社会危害性,构成非法经营罪,且情节特别严重。

【法条链接】

《中华人民共和国刑法》节选

第二百二十五条 违反国家规定,有下列非法经营行为之一,扰乱市场秩序,情节严重的,处五年以下有期徒刑或者拘役,并处或者单处违法所得一倍以上五倍以下罚金;情节特别严重的,处五年以上有期徒刑,并处违法所得一倍以上五倍以下罚金或者没收财产:

(一)未经许可经营法律、行政法规规定的专营、专卖物品或者其他限制买卖的物品的;

(二)买卖进出口许可证、进出口原产地证明以及其他法律、行政法规规定的经营许可证或者批准文件的;

(三)未经国家有关主管部门批准非法经营证券、期货、保险业务的,或者非法从事资金支付结算业务的;

(四)其他严重扰乱市场秩序的非法经营行为。

……

第二百三十一条 单位犯本节第二百二十一条至第二百三十条规定之罪的,对单位判处罚金,并对其直接负责的主管人员和其他直接责任人员,依照本节各该条的规定处罚。

《信息网络传播权保护条例》节选

第四条 为了保护信息网络传播权,权利人可以采取技术措施。

任何组织或者个人不得故意避开或者破坏技术措施,不得故意制造、进口或者向公众提供主要用于避开或者破坏技术措施的装置或者部件,不得故意为他人避开或者破坏技术措施提供技术服务。但是,法律、行政法规规定可以避开的除外。

第十八条 违反本条例规定,有下列侵权行为之一的,根据情况承担停止侵害、消除影响、赔礼道歉、赔偿损失等民事责任;同时损害公共利益的,可以由著作权行政管理部门责令停止侵权行为,没收违法所得,非法经营额5万元以上的,可处非法经营额1倍以上5倍以下的罚款;没有非法经营额或者非法经营额5万元以下的,根据情节轻重,可处25万元以下的罚款;情节严重的,著作权行政管理部门可以没收主要用于提供网络服务的计算机等设备;构成犯罪的,依法追究刑事责任:

(一)通过信息网络擅自向公众提供他人的作品、表演、录音录像制品的;
(二)故意避开或者破坏技术措施的;
(三)故意删除或者改变通过信息网络向公众提供的作品、表演、录音录像制品的权利管理电子信息,或者通过信息网络向公众提供明知或者应知未经权利人许可而被删除或者改变权利管理电子信息的作品、表演、录音录像制品的;
(四)为扶助贫困通过信息网络向农村地区提供作品、表演、录音录像制品超过规定范围,或者未按照公告的标准支付报酬,或者在权利人不同意提供其作品、表演、录音录像制品后未立即删除的;
(五)通过信息网络提供他人的作品、表演、录音录像制品,未指明作品、表演、录音录像制品的名称或者作者、表演者、录音录像制作者的姓名(名称),或者未支付报酬,或者未依照本条例规定采取技术措施防止服务对象以外的其他人获得他人的作品、表演、录音录像制品,或者未防止服务对象的复制行为对权利人利益造成实质性损害的。

【典型案例2】

章某某、李某某系A市食品股份有限公司董事,在得知与本单位签订供货合同的某实业公司濒临破产,已无法履行到期合同义务,本单位已付1000万元货款无法收回的信息后,于1997年12月将所持本单位股票8000股以每股23元抛出以避免损失。同时,二人还建议好友韩某亦出手股票,韩某接受建议并抛出股票。该信息向社会公布后,A市食品有限公司的股票价格跌至15元。

【分析】

这是一个关于内幕交易罪的案例。

内幕交易罪,是指评判或者通晓股票、证券交易内幕信息的知情人员或者非法获取股票、证券交易内幕信息的人员或者单位,在涉及股票、证券的发行、交易或者其他对股票、证券的价格且有重大影响的信息尚未公开前,买入或者卖出该股票、证券,或者泄露该信息,情节严重的行为。

内幕交易罪的立法背景是指行为人依据自己所掌握的股票、证券交易的内幕信息,将信息泄露给他人或者加以利用,以实施股票、证券交易非法获利的行为。1993年4月22日,国务院证券委员会颁布的《股票发行与交易管理暂行条例》,规定股份有限公司的董事、监事等高级管理人员和持有公司5%以上有表决权股份的法人股东,将其所持有的公司股票买入后六个月内卖出或者卖出后六个月内买入,由此获得的利润归公司所有。但仅有如此规定,而未形成禁止内幕交易的一套完整的法律制度,特别是刑事禁止规范,则不能从根本上保障制裁破坏市场公平原则和侵犯投资者利益的内幕交易违法犯罪行为。因此,中国新刑法典根据社会主义市场经济发展的客观需要,增设了内幕交易罪以保障社会主义市场经济的健康发展。

内幕交易罪的犯罪构成:① 该罪的犯罪客体是证券、期货市场的正常管理秩序和证券、期货投资人的合法利益。证券、期货市场的运用在客观上要求公正而高效的管理秩序。在大多数情况下,该罪侵害的是双重客体。当然,在这两种客体中,证券、期货市场的正常管理秩序是起决定作用的,因而是主要客体。正是在这个定义上,我们可以把该罪纳入破坏社会主义市场经济秩序罪的范畴。② 该罪在客观上表现为行为人违反有关法规,在涉及证券发行、证券、期货交易或者其他对证券、期货交易价格有重大影响的信息正式公开前,利用自己所知的内幕信息进行证券、期货买卖,或者泄露内幕信息,或者建议其他人利用该内幕信息进行证券、期货买卖,情节严重的行为。③ 该罪的主体为特定主体,是知悉内幕信息的人,即内幕人员。所谓内幕人员,是指证券、期货交易内幕信息的知情人员或者非法获取证券、期货交易内幕信息的人员。依照《中华人民共和国刑法》第一百八十第三款及《中华人民共和国证券法》第六十八条的规定,内幕人员是指由于持有发行人的证券,或者在发行人或者与发行人有密切联系的公司中担任董事、监事、高级管理人员,或者由于其会员地位、管理地位、监督地位和职业地位,或者作为雇员、专业顾问履行职务,能够接触或者获得内幕信息的人员。④ 该罪在主观方面只能是故意构成。包括直接故意和间接故意,过失不构成该罪。行为人故意的内容,即行为人明知自己或他人内幕交易行为会侵犯其他投资者的合法权益,扰乱证券、期货市场管理秩序,却希望或放任这种结果发生的心理态度。

本案中,章某某、李某某的行为均已构成内幕交易罪。内幕信息罪中的内幕信息的重要特征之一是信息尚未公开。信息公开有形式上公开与实质公开两种。我国现行法律并没有明确规定内幕信息公开的标准,只是在《中华人民共和国证券法》第七十条规定:"依法必须披露的信息,应当在国务院证券监督管理机构指定的媒体发布,同时将其置备于公司住所、证券交易所,供社会公众查阅。"可见,我国法律规定的信息公开是一种形式上的公开。本案中,章某某、李某某系公司董事,属于"知情人员",在得知可能影响股票价格、尚未公开的内幕信息后,为避免个人损失,提前抛售所持股票的行为,依法应认定为内幕交易罪。

罪与非罪的界限:行为人利用内幕信息进行证券、期货交易的行为极易与知悉内幕信息的内幕人员没有利用内幕信息的正当交易行为发生混淆,前者情节严重的构成内幕交易、泄露内幕信息罪,后者则是法律法规允许的合法行为。

犯该罪,情节严重的,处五年以下有期徒刑或者拘役,并处或者单处违法所得一倍以上五倍以下罚金;情节特别严重的,处五年以上十年以下有期徒刑,并处违法所得一倍以上五倍以下罚金。

单位犯前款罪的,对单位判处罚金,并对其直接负责的主管人员和其他直接责任人员,处五年以下有期徒刑或者拘役。

【法条链接】

《中华人民共和国刑法》节选

第一百八十条 证券、期货交易内幕信息的知情人员或者非法获取证券、期货交易内幕信息的人员,在涉及证券的发行,证券、期货交易或者其他对证券、期货交易价格有重大影响的信息尚未公开前,买入或者卖出该证券,或者从事与该内幕信息有关的期货交易,或者泄露该信息,或者明示、暗示他人从事上述交易活动,情节严重的,处五年以下有期徒刑或者拘役,并处或者单处违法所得一倍以上五倍以下罚金;情节特别严重的,处五年以上十年以下有期徒刑,并处违法所得一倍以上五倍以下罚金。

单位犯前款罪的,对单位判处罚金,并对其直接负责的主管人员和其他直接责任人员,处五年以下有期徒刑或者拘役。

内幕信息、知情人员的范围,依照法律、行政法规的规定确定。

证券交易所、期货交易所、证券公司、期货经纪公司、基金管理公司、商业银行、保险公司等金融机构的从业人员以及有关监管部门或者行业协会的工作人员,利用因职务便利获取的内幕信息以外的其他未公开的信息,违反规定,从事与该信息相关的证券、期货交易活动,或者明示、暗示他人从事相关交易活动,情节严重的,依照第一款的规定处罚。

《中华人民共和国证券法》节选

第七十条 依法必须披露的信息,应当在国务院证券监督管理机构指定的媒体发布,同时将其置备于公司住所、证券交易所,供社会公众查阅。

【典型案例3】

被告人江某与被害人郑某是同一家电脑公司的工作人员,二人同住一间集体宿舍。某日,郑某将自己的信用卡交由江某保管,三天之后索回。一周后,郑某发现自己的信用卡丢失,到银行挂失时,得知卡上1.5万元已被人取走。郑某报案后,司法机关找到了江某。江某承认是其所为,但对作案事实前后供述不一。

【分析】

这是一个关于信用卡诈骗罪的案例。

信用卡诈骗罪是指以非法占有为目的,违反信用卡管理法规,利用信用卡进行诈骗活动,骗取财物数额较大的行为。该罪为目的犯罪,如果行为人基于过失或不知情实施了使用作废的信用卡、使用他人信用卡或是透支等行为,不具有非法占有目的的,则不构成犯罪。

信用卡诈骗罪是诈骗犯罪的一种，该罪和诈骗罪之间是特别法和一般法的关系，信用卡在该罪中是犯罪工具，而不是犯罪对象。行为人以信用卡作为犯罪工具进行诈骗活动的，按照特别法优于一般法的原则，以该罪定罪处罚。

信用卡诈骗罪的犯罪构成：① 该罪侵犯的客体是信用卡管理制度和公私财产所有权。② 该罪的客观方面表现为行为人采用虚构事实或者隐瞒真相的方法，利用信用卡骗取公私财物的行为。该罪的行为对象是信用卡。信用卡是指由商业银行或其他金融机构发行的具有消费支付、信用贷款、转账结算、存取现金等功能的电子支付卡。③ 该罪的主体是一般主体，自然人可成为该罪的犯罪主体。④ 该罪的主观方面是故意，而且是直接故意，行为人主观上还必须具有非法占有公私财物的目的。

《中华人民共和国刑法》第一百九十六条规定的信用卡诈骗罪客观方面有以下几种表现：使用伪造的信用卡，或者使用以虚假的身份证明骗领的信用卡的；使用作废的信用卡的；冒用他人信用卡的；恶意透支的。冒用他人信用卡是指行为人未经持卡人同意，以持卡人名义使用持卡人的信用卡的行为。本案中，郑某虽然将信用卡交给江某保管，但是没有同意江某使用该卡，江某私下用来取走现金，属于冒用信用卡的行为，构成信用卡诈骗罪。另外，江某将曾代为保管的信用卡据为己有，取走卡中现金的行为构成了《中华人民共和国刑法》第二百七十条的侵占罪。因此，江某先侵占他人信用卡，后冒用他人信用卡，两个行为之间有牵连关系，构成牵连犯，应择一重罪处理，即定为信用卡诈骗罪。

罪与非罪的界限：构成该罪，骗取财物需达到数额较大的程度，数额不大的，不构成犯罪。盗窃信用卡并使用而骗得数额较大财物的，构成盗窃罪。如果以非法占有为目的而盗窃信用卡，但尚未使用的，构成盗窃罪未遂。

该罪与伪造金融票证罪不同。伪造金融票证罪是行为犯，只要实施了伪造信用卡的行为，即构成犯罪，且其主体既可以是自然人也可以是单位。而信用卡诈骗罪是结果犯，其主体只能是自然人。因此，行为人使用自己伪造的信用卡进行诈骗行为的，如果诈骗的财物数额未达到该罪要求的，以伪造金融票证罪论处；如果诈骗的财物数额较大，则应当从一重罪处断。

【法条链接】

《中华人民共和国刑法》节选

第一百九十六条 有下列情形之一,进行信用卡诈骗活动,数额较大的,处五年以下有期徒刑或者拘役,并处二万元以上二十万元以下罚金;数额巨大或者有其他严重情节的,处五年以上十年以下有期徒刑,并处五万元以上五十万元以下罚金;数额特别巨大或者有其他特别严重情节的,处十年以上有期徒刑或者无期徒刑,并处五万元以上五十万元以下罚金或者没收财产:

(一)使用伪造的信用卡,或者使用以虚假的身份证明骗领的信用卡的;

(二)使用作废的信用卡的;

(三)冒用他人信用卡的;

(四)恶意透支的。

前款所称恶意透支,是指持卡人以非法占有为目的,超过规定限额或者规定期限透支,并且经发卡银行催收后仍不归还的行为。

盗窃信用卡并使用的,依照本法第二百六十四条的规定定罪处罚。

……

第二百七十条 将代为保管的他人财物非法占为己有,数额较大,拒不退还的,处二年以下有期徒刑、拘役或者罚金;数额巨大或者有其他严重情节的,处二年以上五年以下有期徒刑,并处罚金。

将他人的遗忘物或者埋藏物非法占为己有,数额较大,拒不交出的,依照前款的规定处罚。

本条罪,告诉的才处理。

五、侵犯公民人身权利、民主权利罪

【法理简介】

侵犯公民人身权利、民主权利罪,是指侵犯公民人身和与人身直接有关的权利,非法剥夺或妨碍公民自由行使依法享有的管理国家事务和参加社会政治活动权利,以及妨害公民婚姻、家庭权利的行为。

这类犯罪侵犯的客体是公民的人身权利和民主权利,具体表现为公民的生命、健康、人身自由、名誉、人格、选举权以及被选举权等不受非法侵犯的权利。《中华人民共和国刑法》第一百三十一条规定:"保护公民的人身权利、民主权利和其他权利,不受任何人、任何机关非法侵犯。违法侵犯情节严重的,对直接责任人员予以刑事处分。"该罪的客观方面,由于侵犯的直接客体不同,而表现为多种犯罪形式,如剥夺生命的杀人罪,损害健康的伤害罪,破坏名誉的侮辱、诽谤罪,侵犯选举权利的破坏选举罪等。这类犯罪绝大多数只能由作为的方式构成;个别犯罪(如杀人罪)也可能是不作为。

该罪的主体,绝大部分是一般主体,即任何达到法定年龄,具有刑事责任能力的公民。个别犯罪,是特殊主体,如刑讯逼供罪,只能由国家工作人员构成。该罪的主观方面,大多数犯罪只能由故意构成,个别犯罪可以由过失构成。

【典型案例1】

被告人王某偶然在电视中看到目前我国器官移植的供需之间存在巨大缺口,认为如果自己能够召集到愿意提供器官的人,再联系到想要购买器官的病人,就既能够让病人有机会继续活下去,自己也能赚得不少利益,简直是一举两得的"好买卖"。但是王某仅凭自己没有办法完成这么复杂的事情,于是他想让自己的好朋友刘某、孙某和李某跟自己一起赚钱。经过王某的劝说,刘某、孙某、李某决定跟王某一起做这个"买卖"。刘某、孙某负责利用互联网发布收购肾源广告以招揽"供体";李某负责收取供体的手机和身份证,管理供体,为供体提供食宿,安排供体体检及抽取配型血样等;王某主要负责联系将肾脏卖出。四人先后组织甲某、乙某、丙某等多名供体出卖活体肾脏,并从中获利达30余万元。2018年iPhone X发售,初中生小赵看到自己的同学拿着新款手机,非常羡慕,也想要一部属于自己的iPhone X。但是小赵的父母认为小赵还小,应该以学业为重,而不应该追赶手机潮流,不同意给小赵买。小赵没有办法,只得作罢。一天,小赵在浏览网页时无意中看到了刘某发布的收购肾源广告,得知只要卖掉一个肾,就可以换得好几万元,足够自己买iPhone X了。于是小赵悄悄地联系上刘某,表示自己想卖一个肾。在王某等人的运作下,小赵通过卖掉自己一个肾换得1.5万元(王某等人获利10万元),欢欢喜喜地买了新款手机。可是好景不长,一段时间后,小赵总是觉得自己身体不适,体质越来越差。小赵的父母发现小赵的异常之后追问小赵才得知,小赵偷偷瞒着父母卖掉了自己一个肾。得知真相后,小赵的父母立即报警。通过小赵提供的线索,公安机关将王某等四人抓捕归案。经鉴定,小赵为重伤。

请问:

1. 在本案中,王某等人的行为构成何种犯罪?
2. 王某等人的刑事责任如何确定?

【分析】

这是一个关于组织出卖人体器官罪的案例。

组织出卖人体器官罪是指组织他人出卖人体器官的行为。组织出卖人体器官罪的犯罪构成:① 该罪的犯罪客体是复杂客体。不仅包括公民的人身权利,同时也包括人体器官不得买卖的社会秩序。其中,该罪所侵犯的主要客体是公民的人身权利,包括生命权和身体健康权;次要客体是人体器官不得买卖的社会秩序。因此,该罪作为第二百三十四条之一被纳入《中华人民共和国刑法》第二编分则部分之第四章"侵犯公民人身权利、民主权利罪"这一类罪名。② 该罪在客观上表现为实施了组织他人出卖身体器官的行为。首先,行为人必须组织出卖的是他人的身体器官。依照《人体器官移植条例》第二条规定,符合该罪所指人体器官主要包括肝脏、肾脏、胰脏、脾脏等。如果行为人出卖的是其本人的身体器官,则不属于该罪处罚范围之内。其次,该罪所指的是组织他人出卖身体器官的行为。由于此类犯罪以共同犯罪为主要犯罪形式,在共同犯罪人内部对于如何组织他人出卖身体器官有着不同分工,具体可表现为招募器官提供者、联系器官需要者、安排器官提供者食宿、为器官提供者实施器官摘除手术以及为器官需要者实施器官移植手术等行为。③ 该罪的犯罪主体是特殊主体。在组织出卖人体器官的产业链中,存在器官出卖方、器官购买方、联系供需双方的中间人以及进行器官移植手术的实施者等至少四种主体。而在该罪中,作为提供器官的一方(供者)和购买器官的一方(需者)不是该罪的犯罪主体,组织出卖人体器官的中间人以及进行器官摘取和移植手术的实施者才是该罪的犯罪主体。因此符合此种身份,且年满十六周岁并具有辨认和控制行为能力的人是该罪的犯罪主体。④ 该罪的主观方面。必须是直接故意,即清楚出卖者自愿有偿出让自身某些身体器官,积极联系器官购买方,组织他人出卖人体器官。过失不构成该罪。行为人在实施该罪时多带有牟利的目的,但是否牟利不作为该罪成立的构成要件。

在本案中,王某等人为了获取高额利益,违反人体器官不得买卖的社会秩序,采取互联网广告的方式收购肾源,招揽供体,在供体自愿有偿出卖个人器官的情况下,为供体提供食宿、安排体检及抽配血样,组织多人出卖活体肾脏并从中获利。其行为符合组织出卖人体器官罪的犯罪构成,应以组织出卖人体器官罪论处。而本案中王某等人摘取小赵人体器官并造成小赵重伤的行为,因小赵为不满十八周岁的未成年人,王某等人的行为应以故意伤害罪论处。因此,王某等人的行为构成组织出卖人体器官罪和故意伤害罪。

注意该罪与故意伤害罪、故意杀人罪以及侮辱尸体罪的界线。该罪与故意伤害罪、故意杀人罪的区分点在于行为人在组织他人出卖人体器官时,是否经器官提供者同意,也就是说,如果器官提供者本人自愿出卖器官的(未满十八周岁的未成年人除外),构成该罪,如果行为人采取欺骗、胁迫或者其他方式摘取他人人体器官致人损伤或死亡的,则构成故意伤害罪或者故意杀人罪;该罪与侮辱尸体罪的区别点在于行为人组织出卖的人体器官是否由活体提供,如果供体是活体,即构成该罪,如果摘取人体器官是在供体已经死亡以后,违背他人生前意愿或者近亲属意愿的,则符合侮辱尸体罪的犯罪构成。

本案中,犯罪行为人有四人,该四人分工协作、共同实施犯罪行为,应为共同犯罪。王某作为犯意提起者,组织刘某、孙某、李某等人实施组织他人出卖人体器官的行为,在共同犯罪中起主要作用,为本案主犯。刘某、孙某、李某三人分别负责招揽供体和管理供体,为本案从犯。根据《中华人民共和国刑法》第二百三十四条之一第一款和第二款、第二百三十四条第二款之规定,王某犯组织出卖人体器官罪与故意伤害罪数罪并罚,刘某、孙某、李某犯组织出卖人体器官罪与故意伤害罪数罪并罚,因其系从犯,可比照王某从轻处罚。

  随着现代医学的发展,一些无药可医的末期器官功能衰竭患者可以通过器官移植的方式使用他人健康脏器来替换掉自身已经无法运转的器官,从而使垂危的生命得以延续下去。在我国,器官移植供体的捐赠除发生在患者亲属间外,唯一合法途径只有自愿死后捐赠。据原国家卫计委统计,我国每年需要器官移植的病人达 30 万名,而无偿捐献个人器官者人数虽呈上升趋势,但截至 2016 年也仅有 4000 余人,供需比之悬殊,使得合法途径获得的供体远远无法满足病人需要。在巨大的供需差所带来的高额利益诱惑下,一些不法之徒铤而走险,通过组织他人出卖人体器官来获得巨额经济利益。由于私自实施器官摘除和器官移植手术无法达到完成器官移植手续所需的高标准医疗条件,此类手术往往容易对器官提供者的身体健康造成无法弥补的巨大伤害甚至造成器官提供者的死亡。除此之外,此类行为也扰乱了器官移植医疗行为的正常开展,具有极大的社会危害性。对非法组织他人出卖器官的行为进行刑法规制势在必行。在 2011 年 2 月通过的《刑法修正案(八)》出台之前,由于没有专门的法律规定,一般司法实践中将此类行为常以非法经营罪论处,而非法经营罪本身并不能够准确地描述此类行为的犯罪构成。因此,《刑法修正案(八)》专门增设组织出卖人体器官罪对此类行为予以刑法规制。

【法条链接】

《中华人民共和国刑法》节选

  第二百三十二条 故意杀人的,处死刑、无期徒刑或者十年以上有期徒刑;情节较轻的,处三年以上十年以下有期徒刑。

  ……

  第二百三十四条之一 组织他人出卖人体器官的,处五年以下有期徒刑,并处罚金;情节严重的,处五年以上有期徒刑,并处罚金或者没收财产。

  未经本人同意摘取其器官,或者摘取不满十八周岁的人的器官的,或者强迫、欺骗他人捐献器官的,依照本法第二百三十四条、第二百三十二条的规定定罪处罚。

违背本人生前意愿摘取其尸体器官,或者本人生前未表示同意,违反国家规定,违背其近亲属意愿摘取其尸体器官的,依照本法第三百零二条的规定定罪处罚。

第二百三十四条　故意伤害他人身体的,处三年以下有期徒刑、拘役或者管制。

犯前款罪,致人重伤的,处三年以上十年以下有期徒刑;致人死亡或者以特别残忍手段致人重伤造成严重残疾的,处十年以上有期徒刑、无期徒刑或者死刑。本法另有规定的,依照规定。

【典型案例2】

张某与妻子非常喜欢女孩,但婚后多年一直没有孩子,就想托人抱养一个女孩。孙某得知此事后,主动找到张某说:"我有个亲戚怀孕了,是个女孩,家里不想要,要不就送给你养吧。不过她家里经济条件不好,你得给她点补偿,估计得8万。"张某跟妻子商量后同意了,跟孙某约好,先付定金2万元,等她家亲戚生下孩子,若孩子体检没有问题,就由孙某抱过来,张某再支付余款6万元。拿到张某预付的2万元后,孙某就一直徘徊在卫生院妇产科门口跟来往的孕妇闲聊。某天,孙某在跟孕妇孟某闲聊的过程中得知,孟某和丈夫朱某已经连生3个女儿,家里经济条件也不好,本想这胎要个男孩,但找熟人检查得知还是个女儿(我国法律不允许用B超查验胎儿性别),考虑到巨大的经济压力便想终止妊娠。孙某劝孟某不如把孩子生下来,并告诉孟某自己有个亲戚一直想抱养个女孩,孟某可以把孩子送给她亲戚养育,并表示可以给孟某一定的"养胎费"。孟某回家跟丈夫朱某商量后觉得只要送养的家庭能对女儿好,也可以把孩子送给别人养育,于是同意了孙某的提议。等到生产后,孙某丈夫卢某从产房将孟某女儿抱走交给张某,并收取余下6万元余款,之后回到产房交给孟某5000元作为"养胎费"。

请问:

1. 在本案中,孙某、卢某的行为是否构成犯罪? 构成何种犯罪?
2. 朱某、孟某是否构成犯罪?
3. 对上述构成犯罪的人员应当如何量刑?

【分析】

这是一个关于拐卖妇女、儿童罪的案例。

拐卖妇女、儿童罪是指以出卖为目的，拐骗、绑架、收买、贩卖、接送、中转妇女、儿童的行为。该罪名为选择性罪名，可以分解为拐卖妇女罪与拐卖儿童罪。该罪的犯罪构成包括以下几点：① 该罪的犯罪客体是复杂客体。该罪的客体不仅是被拐卖妇女、儿童的人身自由，还包括其人格尊严。② 该罪在客观方面表现为拐骗、绑架、收买、贩卖、接送、中转妇女、儿童的行为。该罪的犯罪对象是妇女及不满十四周岁的儿童，如果拐骗十四周岁以上男性卖至某地控制其人身、强制其劳动，并以此获利的行为不构成该罪，符合其他犯罪构成的，以他罪论处。该罪虽不是必要的共同犯罪，但行为人在实施该罪的过程中往往以团伙方式分工作案。不论是单一行为人还是团伙作案，只要行为人实施了拐骗、绑架、收买、贩卖、接送、中转中的任意一种行为，即符合该罪的客观要件。③ 该罪的犯罪主体为一般主体。即已满十六周岁，具有辨认和控制能力的人均可成为该罪的犯罪主体。在此需要注意的是，如果以出卖为目的，将自己亲生子女出卖给他人的，同样会成为该罪的犯罪主体。虽然已满十四周岁、不满十六周岁的未成年人在实施该罪行为时不能构成该罪，但如果在实施该罪行为的过程中有强奸、故意伤害致人重伤或死亡、故意杀人之行为的，可单独构成强奸罪、故意伤害罪乃至故意杀人罪。④ 该罪的主观方面。成立该罪必须要求行为人是故意犯罪，并同时具有出卖目的。至于行为人实施行为是否实际获利并不影响该罪成立。如果行为人拐骗他人子女并不是为了出卖，而是为了自己抚养，则不构成该罪，符合《中华人民共和国刑法》第二百六十二条规定情形的，可构成拐骗儿童罪；如果行为人实施行为不是为了出卖，而是逼迫其乞讨，为行为人赚取利益，则可成立《中华人民共和国刑法》第二百六十二条之一规定的组织乞讨罪。因此，在分析该罪与他罪时要注意区分行为人的主观目的。

在本案中，孙某、卢某构成犯罪。该二人得知张某欲收养一名女孩，为了获取利益，便将孟某的小女儿卖给张某，并从张某处获得"好处费"8万元，符合拐卖儿童罪的犯罪构成，应认定为拐卖儿童罪。

本案中，朱某、孟某作为被拐卖女孩的亲生父母，将小女儿送给孙某、卢某是因为其已经生育了三个女儿，生活困难，再次怀孕是想要生一个男孩，且在得知此胎仍是女孩后本想终止妊娠。后来在孙某的游说下,决定生下孩子送给他人抚养,其本意并非以出卖亲生女儿来牟利,事后所得的5000元"养胎钱"也并未明显高于生育成本,因此,朱某、孟某的行为不作为犯罪处理。

根据《中华人民共和国刑法》第二百四十条规定,该罪有三个量刑档次,五年以上十年以下有期徒刑,并处罚金;十年以上有期徒刑或者无期徒刑,并处罚金或者没收财产;最高甚至可处死刑,并处没收财产。

基于本案中朱某、孟某的行为不作为犯罪处理,因此仅需要对孙某、卢某二人的犯罪行为综合量刑。在本案中,孙某得知张某欲收养女孩后,积极寻找合适来源,在得知孟某想要终止妊娠后,积极游说孟某生下孩子,并承诺给予其"养胎费",在孩子生下后,即将孩子转卖给张某,从中获利达7.5万元,是本案的主犯。卢某对本案中关键犯罪环节并未参与,仅负责将孩子转交给张某,系本案从犯。依照《中华人民共和国刑法》第二百四十条的规定,孙某、卢某应判处五年以上十年以下有期徒刑并处罚金,其中卢某作为从犯,可比照孙某从轻。

孩子是每个家庭爱的承载和延续。对父母来说,孩子就是生命的全部。让每个孩子沐浴在阳光下,健康快乐地成长是我们整个社会共同的希望。然而,重男轻女的思想在某些人意识中依然根深蒂固。伴随着现代社会的进步,各种污染接踵而来,给人们的健康带来了负面影响,越来越多的人遭遇生育困难。在这种现实环境中,一边是对于孩子的迫切需求,另一边是合法收养孩子的各种限制,两者矛盾日益突出。一部分人将眼光瞄准了所谓的商机,通过拐骗、绑架、贩卖等手段将孩子卖给那些需要收养孩子的买主。甚至还有一部分孩子在被拐骗后被折磨致残,被逼着去街头卖艺或乞讨,沦为赚钱的工具。这些极其恶劣的行为,使得丢失孩子的家庭陷入无尽的痛苦之中,严重地破坏了社会秩序和社会安定。因此,必须将此类行为纳入刑法规制范围。

【法条链接】

《中华人民共和国刑法》节选

第二百四十条 拐卖妇女、儿童的,处五年以上十年以下有期徒刑,并处罚金;有下列情形之一的,处十年以上有期徒刑或者无期徒刑,并处罚金或者没收财产;情节特别严重的,处死刑,并处没收财产:

(一)拐卖妇女、儿童集团的首要分子;

(二) 拐卖妇女、儿童三人以上的;

(三) 奸淫被拐卖的妇女的;

(四) 诱骗、强迫被拐卖的妇女卖淫或者将被拐卖的妇女卖给他人迫使其卖淫的;

(五) 以出卖为目的,使用暴力、胁迫或者麻醉方法绑架妇女、儿童的;

(六) 以出卖为目的,偷盗婴幼儿的;

(七) 造成被拐卖的妇女、儿童或者其亲属重伤、死亡或者其他严重后果的;

(八) 将妇女、儿童卖往境外的。

拐卖妇女、儿童是指以出卖为目的,有拐骗、绑架、收买、贩卖、接送、中转妇女、儿童的行为之一的。

......

第二百六十二条 拐骗不满十四周岁的未成年人,脱离家庭或者监护人的,处五年以下有期徒刑或者拘役。

第二百六十二条之一 以暴力、胁迫手段组织残疾人或者不满十四周岁的未成年人乞讨的,处三年以下有期徒刑或者拘役,并处罚金;情节严重的,处三年以上七年以下有期徒刑,并处罚金。

六、侵犯财产罪

【法理简介】

侵犯财产罪指以非法占有为目的,攫取公私财物或者故意毁坏公私财物的犯罪行为。该罪的客体是社会主义财产关系,包括全民所有和劳动群众集体所有以及公民私人合法所有的财产关系。

这种财产关系的物质表现是各种具体财物。无主物不属于侵犯财产罪的对象。贪污的赃款赃物、走私的物品、赌场上的赌资等,虽是犯罪分子的非法所得或供犯罪使用的财物,但这些财物有其原来的合法所有人或应由有关国家机关予以没收归公,仍不得非法加以侵犯(如抢劫、盗窃等),因而仍可成为侵犯财产罪的对象。该罪的主体,除贪污罪是特殊主体外,其余皆为一般主体。该罪的主观方面只能是出于故意,而且除故意毁坏财物罪外,都具有非法占有的目的。该罪的客观方面表现为侵犯公私财产关系的行为。

【典型案例1】

2018年1月15日,胡某某在滁州市琅琊区"碧特博格酒吧"通过朋友认识了被害人郭某某。后因郭某某喝酒过多,胡某某将其送至附近的万瑞·四季酒店休息,在酒店房间外,其趁郭某某不备,从郭某某手机支付宝的蚂蚁借呗里借款3万元至支付宝余额中,并通过支付宝转账的方式将郭某某支付宝余额中的3万元转至自己的支付宝账户。

法院审理认为:胡某某的行为已构成盗窃罪;考虑到胡某某到案后如实供述所犯罪行,依法从轻处罚;积极退赔被害人经济损失并取得谅解,酌情从轻处罚。滁州市琅琊区人民法院以盗窃罪判处胡某某有期徒刑十一个月,并处罚金人民币八千元。

【分析】

这是一个关于盗窃罪的案例。

盗窃罪是指以非法占有为目的,盗窃公私财物数额较大或者多次盗窃、入户盗窃、携带凶器盗窃、扒窃公私财物的行为。盗窃罪的构成要件:① 主观方面:主观方面表现为直接故意,且具有非法占有的目的。盗窃罪故意的内容包括两个方面:一方面行,为人明确地意识到其盗窃行为的对象是他人所有或占有的财物。行为人只要依据一般的认识能力和社会常识能推知该物为他人所有或占有即可;另一方面,对盗窃后果有预见。② 客观方面:行为人具有窃取数额较大的公私财物或者多次窃取公私财物的行为。所谓窃取,是指行为人违反被害人的意志,将他人占有的财物转移为自己或第三者(包括单位)占有。通说理论认为盗窃罪的行为核心是"侵入性"和"转移"。③ 犯罪客体:盗窃罪侵犯的客体是公私财物的所有权。所有权包括占有、使用、收益、处分等权能。这里的所有权一般指合法的所有权,但有时也有例外情况。根据《最高人民法院关于审理盗窃案件具体应用法律若干问题的解释》的规定:"盗窃违禁品,按盗窃罪处理的,不计数额,根据情节轻重量刑。盗窃违禁品或犯罪分子不法占有的财物也构成盗窃罪。"④ 犯罪主体:一般主体,凡达到刑事责任年龄(十六周岁)且具备刑事责任能力的人均能构成。

具体到本案,冒用支付宝蚂蚁花呗套现的行为符合盗窃罪,即以非法占有为目的,具有秘密窃取公私财物的行为的法定构成要件特征。虽然冒用行为有欺骗之嫌,但并非只要行为使用了欺骗手段导致财产转移的行为就构成欺骗。被告人在被害人不知情的情况下利用支付宝账户使用花呗进行转账,该行为是犯罪行为核心,属于行为人采取不易被财物所有人、保管人或者其他人发现的方法,将公私财物占有的行为。因此,冒用支付宝蚂蚁花呗套现、取现属于秘密窃取公私财物的行为,构成盗窃罪。《全国人民代表大会常务委员会关于〈中华人民共和国刑法〉有关信用卡规定的解释》规定:刑法规定的信用卡,是指由商业银行或者其他金融机构发行的具有消费支付、信用贷款、转账结算、存取现金等全部功能或者部分功能的电子支付卡。而蚂蚁花呗仅为网络支付工具,不是电子支付卡,不属于刑法意义上的信用卡范围,因此冒用支付宝蚂蚁花呗套现的行为不能以信用卡诈骗罪定罪处罚。且本案中,无论是被害人,还是支付宝公司都没有基于自愿的意思而将财产交付给被告人,此不符合诈骗罪的本质特征即犯罪行为的欺骗性和交付财物的自愿性,故被告人的犯罪行为不构成诈骗罪。

【法条链接】

《中华人民共和国刑法》节选

第二百六十四条 盗窃公私财物,数额较大的,或者多次盗窃、入户盗窃、携带凶器盗窃、扒窃的,处三年以下有期徒刑、拘役或者管制,并处或者单处罚金;数额巨大或者有其他严重情节的,处三年以上十年以下有期徒刑,并处罚金;数额特别巨大或者有其他特别严重情节的,处十年以上有期徒刑或者无期徒刑,并处罚金或者没收财产。

【典型案例2】

朱某从小好吃懒做，成年后也不务正业，经常做些偷鸡摸狗之事。一天深夜，朱某骑着电动车在街上闲逛，隔着落地玻璃窗看到路边一家店铺桌面上放着厚厚的一沓钱。朱某顿时大喜，将车停放在店铺门前，撬开门锁进入店铺内拿走了这沓钱。朱某准备离去时觉得店铺内墙上挂着展示的衣服不错，挺适合自己，于是攀爬上去取衣服，打算回去穿。不料，弄出声响惊动了在店铺里间睡觉的夏某。夏某大声呼救并想抓住朱某。朱某将衣服丢弃，跑到电动车处，准备骑车逃跑。夏某一把扑过来拽住了电动车尾部横杆，朱某加大电力拖着夏某往前，夏某体力不支倒地。朱某趁势要骑车逃走，被闻讯而来的群众合力制服。

请问：朱某的行为是否构成转化型抢劫？

【分析】

这是一个关于抢劫罪的案例。

抢劫罪，是指以非法占有为目的，以暴力、胁迫或者其他方法，强取公私财物的行为。抢劫罪属《中华人民共和国刑法》分则部分第五章侵犯财产罪组成部分，在该类犯罪具体罪名中排位最前。同时，从特殊防卫所针对的罪行上看，足见抢劫罪的社会危害性之大。我国《刑法》不仅对抢劫罪刑罚规定了较高的起点，同时制定了加重量刑档次，并规定符合法定条件的甚至可处以死刑。除此之外，我国《刑法》还对某些犯罪在特定情况下以抢劫罪论处予以规定。因此，抢劫罪是侵犯财产罪中最为重要、最为常见的一个罪名，必须掌握其犯罪构成、如何认定、何种情况下加重、转化，以及如何量刑。

1. 该罪的犯罪客体。该罪客体为复杂客体，除侵犯他人对公私财物的财产性权利外，在实施抢劫的过程中，因其行为针对公私财物的合法持有者采取暴力方式取得，因此该罪同时还侵犯了他人的生命权和健康权即人身权利。这也是该罪区别于其他侵犯财产犯罪的重要标志。虽该罪侵犯的为双重客体，但犯罪人实施该罪的目的在于取得他人财物，而采取何种措施、针对何种对象均受其获取财物这一目的驱使，因此，该罪所侵犯的客体主要是他人公私财物的财产性权利。此种权利不仅包括所有权，还包括基于合法原因对他人物品的持有。

2. 该罪在客观上的表现。该罪在客观上常表现为犯罪人通过对公私财物的所有权人等持有者当场实施暴力、胁迫或者以其他方式，迫使被害人不能反抗、不敢反抗的行为强制获取公私财物。其中，实施暴力、胁迫或者其他方式是手段行为，迫使被害人不能反抗、不敢反抗是行为结果，并且手段行为中的"其他方式"必须与暴力、胁迫等方法程度相当。

3. 该罪的犯罪主体。由于该罪是对公私财物以及他人的人身可能造成严重危害的暴力性犯罪，其犯罪主体的刑事责任年龄要低于其他侵财性犯罪，即年满十四周岁、具有辨认和控制自己行为能力的人即可构成该罪。根据人的生长发育和智力水平发展，年满十四周岁的人已经能够明确认识到抢劫是较严重的犯罪行为，因此应当为自己的行为承担相应的刑事责任。

4. 该罪的主观方面。犯罪分子实施该罪的目的在于非法获取他人财物，带有很强的目的性，并采取暴力性的手段积极达到该目的，即行为人为了获取他人财物，明知自己实施暴力、胁迫或者其他手段侵犯了公私财物和他人的人身权利，为达到目的，仍然积极追求或者放任这种结果发生。因此，该罪的主观构成只能是故意犯罪，并带有非法获取他人财物的目的。过失不能成立该罪。

朱某行为不能构成转化型抢劫。构成转化型抢劫，需要行为人实施盗窃、抢夺、诈骗等先行行为，为了窝藏赃物、抗拒抓捕或者毁灭罪证而当场对被害人使用暴力或者以暴力相威胁。而本案中朱某被夏某发现后打算逃脱，被夏某抓住车辆尾部后加大电力，企图逃脱夏某的抓捕，其实施的行为既非窝藏赃物，也非抗拒抓捕，更不是毁灭罪证，其行为实际上只是逃避抓捕。在整个过程中，朱某所实施的所有行为均未对夏某采取暴力手段进行攻击，也没有以暴力相威胁，朱某企图逃脱的行为并未造成夏某人身伤害。因此，本案朱某的行为不符合转化型抢劫的成立条件。朱某实施盗窃行为时已经年满十六周岁，为了达到非法获取他人财物的目的，采取撬锁入内的方式，秘密窃取他人财物，数额较大，符合盗窃罪的犯罪构成，其行为成立盗窃罪。

【法条链接】

《中华人民共和国刑法》节选

第二百六十三条　以暴力、胁迫或者其他方法抢劫公私财物的，处三年以上十年以下有期徒刑，并处罚金；有下列情形之一的，处十年以上有期徒刑、无

期徒刑或者死刑,并处罚金或者没收财产:

（一）入户抢劫的;

（二）在公共交通工具上抢劫的;

（三）抢劫银行或者其他金融机构的;

（四）多次抢劫或者抢劫数额巨大的;

（五）抢劫致人重伤、死亡的;

（六）冒充军警人员抢劫的;

（七）持枪抢劫的;

（八）抢劫军用物资或者抢险、救灾、救济物资的。

……

第二百六十七条　抢夺公私财物,数额较大的,或者多次抢夺的,处三年以下有期徒刑、拘役或者管制,并处或者单处罚金;数额巨大或者有其他严重情节的,处三年以上十年以下有期徒刑,并处罚金;数额特别巨大或者有其他特别严重情节的,处十年以上有期徒刑或者无期徒刑,并处罚金或者没收财产。

携带凶器抢夺的,依照本法第二百六十三条的规定定罪处罚。

……

第二百六十九条　犯盗窃、诈骗、抢夺罪,为窝藏赃物、抗拒抓捕或者毁灭罪证而当场使用暴力或者以暴力相威胁的,依照本法第二百六十三条的规定定罪处罚。

【典型案例3】

2011年5月13日上午,被告人姚某某、缪某某、朱某某、胡某某事先预谋并分工后,由被告人缪某某将物色到的被害人马某骗至宣州区双桥办事处金鑫饭店一包厢内,设假赌局,诱骗马某入局。在马某将随身携带的零钱输光后,借款1万元让马某继续参赌,并做手脚将钱骗走。随后,被告人胡某某、缪某某以赌博结束为由至包厢外守候,被告人姚某某、朱某某二人在包厢内威逼马某还钱,并扣下马某的驾驶证、行驶证、手机等物。当马某欲离开现场时,被告人姚某某掐住马某脖子将其控制在室内。马某被迫同意回家取钱时,被告人姚某某、缪某某、朱某某、胡某某乘坐陈某驾驶的浙FK××××尼桑轿车尾随其后至宣州区某乡某村。马某将被勒索情况告诉家人及村民,被告人姚某某等人在村口被村民控制并报警,被告人缪某某挣脱后潜逃回浙江老家,后于同月20日被当地警方抓获。四被告人归案后,均如实供述了犯罪事实。

【分析】

这是一个关于敲诈勒索罪的案例。

敲诈勒索罪是指以非法占有为目的,对被害人使用威胁或要挟的方法,强行索要公私财物的行为。敲诈勒索罪的犯罪构成:① 犯罪客体。该罪侵犯的客体是复杂客体,不仅侵犯公私财物的所有权,还危及他人的人身权利或者其他权益。这是该罪与盗窃罪、诈骗罪不同的显著特点之一。该罪侵犯的对象为公私财物。② 客观方面。该罪在客观方面表现为行为人采用威胁、要挟、恫吓等手段,迫使被害人交出财物的行为。③ 犯罪主体。该罪的主体为一般主体。凡达到法定刑事责任年龄且具有刑事责任能力的自然人均能构成该罪。④ 主观方面。该罪在主观方面表现为直接故意,必须具有非法强索他人财物的目的。如果行为人不具有这种目的,或者索取财物的目的并不违法,则不构成敲诈勒索罪。

要注意区分敲诈勒索罪与非罪的界线。行为人使用了威胁或要挟手段,非法取得了他人的财物,就构成了敲诈勒索罪的既遂。如果行为人仅仅使用了威胁或要挟手段,被害人并未产生恐惧情绪,因而没有交出财物;或者被害人虽然产生了恐惧,但并未交出财物,均属于敲诈勒索罪的未遂。

被告人姚某某、缪某某、朱某某、胡某某以非法占有为目的,采用暴力、胁迫手段勒索他人钱财1万元,数额巨大,其行为构成敲诈勒索罪。该四人行为并不构成诈骗罪,诈骗罪与敲诈勒索罪虽然在主观上都是以非法占有为目的,但两罪在犯罪客体和犯罪客观方面有着根本的区别。诈骗罪侵犯的是单一客体,即公私财产所有权,在犯罪客观方面表现为以虚构事实或隐瞒真相的方法,使被害人受蒙蔽而"自愿"地交付财物。敲诈勒索罪侵犯的是公私财产所有权和公民人身权利。

本案中,该四人在向被害人要钱时,采取了威胁、胁迫的手段,其行为不仅侵害了公私财产所有权,也侵害了公民人身权利,符合敲诈勒索罪的构成特征。

四被告人在勒索钱财过程中,因意志以外的原因未得逞,属于犯罪未遂,可比照既遂犯从轻或者减轻处罚;四被告人当庭自愿认罪,均可酌情从轻处罚。

【法条链接】

《中华人民共和国刑法》节选

第二百七十四条 敲诈勒索公私财物,数额较大或者多次敲诈勒索的,处三年以下有期徒刑、拘役或者管制,并处或者单处罚金;数额巨大或者有其他严重情节的,处三年以上十年以下有期徒刑,并处罚金;数额特别巨大或者有其他特别严重情节的,处十年以上有期徒刑,并处罚金。

《最高人民法院、最高人民检察院
关于办理敲诈勒索刑事案件适用法律若干问题的解释》节选

第一条 敲诈勒索公私财物价值二千元至五千元以上、三万元至十万元以上、三十万元至五十万元以上的,应当分别认定为刑法第二百七十四条规定的"数额较大""数额巨大""数额特别巨大"。

各省、自治区、直辖市高级人民法院、人民检察院可以根据本地区经济发展状况和社会治安状况,在前款规定的数额幅度内,共同研究确定本地区执行的具体数额标准,报最高人民法院、最高人民检察院批准。

第二条 敲诈勒索公私财物,具有下列情形之一的,"数额较大"的标准可以按照本解释第一条规定标准的百分之五十确定:

(一)曾因敲诈勒索受过刑事处罚的;

(二)一年内曾因敲诈勒索受过行政处罚的;

(三)对未成年人、残疾人、老年人或者丧失劳动能力人敲诈勒索的;

(四)以将要实施放火、爆炸等危害公共安全犯罪或者故意杀人、绑架等严重侵犯公民人身权利犯罪相威胁敲诈勒索的;

(五)以黑恶势力名义敲诈勒索的;

(六)利用或者冒充国家机关工作人员、军人、新闻工作者等特殊身份敲诈勒索的;

(七)造成其他严重后果的。

七、贪污贿赂罪

【法理简介】

贪污贿赂罪是指国家工作人员或国有单位实施的贪污、受贿等侵犯国家廉政建设制度,以及与贪污、受贿犯罪密切相关的侵犯职务廉洁性的行为。2016年4月18日,最高人民法院、最高人民检察院联合发布《最高人民法院、最高人民检察院关于办理贪污贿赂刑事案件适用法律若干问题的解释》,明确贪污罪、受贿罪的定罪量刑标准以及贪污罪、受贿罪死刑、死缓及终身监禁的适用原则等,强调依法从严惩治贪污贿赂犯罪。

【典型案例】

2010年春节前,时任高州市国土资源局法制股股长的同案人廖某(另案处理)为了在职务晋升上得到时任茂名市国土资源局党组书记、局长的同案人陈某亭的帮助,请求上诉人林某帮忙向陈某亭说情并委托林某转送现金人民币10万元给陈某亭。林某收下款项后告知陈某亭并按陈某亭的意思代为保管。同年11月,陈某亭利用职务便利启动提拔廖某担任高州市国土资源局党组成员、行政执法监察队队长的组织程序。2012年3月,林某在茂名市纪律检查委员会调查其涉嫌利用影响力收受他人贿赂时如实交代相关事实并退缴了人民币10万元。

【分析】

这是一个关于受贿罪的案例。

受贿罪指国家工作人员利用职务上的便利,索取他人财物,或者非法收受他人财物,为他人谋取利益的行为。受贿罪侵犯了国家工作人员职务行为的廉洁性及公私财物所有权。

受贿罪的立法背景：随着改革的不断深入，经济犯罪问题日益严重，受贿罪也表现得十分突出，不仅严重侵犯了国家工作人员履行公务活动的廉洁性，而且对国家工作人员的声誉造成了严重的损害。1988年1月21日六届全国人大常委会第二十四次会议通过了《关于惩治贪污贿赂罪的补充规定》，该规定较之前的1979年刑法内容更加明确。随后，为了避免单行刑法过多带来的混乱局面，立法机关1997年修订刑法时将贪污罪、受贿罪等单独设为一章——贪污贿赂罪，并对受贿罪作了较大的修改和完善。

受贿罪的犯罪构成：① 该罪的犯罪客体是国家机关工作人员的职务廉洁性。受贿罪严重影响国家机关的正常职能履行，损害国家机关的形象、声誉，同时也侵犯了一定的财产关系。② 该罪在客观方面表现为行为人利用职务上的便利，索取他人财物，或者非法收受他人财物，为他人谋取利益。利用职务上的便利是指利用本人职务上主管、负责或者承办某项公共事务的权利所形成的便利条件。③ 该罪的主体为特殊主体，即国家工作人员。④ 该罪的主观方面为故意。首先，行为人主观上具有索取或者接受贿赂的意思，即具有将对方提供的财物作为自己的所有物的意思；其次，行为人认识到自己索取、收受的是职务行为的不正当报酬，认识到自己的行为会侵害职务行为的不可收买性；最后，行为人对上述结果持希望或者放任发生的态度。

该罪不同于贪污罪。贪污罪的主体是国家工作人员或者受国家机关、国有公司、企业、事业单位、人民团体委托管理、经营国有财产的人员，其行为表现为利用自己主管、经手、管理公共财物的职务便利实施的侵吞、窃取、骗取或者以其他手段非法占有财物的行为；而受贿罪是国家工作人员利用职务之便索取他人财物，或者收受他人的财物，为他人谋取利益的行为。

本案中，林某与陈某亭系表兄弟，关系密切，亦认识葛某，了解陈某亭的职务和葛某的身份，且不止一次代陈某亭收受并保管他人贿送给陈某亭的财物，虽不足以证明林某代收及保管葛某送给陈某亭的钱款时知道葛某请托或意图请托陈某亭的具体事项及陈某亭利用职务便利为葛某谋取或意图谋取何种具体利益，但足以推定其主观上知道或应当知道葛某送给陈某亭钱款与陈某亭的职务便利之间具有因果关系，即其主观上具有伙同陈某亭收受葛某财物并为葛某谋取利益的概括故意，且在具备此种概括故意的情况下代为收受和保管葛某送给陈某亭的贿款，帮助陈某亭实施了收受他人财物的行为。因此，林某的行为构成受贿罪。

根据《中华人民共和国刑法》第三百八十六条、第三百八十三条的规定,对于受贿罪,应当根据受贿所得数额及其他情节,分别处罚:受贿数额较大(三万元以上不满二十万元)或者有其他较重情节的,处三年以下有期徒刑或者拘役,并处罚金;受贿数额巨大(二十万元以上不满三百万元)或者有其他严重情节的,处三年以上十年以下有期徒刑,并处罚金或者没收财产;受贿数额特别巨大(三百万元以上)或者有其他特别严重情节的,处十年以上有期徒刑或者无期徒刑,并处罚金或者没收财产。

林某伙同陈某亭收受他人财物折合人民币计35.5279万元,属于《刑法》第三百八十三条第一款规定的"数额巨大",依法应当判处三年以上十年以下有期徒刑,并处罚金或者没收财产。

【法条链接】

《中华人民共和国刑法》节选

第三百八十三条　对犯贪污罪的,根据情节轻重,分别依照下列规定处罚:

(一)贪污数额较大或者有其他较重情节的,处三年以下有期徒刑或者拘役,并处罚金。

(二)贪污数额巨大或者有其他严重情节的,处三年以上十年以下有期徒刑,并处罚金或者没收财产。

(三)贪污数额特别巨大或者有其他特别严重情节的,处十年以上有期徒刑或者无期徒刑,并处罚金或者没收财产;数额特别巨大,并使国家和人民利益遭受特别重大损失的,处无期徒刑或者死刑,并处没收财产。

对多次贪污未经处理的,按照累计贪污数额处罚。

……

第三百八十五条　国家工作人员利用职务上的便利,索取他人财物的,或者非法收受他人财物,为他人谋取利益的,是受贿罪。

国家工作人员在经济往来中,违反国家规定,收受各种名义的回扣、手续费,归个人所有的,以受贿论处。

第三百八十六条　对犯受贿罪的,根据受贿所得数额及情节,依照本法第三百八十三条的规定处罚。索贿的从重处罚。

第三百八十七条　国家机关、国有公司、企业、事业单位、人民团体,索取、非法收受他人财物,为他人谋取利益,情节严重的,对单位判处罚金,并对其直接负责的主管人员和其他直接责任人员,处五年以下有期徒刑或者拘役。

前款所列单位,在经济往来中,在账外暗中收受各种名义的回扣、手续费的,以受贿论,依照前款的规定处罚。

八、刑罚总论

【法理简介】

刑罚,是刑法规定的,由国家审判机关依法对犯罪分子所适用的限制或剥夺其某种权益的、最严厉的强制性法律制裁方法。本部分涉及刑罚的各项制度和刑罚的目的,确定对犯罪人应判处的刑罚种类、轻重和减免、量刑时应予考虑的从重、从轻、加重、减轻、免除处罚的情节,以及累犯,自首,数罪并罚,缓刑,减刑,假释,时效等刑罚的运用问题。

【典型案例1】

由于父母常年在外打工,贾某从小由爷爷奶奶带大。爷爷奶奶的年纪越来越大,对于贾某的管教越来越力不从心。渐渐地,缺乏正确教育的贾某迷上了网络游戏,经常逃课翻墙到学校外面的网吧上网。好不容易考上了高中,由于家和学校距离太远,贾某寄宿学校。脱离了家庭的监管,贾某更是沉溺网络游戏无法自拔,将学费和生活费全都花在了出入网吧和购买游戏装备上。到了学校催缴学费时,为了弄到钱,贾某偷偷将室友的苹果手机变卖,得款4000元。室友发现后报警,贾某父母得知此事后,替贾某赔偿其室友一部苹果手机,取得了室友谅解。贾某犯盗窃罪,鉴于贾某犯罪时已满16周岁未满18周岁,且取得了被害人谅解,法院仅判处贾某拘役6个月,并处3000元罚金。经此事后,贾某辍学,跟随父母一起外出打工,但仍然没有改掉沉迷网络游戏的毛病。3

年后,为了购买限量版极品游戏道具,贾某铤而走险,于深夜抢劫单身女子,并致使该女子重伤。通过侦查,公安机关很快将贾某抓捕归案。

请问:

1. 贾某是否成立累犯?为什么?
2. 对于贾某的第二次犯罪应如何定罪量刑?

【分析】

这是一个关于累犯的案例。

累犯,是指因犯罪而受过一定的刑罚处罚,在刑罚执行完毕或者赦免以后,在法定期限内又犯一定之罪的罪犯。仅故意犯罪成立累犯,过失犯罪不构成累犯。我国《刑法》中将累犯分为两种:一般累犯和特别累犯。两者的成立条件虽有所区别,但从犯罪行为人的个人角度来说,其主观恶性、人身危险性均大于其他普通罪犯。

累犯的成立条件包括以下几个:

(1) 一般累犯,是指因故意犯罪被判处有期徒刑以上刑罚且已满十八周岁的犯罪分子,在刑罚执行完毕或者被赦免以后,在五年内故意再犯应当处以有期徒刑以上刑罚之罪的情形。成立一般累犯需要同时符合以下几个条件:① 前罪是故意犯罪,后罪也是故意犯罪。设立累犯从重的刑罚裁量制度主要目的是为了严厉打击那些主观恶性大、危害性重且屡教不改的犯罪分子,而过失犯罪的行为人主观恶性较小,危害性也比故意犯罪要小,因此《刑法》在对过失犯罪量刑处罚时一般较故意犯罪更为轻缓。故犯罪分子在实施前一犯罪行为时主观上是故意,在受到处罚之后,再次故意实施犯罪方才符合累犯处罚的条件。前罪后罪中有一个是故意犯罪,一个是过失犯罪以及前罪后罪都是过失犯罪的,则不构成累犯。② 前罪已经被判处有期徒刑以上刑罚,后罪也会被判处有期徒刑以上刑罚。③ 前罪在刑罚执行完毕或者被赦免后,与后罪的时间间隔不满五年。后罪发生的时间应在前罪所判决刑罚执行完毕之后或者赦免之后的五年内,如果超过五年则不构成累犯,应以再犯论处,后罪的刑罚裁量应适当轻于累犯。如果罪犯前罪判决后假释的,则从假释期满之日起计算五年间隔期限。所谓"刑罚执行完毕"应作主刑执行完毕理解,而不应当包含附加刑,否则可能不当延长前后罪之间的时间间隔。值得注意的是,如果罪犯在假释考验期内又犯新罪的,不构成累犯,应当撤销假释,数罪并罚。

(2) 特别累犯,是指因犯危害国家安全犯罪、恐怖活动犯罪、黑社会性质组织犯罪受到刑罚处罚,在刑罚执行完毕或者被赦免以后,又犯前述种类罪行的人。构成特别累犯需要同时符合以下几个条件:① 所犯前罪、后罪均必须是危害国家安全、恐怖活动、黑社会性质组织犯罪。构成特别累犯的类罪名是限定的,只有前罪、后罪所犯罪行均是危害国家安全犯罪、恐怖活动犯罪、黑社会性质组织犯罪的,才符合构成特别累犯的罪名条件。如果前罪后罪中有一个符合上述三种类罪名,另一个不符合,则不能构成特别累犯,在其刑罚程度和时间间隔符合一般累犯条件的情况下,可构成一般累犯。在此需要强调的是,前罪后罪分属上述三类罪名即可,并不要求具体罪名必须一致。② 前罪刑罚执行完毕或者赦免后,再犯上述三种罪行,对前罪与后罪之间的时间间隔无限制。基于特别累犯针对的是实施了危害国家安全犯罪、恐怖活动犯罪以及黑社会性质组织犯罪这三类危害性特别大、罪行特别严重的罪犯,刑法在处罚前述行为时加大了处罚力度,不再似一般累犯对前罪与后罪设置时间间隔,而只要罪犯实施的前罪、后罪所触犯罪名属于上述三类,任何时间均可成立特别累犯。③ 对前罪后罪的处罚程度没有限制。一般累犯要求前罪后罪均判处或者应当判处有期徒刑以上刑罚,而在成立特别累犯时,对于前罪所判处刑罚和后罪应判处刑罚的种类及轻重不加限制,即只要在前罪后罪均成立危害国家安全犯罪、恐怖活动犯罪以及黑社会性质组织犯罪这三类罪名的情况下,即使罪犯前罪后罪仅被判处管制、拘役,也不影响特别累犯的成立。

贾某不构成累犯。首先,成立一般累犯需要符合三个构成要件:① 前后罪均是故意犯罪;② 前罪被判处有期徒刑以上刑罚,后罪也应当被判处有期徒刑以上刑罚;③ 前罪所判刑罚执行完毕后或者被赦免后五年内,再犯应当被判处有期徒刑以上刑罚之罪。此三个条件必须同时满足方可成立累犯。而本案中,贾某实施的第一次犯罪(盗窃罪),其宣告刑为六个月拘役,未判处有期徒刑以上刑罚,不符合成立累犯的构成要件,因此贾某不是累犯。

贾某第二次犯罪系以暴力抢劫他人财物,符合抢劫罪的犯罪构成,应成立抢劫罪。同时贾某的行为造成他人重伤,符合抢劫罪的加重处罚情节。根据《中华人民共和国刑法》第二百六十三条的规定,应判处十年以上有期徒刑、无期徒刑或者死刑,并处罚金或者没收财产。

累犯,究其本质是已经因故意犯罪受到过刑事处罚,在处罚完毕或者赦免后一定期限内又再次故意犯罪,不论从其主观恶性,还是以社会的危害性来说,其影响和危害都较之初犯等其他普通犯罪更为严重和深远。对累犯施以更为严厉的刑罚,是当今世界各国都普遍采用的刑罚裁量制度之一。我国《刑法》同样也对累犯予以重罚。在新中国成立后的第一部《刑法》中对于累犯的处罚在第六十一条中就予以明确规定,而现行《刑法》(1997《刑法》)将1979《刑法》中累犯的三年时限延长至五年,对累犯的范围进行了扩大。实践证明,对于累犯从重处罚的刑罚能够有效地对罪犯实现震慑和改造,从而最终实现预防犯罪的刑罚目标。

【法条链接】

《中华人民共和国刑法》节选

第六十五条 被判处有期徒刑以上刑罚的犯罪分子,刑罚执行完毕或者赦免以后,在五年以内再犯应当判处有期徒刑以上刑罚之罪的,是累犯,应当从重处罚,但是过失犯罪和不满十八周岁的人犯罪的除外。

前款规定的期限,对于被假释的犯罪分子,从假释期满之日起计算。

第六十六条 危害国家安全犯罪、恐怖活动犯罪、黑社会性质的组织犯罪的犯罪分子,在刑罚执行完毕或者赦免以后,在任何时候再犯上述任一类罪的,都以累犯论处。

……

第七十四条 对于累犯和犯罪集团的首要分子,不适用缓刑。

……

第八十一条第二款 对累犯以及因故意杀人、强奸、抢劫、绑架、放火、爆炸、投放危险物质或者有组织的暴力性犯罪被判处十年以上有期徒刑、无期徒刑的贩子分子,不得假释。

【典型案例2】

甲、乙二人盗窃他人现金2万元,事后两人将现金平分。甲想起第二天是女朋友的生日,于是用分得的1万元钱给女朋友买了一条金项链。甲的女朋友觉得按照甲平时的收入和生活习惯不会有这么多钱给自己买项链,于是追问其项链的来历。甲拗不过反复追问,向女朋友讲述了自己伙同乙一起实施盗窃的事实。其女朋友觉得不能纵容甲的行为,否则以后甲越陷越深定会酿成大祸,便劝其投案自首。甲开始坚决不同意,害怕自己被抓后女朋友不肯等他出狱,面对女朋友的苦劝仍犹豫不决。最后女朋友不得不说:"浪子回头金不换,你好好改过,我一定会等着你。但如果你不去投案,不用等几年后,我现在就跟你分手。"最后甲勉强同意投案。到了出门的时候甲又磨磨蹭蹭、犹豫不决。女朋友只得陪着甲一起到最近的派出所投案。面对办案民警的讯问,甲如实供述了和乙一起盗窃的犯罪事实。民警迅速出击,将还在洗浴中心逍遥的乙抓捕归案。乙归案后,也如实供述了自己和甲一起实施的盗窃行为,同时也供述了自己在两年前曾经在外地实施的一起抢劫行为。

请问:

1. 甲、乙构成何种犯罪?
2. 甲、乙是否属于自首?
3. 对于甲、乙应当如何量刑?

【分析】

这是一个关于自首的案例。

自首,是指犯罪以后自动投案,如实供述自己的罪行,或者被采取强制措施的犯罪嫌疑人、被告人和正在服刑的罪犯,如实供述司法机关尚未掌握的本人其他罪行的行为。自首分为两种类型:一种是一般自首,是指行为人犯罪以后自动投案,如实供述自己罪行的行为,一般自首的核心在于"自动投案";另一种是特殊自首,也称余罪自首,指的是已经被采取强制措施的犯罪嫌疑人、被告人和正在服刑的罪犯,向司法机关如实供述尚未被掌握的本人的其他罪行的行为,特殊自首的核心在于供述的内容是"尚未被司法机关掌握的本人其他罪行"。两种自首,主要通过适用主体和供述的内容加以区分。

自首的成立条件包括以下几个:

(1) 一般自首的成立条件包括:① 自动投案。自动投案是指行为人在实施犯罪后、归案之前,自愿将自己置于司法机关的控制之下,接受刑事审判的行为。是否自动投案,是同等条件下区分自首和坦白的关键。如果被动归案,如实供述所犯罪行的成立坦白而非自首。认定是否自动投案,要从到案时间、是否是本人自愿以及为自动投案所实行的行为等方面进行综合分析。② 如实供述。犯罪行为人到案后应当如实陈述自己的全部或者主要犯罪事实。对于共同犯罪的,行为人除需要如实陈述自己的犯罪事实外,还应当陈述同案犯的犯罪事实,才可算作如实供述。③ 可供投案的对象。行为人一般情况下向公安机关自动投案,但并不意味着只有向公安机关投案才能够被认定为自首。自动投案的对象除公安机关以外,还包括检察机关、人民法院以及犯罪行为人所单位、城乡基层组织等。同时向上述单位或组织的有关负责人员投案的,也可以构成自首。

(2) 特殊自首成立的条件:① 成立特殊自首的主体。与一般自首的主体是实施犯罪后、归案前,尚未出于司法机关控制之下的犯罪行为人不同的是,成立特殊自首的主体具有特定性,即已经身处司法机关控制之下的犯罪嫌疑人、被告人以及罪犯,除此之外的犯罪行为人均不能成立特殊自首。② 如实供述尚未被司法机关掌握的本人其他罪行。已经身处司法机关控制之下的犯罪嫌疑人、被告人和罪犯,向司法机关如实供述的内容必须是本人所犯但尚未被司法机关所掌握的其他犯罪行为,且必须是与司法机关之前已掌握罪行不同种类的犯罪行为,否则不能成立特殊自首。如果如实陈述的内容与之前已掌握的罪行系同一种类的,可构成坦白。

根据案情过程判断,本案中,甲、乙二人秘密窃取他人现金达2万元,数额较大,其行为已构成盗窃罪,且为盗窃罪的共犯。甲成立自首,乙对于抢劫罪成立特殊自首。根据我国《刑法》规定,自首是指犯罪分子在犯罪之后,自动投案并如实供述犯罪事实的,或者被采取强制措施的犯罪嫌疑人、被告人和正在服刑的罪犯,如实供述司法机关尚未掌握的本人其他罪行的行为。本案中,甲在女朋友的力劝下,自动投案并如实向办案民警陈述自己和乙一起的盗窃行为,虽然中途有过犹豫,且在女朋友的监督下到案,但投案仍是其真实意思表示,并不妨碍自首的成立。而乙到案虽然是被动到案,但在民警讯问时能够如实供述本人两年前实施的抢劫行为,符合特殊自首的成立条件,对于乙所犯抢劫行为成立特殊自首。鉴于甲系自首,可以对其从轻或减轻处罚;对于乙,虽然不能对其盗窃罪成立自首,但乙到案后能够如实供述犯罪事实,系坦白,可以对其盗窃行为从轻处罚。对于乙如实陈述尚未被司法机关掌握的其他罪行,即本案中的抢劫行为,可以从轻或减轻处罚。

需要注意自首与坦白的区别。自首与坦白均是法定从轻、减轻量刑情节,但两者又存在着本质不同。首先,是否自动投案,将自己置于司法机关控制之下。自首是犯罪行为人基于自愿将自己置于司法机关控制之下,接受法律制裁;而坦白中犯罪行为人归案系被动归案,犯罪也即被抓捕或者扭送归案,行为人归案并非自己真实意思表示。其次,对于两种情形的刑罚设置不同。自首可以从轻或者减轻处罚。其中,犯罪较轻的甚至可以免除处罚。而刑法对于坦白的量刑则重于自首,规定坦白可以从轻处罚,即使因犯罪行为人的坦白避免了特别严重后果发生的,也仅为可以减轻处罚,不存在免除处罚。

影响量刑的情节有很多,有从重情节、加重情节,也有从轻情节、减轻情节。自首制度作为从轻、减轻量刑情节,已经成为当今世界各国刑事立法所普遍采纳的量刑制度之一。自首制度发端于我国西周时期,为我国历朝历代所重视和沿用,至现代社会更是得到发展与演进。自首的设置,其本质上是国家在刑事立法领域与犯罪行为人的一种互惠互利。犯罪行为人在犯罪后自首,一方面说明犯罪行为人认识到自己行为的违法性,是一种悔罪表现,同时也表明其自愿将自己置于国家的刑事处罚之下,人身危险性比负隅顽抗的犯罪行为人要小;另一方面,犯罪行为人自首后如实供述自己的罪行,有利于节约司法资源,提高司法效率,提升定罪量刑的准确性。设置自首制度,也是罪责刑相适应原则在刑事立法中的体现。

【法条链接】

《中华人民共和国刑法》节选

第六十七条　犯罪以后自动投案,如实供述自己的罪行的,是自首。对于自首的犯罪分子,可以从轻或者减轻处罚。其中,犯罪较轻的,可以免除处罚。

被采取强制措施的犯罪嫌疑人、被告人和正在服刑的罪犯,如实供述司法机关还未掌握的本人其他罪行的,以自首论。

犯罪嫌疑人虽不具有前两款规定的自首情节,但是如实供述自己罪行的,可以从轻处罚;因其如实供述自己罪行,避免特别严重后果发生的,可以减轻处罚。

【典型案例3】

被告人董某某、宋某某(时年17周岁)迷恋网络游戏,平时经常结伴到网吧上网,常常彻夜不归。2010年7月27日11时许,因在网吧上网的网费用完,两人即伙同王某(作案时未达到刑事责任年龄)到河南省平顶山市红旗街社区健身器材处,持刀对被害人张某某和王某某实施抢劫,抢走张某某5元现金及手机一部,后将所抢的手机卖掉,并将所得赃款用于上网。

河南省平顶山市新华区人民法院于2011年5月10日作出(2011)新刑未初字第29号刑事判决,认定被告人董某某、宋某某犯抢劫罪,分别判处有期徒刑二年六个月,缓刑三年,并处罚金人民币1000元。同时禁止董某某和宋某某在36个月内进入网吧、游戏机房等场所。宣判后,两被告人均未上诉,判决已发生法律效力(最高人民法院指导性案例第十四号:董某某、宋某某抢劫案)。

【分析】

这是一个关于缓刑、禁止令的案例。

缓刑,是指对触犯刑律,经法定程序确认已构成犯罪、应受刑罚处罚的犯罪行为人,先行宣告定罪,暂不执行所判处的刑罚。缓刑可分为一般缓刑和特殊缓刑。特殊缓刑又称战时缓刑,是指在战时,对被判处三年以下有期徒刑但没有现实危险的犯罪行为人,暂缓其原判刑罚的执行,允许其戴罪立功,确有立功表现时,可以撤销原判刑罚,不以犯罪论处的制度。缓刑是由特定的考察机构在一定的考验期限内对罪犯进行考察,并根据罪犯在考验期间内的表现,依法决定是否适用具体刑罚的一种制度。禁止令指法庭下达的禁止当事人实施某种行为的指令。根据我国《刑法》第三十八条、第七十二条之规定,我国《刑法》中的禁止令可分为管制执行期间的禁止令和缓刑考验期间的禁止令,禁止令是一种对犯罪分子兼具刑罚性和非刑罚性的综合性处遇制度,是人民法院为了实现预防犯罪的目标,根据罪犯的犯罪事实,依法要求罪犯在管制、缓刑考验期内必须遵循的义务。

最初采用缓刑的是1870年北美波士顿的《缓刑法》。该法规定缓刑只适用于少年犯罪,后为马萨诸塞州采用,扩大适用于一般犯人。1889年布鲁塞尔国际刑法会议通过决议,将缓刑作为适用于一切犯罪的制度,各国相继采用。缓刑有两种制度:一种是把缓刑权掌握在行政部门,称为行政制;一种是掌握在司法部门,称为司法制。司法制的又有两种情况,一种是缓宣告,另一种是缓执行。

根据我国《刑法》第七十二条、第七十四条的规定,适用一般缓刑必须具备下列条件:① 犯罪分子被判处拘役或者三年以下有期徒刑的刑罚。缓刑的附条件不执行原判刑罚的特点,决定了缓刑的适用对象只能是罪行较轻的犯罪行为人。而罪行的轻重是与犯罪行为人被判处的刑罚轻重相适应的。② 根据犯罪行为人的犯罪情节和悔罪表现,认为适用缓刑不致再危害社会,这是适用缓刑的根本条件。即有些犯罪行为人虽然被判处拘役或短期有期徒刑,但是根据其犯罪情节和悔罪表现,不能表明不予关押也不致再危害社会,不能宣告缓刑。③ 犯罪行为人不是累犯,也非犯罪集团首要分子。累犯屡教不改、主观恶性较深,有再犯之虞,适用缓刑难以防止其再犯新罪。犯罪集团首要分子是在犯罪集团中起组织、策划作用的犯罪分子。这类犯罪分子的犯罪活动通常在犯罪集团中表现为组建犯罪集团、制定犯罪集团的犯罪计划、指挥犯罪集团成员犯罪,所以人身危险性较大,主观恶性较深。对以上两类犯罪行为人,不得使用缓刑。

缓刑的适用。① 一般适用,对于被判处拘役、三年以下有期徒刑的犯罪分子,同时符合下列条件的,可以宣告缓刑:犯罪情节较轻;有悔罪表现;没有再犯罪的危险;宣告缓刑对所居住社区没有重大不良影响。② 特别适用,对其中不满十八周岁的人、怀孕的妇女和已满七十五周岁的人,应当宣告缓刑。所谓不满十八岁是指判决宣告前,未年满十八岁的;所谓怀孕的妇女是指判决宣告前妇女怀有身孕的;所谓年满七十五周岁,是指判决宣告前已满七十五周岁的。

本案中被告人董某某、宋某某以非法占有为目的,以暴力威胁为方法劫取他人财物,其行为均已构成抢劫罪。被告人董某某、宋某某在本案中,持有的是普通匕首,抢劫手机一部和人民币5元现金,价值不高。整体上看,符合抢劫罪构成要件事实,但情节较轻。两被告人均系初犯,到案后认罪态度较好,对自己的行为真诚悔悟,能够认识到自己的错误,并具有真诚悔悟、悔改的意愿和行为,属于刑法中有悔罪表现的情形。因此,对被告人董某某、宋某某可适用缓刑。考虑到两被告人主要是因上网吧需要网费而诱发了抢劫犯罪,与长期迷恋网络游戏有密切联系,将被告人与引发其犯罪的场所相隔离,有利于家长和社区在缓刑期间对其进行有效管教,预防再次犯罪。被告人犯罪时不满十八周岁,平时自我控制能力较差,对其适用禁止令的期限确定为与缓刑考验期相同的三年,有利于其改过自新。因此,依法判决禁止二被告人在缓刑考验期内进入网吧等特定场所。

缓刑的法律后果:① 宣告缓刑的犯罪行为人,在缓刑考验期内,没有刑法规定的法定撤销缓刑的情形,缓刑期满,不再执行原判刑期;② 宣告缓刑的犯罪行为人,在缓刑考验期限内犯新罪或者发现在判决宣告前还有其他漏罪没有判决,撤销缓刑,对新犯的罪或者新发现的漏罪进行判决,把前后两罪的刑期总和计算,按数罪并罚的原则决定刑罚执行期限;③ 宣告缓刑的犯罪行为人,在缓刑考验期内违反法律、行政法规或者国务院公安部门有关缓刑的监督管理规定,情节严重的,撤销缓刑,执行原判刑罚。

【法条链接】

《中华人民共和国刑法》节选

第十七条 已满十六周岁的人犯罪,应当负刑事责任。

已满十四周岁不满十六周岁的人,犯故意杀人、故意伤害致人重伤或者死亡、强奸、抢劫、贩卖毒品、放火、爆炸、投毒罪的,应当负刑事责任。

已满十四周岁不满十八周岁的人犯罪,应当从轻或者减轻处罚。

因不满十六周岁不予刑事处罚的,责令他的家长或者监护人加以管教;在必要的时候,也可以由政府收容教养。

……

第七十二条 对于被判处拘役、三年以下有期徒刑的犯罪分子,同时符合下列条件的,可以宣告缓刑,对其中不满十八周岁的人、怀孕的妇女和已满七十五周岁的人,应当宣告缓刑:

(一)犯罪情节较轻;

(二)有悔罪表现;

(三)没有再犯罪的危险;

(四)宣告缓刑对所居住社区没有重大不良影响。

宣告缓刑,可以根据犯罪情况,同时禁止犯罪分子在缓刑考验期限内从事特定活动,进入特定区域、场所,接触特定的人。

被宣告缓刑的犯罪分子,如果被判处附加刑,附加刑仍须执行。

第七十三条　拘役的缓刑考验期限为原判刑期以上一年以下,但是不能少于二个月。

有期徒刑的缓刑考验期限为原判刑期以上五年以下,但是不能少于一年。

缓刑考验期限,从判决确定之日起计算。

第七十四条　对于累犯和犯罪集团的首要分子,不适用缓刑。

民法篇

一、诚实信用原则

【法理简介】

诚实信用原则是指当事人在市场活动中应该重承诺、不欺骗他人,在不损害他人利益、社会利益的前提下追求个人的利益,实现个人利益与他人、社会利益的平衡。诚实信用原则是民法的基本原则,是道德规范的法律化,是最低限度的道德要求在法律上的体现,是民法领域的"帝王条款"。20世纪以来,随着科技的发展、经济全球化的到来,社会贫富分化逐渐加大,企业主与劳动者之间以及生产者与消费者之间呈现出了强者与弱者的对比。传统民法中强调的平等性与互换性所带来的只是形式上的公平,无法在实质上实现利益的协调,意思自治的滥用带来的危害越来越明显。在这样的情况下,为了弥补意思自治的不足,实现实质上的正义,让正义在个案中发挥作用,诚实信用原则便应运而生了。对诚实信用原则的内涵,我们可以从三个方面来进行阐述。第一个方面,诚实信用原则是道德的法律化,表达了人们渴望通过自律来达到维护各方利益的愿望,所以从这个层面来说,它指引了法律主体不管是在行使权利还是在履行义务,都应该心存善意。第二个方面,诚实信用原则授予了法官一定的自由裁量权,这一方面主要指的是诚实信用原则可以填补法律漏洞。司法实践中的各种新问题总是层出不穷,只依赖于立法并不现实,这时基本原则的作用就凸显出来了。与法律规范不同,法律原则相对抽象、概括,这就为法官进行自由裁量留足了余地。法官可以依据诚实信用原则来确定当事人的权利、义务以及违反义务应当承担的责任。

就具体要求来说,诚实信用原则要求民事主体要诚实不欺、不恶意竞争、不以假充真;民事主体在行使权利的过程中不能损害他人和社会的利益;民事主体应依法律、合同的内容履行义务;在出现当事人约定不明确或者是合同成立后客观情形发生重大变化时,应依诚实信用原则来划定合同双方的权利和义务。诚实信用原则是贯穿于合同的签订、合同的履行、合同的终止、法官裁判案件的整个过程中的。

【典型案例】

2013年11月1日,原告张某与被告村委会签订了一份房屋租赁合同,村委会将3间空置的房屋租给张某作为厂房进行使用。合同约定:房屋租赁期限为5年,年租金为3000元,村里将20千瓦用电权借给张某使用。2016年11月1日,因生产状况良好,经营获益颇丰,张某提议购买该房屋,村委会经过研究同意将房屋卖给张某,双方商定的价格为5万元,但张某随后表示要征求家中同意后才能确定。在征询了家人的意见后,张某表示价格太贵不愿意购买。3天后,王某提出购买该3间房屋,村长托人询问张某是否仍要购买,不然就要将房屋卖给他人,张某回绝。村委会遂与王某达成售房协议,将3间房屋以5.3万元的价格(包括25千瓦的用电权)卖给王某,但是因为该房屋租赁期限还未到,张某提出继续使用该房屋,并不同意归还20千瓦的用电权。最终村委会将该房屋以4.8万元的价格卖给王某,用电权由原来的25千瓦变为5千瓦。王某必须允许张某租用房屋直到合同期满,王某享有房屋的所有权。2017年2月1日,村委会与王某办理了产权转移手续时,张某也未提出异议。房屋产权转移后,王某对该房屋进行了装修。2017年3月1日,王某与张某达成协议,张某迁出承租的房屋,王某向其支付损失费5000元,村委会也退给张某剩余的承租费用。事后,张某以村委会将争议房屋租给他,却在之后未经其同意对房屋进行了维修,并将争议房屋出卖他人,张某以作为承租人享有优先购买权为由,诉请法院将房屋优先卖给他。村委会答辩称:在将房屋卖给王某前,村委会已经征求过张某的意见,现张某提出对房屋享有优先购买权没有道理,不应得到支持。法院审理查明,认定上述事实属实。

【分析】

这是一个关于违背诚实信用原则的案例。

在将三间房屋卖给王某之前,村委会已经询问过张某的意愿,在得到张某的回绝后,村委会才将房屋卖给王某。至于村委会将房子卖与王某的价格低于跟张某商议的5万元,一方面是由于张某要求继续使用该房屋,另外张某拒不归还20千瓦的用电权,王某得到的用电权较少。张某已经跟王某达成了协议,张某迁出房屋,王某支付给张某一定的补偿。另外,张某又从村委会处取回了预付的租金。在王某与村委会办理房屋产权转移手续时,张某也未表示异议,这些足以表明张某已放弃了优先购买的权利。张某作为该三间房屋的承租人,其利益已经得到了满足,法律对其不再提供进一步的保护以防止其利益不合理地扩张。在房屋产权变动之后,王某已经进行了房屋的装修的情况下,张某提出异议,张某此举无疑会损害王某的利益,该行为明显是违背诚实信用原则的。如果法院在这种情况下依然判决张某享有优先购买权,则王某的预期利益将无法受到保护。张某享有的优先购买权可以通过明示或者默示的方式放弃,在本案中,张某已经通过明示的方式表示了放弃优先购买权,如此,法律就应首先维护所有人与第三人的合法权益。

【法条链接】

《中华人民共和国民法总则》节选

第七条　民事主体从事民事活动,应当遵循诚信原则,秉持诚实,恪守承诺。

《中华人民共和国合同法》节选

第二百三十条　出租人出卖租赁房屋的,应当在出卖之前的合理期限内通知承租人,承租人享有以同等条件优先购买的权利。

二、自然人的民事权利能力

【理论简介】

自然人的民事权利能力是指法律赋予自然人的享有民事权利、承担民事义务的资格。何为资格,即民事权利能力为个人享有权利、履行义务提供一种可能性,或者说是一种前提。具体是行使权利还是放弃权利由自然人自己决定,当然,义务不能放弃。

权利能力这一词语最早可以追溯到罗马法中对于人格的阐述,一个人要想拥有法律意义上的人格,必须具有三个方面的权能,就是自由权、市民权与家族权,三者缺一不可。比如,丧失自由权,则会沦为奴隶。虽然古罗马产生了人格制度,但是受制于奴隶制社会等级森严的制度的影响,其存在先天的缺陷。真正的民事权利能力诞生于资产阶级革命时期的法国,确切地说是《拿破仑民法典》,该法典对于民事主体资格进行明确的规定,其将民事权利能力称为"民事权利之享有"。之后,类似的概念出现在其他国家的法律之中。权利能力的产生根源于一国政治经济的需要,资产阶级革命的胜利得助于对于天赋人权、人民主权等思想的秉承,除了赋予公民政治权利以外,为了发展经济,促成商品的交换,也要对公民的私权进行保护,确立公民对财产的所有权,这样,承认公民私权的民事主体资格制度就诞生了。

民事权利能力具备如下几个方面的特征:第一,是其内容和范围法定,自然人享有哪些权利和履行哪些义务的资格由法律进行明确的规定,而不是由个人来决定。这样可以避免个人权利的无限扩张,对他人利益造成损害。第二,是个人对于民事权利能力无权转让和放弃,也不能被限制和剥夺。法律赋予公民民事权利能力,是由于民事权利能力直接关系到个人的生存和发展,如果失去这些,公民的生存会受到威胁。因此无论发生何种情况,在公民存活的情况下,公民的民事权利能力不会受到限制和剥夺,也不能转让和放弃。权利能力不可转让,即便是这种转让、放弃是当事人"自愿"的,这种行为也是不为法律所承认的。当然也存在比较特殊的情况,如结婚的民事权利能力则要求达到法定年龄才能拥有。第三,是公民的民事权利能力具有平等性,根据《中华人民共和国民法通则》第十条规定:"自然人的民事权利能力一律平等。"也就是说,公民的民事权利能力不因民族、种族、性别、职业等原因而进行区分,不管是白发苍苍的老人还是刚出生的婴儿,只要是中华人民共和国的公民,他们的权利能力都是平等的。另外,当发生某些特殊情况时,公民的民事权利能力也不会被限制。假如有一个人因犯罪而受到刑罚处罚,那么他依然拥有民事权利能力,这一点需注意与政治权利进行区分。还有就是公民的民事权利能力不因智力、身体的原因而被区别对待。

就公民民事权利能力的取得和丧失的时间来说,《中华人民共和国民法通则》第九条规定:"公民从出生时起到死亡时止,具有民事权利能力,依法享有民事权利,承担民事义务。"很显然,公民享有民事权利能力的期间为自出生至死亡,但是何为出生?何为死亡?就如何确定自然人的出生时间,在学界存在多种学说,如露出说、独立呼吸说、初声说等。露出说存在不足之处,例如,如果婴儿出生时就是死婴,那么其当然不能享有民事权利能力。初声说也存在固有的缺陷。在我国,实际上是采用独立呼吸说的,也就是说只要胎儿脱离母体之后是存活的,那么就要进行出生登记,不管随后发生了何种情况。在国内,王利明教授就持这种观点。关于胎儿是否具有民事权利能力的问题,在我国有较为特殊的规定,就是胎儿享有继承权,也就是说具有一定的民事权利能力。就死亡时间的确定来说,因为死亡分为生理死亡和宣告死亡,所以要分别说明。就生理死亡来说,存在多种学说,有脉搏停止说、心脏搏动停止说、呼吸停止说、脑死亡说等。在我国,一般以呼吸和心脏均告停止这一标准来确定自然人的死亡时间。就宣告死亡来说,一般认为其民事主体资格消灭,另外根据《中华人民共和国民法总则》第四十九条第二款的规定,如果被宣告死亡人还活着,则其依然享有民事权利能力。

【典型案例】

张某某在市教委组织的儿童绘画比赛中荣获二等奖。市教委下属的一家美术杂志社得知此事后寄来信件,表示他们将要出一期儿童作品专刊,希望张某某能邮寄过来几幅作品供他们挑选。张某某的父亲张某收到信件后给杂志社寄去了 4 幅绘画作品,但是再也没有收到消息。第二年 7 月,张某在该杂志社的期刊上发现了张某某的 3 幅作品,但没有给张某某署名,便立即找到杂志社,质问为何不通知他作品已被选用,而且既不支付稿酬也不署名。然而该杂志社称,张某某年仅 9 岁,还是未成年人,不享有著作权,因此没必要署名;杂志社发表张某某的作品是市教委对其成绩的肯定,所以没有必要支付稿酬。

【分析】

这是一个关于民事权能力的案例。

就本案来说,张某某作为一个自然人,其民事权利能力始于出生,终于死亡。张某某当时 9 岁,是未成年人,但是其依然拥有民事权利能力。著作权属于公民民事权利的范畴,张某某自然具备享有该权利的资格,因此张某某享有著作权。就著作权的设立目的来说,是为了鼓励创作,促进文化、思想的传播。如果将年龄作为享有著作权的限制条件,那么未成年人所创作的优秀作品将得不到保护,这与著作权法的立法目的是相背离的。不管是完全民事行为能力人还是限制民事行为能力人,只要其创作的作品符合法律规定的作品的构成要件,那么其就是当然的著作权人。根据我国法律规定,作品是指文学、艺术和科学领域内具有独创性并能以某种有形形式复制的智力成果。张某某在市教委组织的儿童绘画比赛中获二等奖,足以表明其作品具有一定的独创性,属于《中华人民共和国著作权法》所保护的作品,因此张某某可以作为其作品的著作权人。该杂志社将张某某的美术作品刊登在儿童作品专刊并且未署名的行为不属于合理使用的范围,故需要署名并向张某某支付稿酬。该杂志社在未支付稿酬的情况下使用其作品是侵犯张某某著作权的行为,应当对其损失进行赔偿。

【法条链接】

《中华人民共和国民法总则》节选

第十三条 自然人从出生时起到死亡时止,具有民事权利能力,依法享有民事权利,承担民事义务。

第十四条 自然人的民事权利能力一律平等。

……

第二十四条　自然人被宣告死亡但是并未死亡的,不影响该自然人在被宣告死亡期间实施的民事法律行为的效力。

《中华人民共和国著作权法实施条例》

第二条　著作权法所称作品,是指文学、艺术和科学领域内具有独创性并能以某种有形形式复制的智力成果。

三、受当事人一方胁迫而为的民事法律行为的效力

【理论简介】

胁迫,是指行为人向被胁迫人预先告知某种不利情况,在后者看来,如果其不发出前者所希望发出的表示,行为人一定会使这种不利情况发生。从该概念中我们可以发现,胁迫中的不利情况是未来的,也就是还未发生的,而不是已然发生的。就胁迫的方式来说,既包括精神胁迫(相对胁迫),也包括绝对胁迫(直接身体强制)。作为民法的特别法,《中华人民共和国合同法》对于合同无效的情形进行了限制,《中华人民共和国合同法》第五十二条第一款对于合同无效的认定,是以损害国家利益为条件的。也就是说,当胁迫行为发生后,如果该行为并不损害社会公共利益,那么不能将其认定为无效。如果只是将该法中所说的效力瑕疵解释为精神上的胁迫,那么更加严重的抹杀表意人表意自由的直接身体强制似乎得不到很好的规制。因此,不妨对"胁迫"进行扩大解释,使其包括正在实施的身体强制。因为在连续的身体伤害中带来的危险比通过口头表达的预告危险更加紧迫,所以这样理解并无不妥。

当事人胁迫,是指当事人一方以预告不利情况,迫使另一方在违背真实意思的情况下做出法律行为。胁迫行为的构成要件:第一,胁迫人主观上是故意的,也就是说,胁迫人想要用胁迫行为使得被胁迫人的表意与自己的内心意思一致,而不包括过失。第二,需要有胁迫行为的存在。笔者认为,对该胁迫行为的理解,不应当仅限于精神上的胁迫,而应该作扩大解释行为人进行连续的身

体伤害,实际上是更加紧迫的危险,相对于口头的、书面形式的胁迫,这是属于以肢体行为方式进行的胁迫。第三,胁迫是非法的,其非法性是通过手段、目的来进行认定的。如果进行胁迫的行为是违反法律规定的,那么该行为自然是非法的;反之如果该行为的手段、目的都是合法的,那么就不具有违法性,如当事人一方拖欠工资,另一方通过向法院起诉的方式来获得报酬,该行为自然不具有违法性。第四,因果关系,即被胁迫者作出意思表示是胁迫行为所造成的。在认定胁迫行为是否足以导致被胁迫者做出意思表示的时候,要运用主观与客观相结合的认定方法,一方面以正常人的视角分析面对胁迫行为,被胁迫人会作何反应;另一方面,也要结合被胁迫人自身的特殊之处。

根据《中华人民共和国合同法》第五十四条规定:"一方以欺诈、胁迫的手段或者乘人之危,使对方在违背真实意思的情况下订立的合同,受损害方有权请求人民法院或者仲裁机构变更或者撤销。"所以,在不损害国家利益的情况下,被胁迫的相对人有权进行变更或者撤销,该合同不是当然无效。《中华人民共和国合同法》之所以对《中华人民共和国民法通则》进行了修改,是为了保护相对人的利益。如果甲胁迫乙将一件收藏品以高于市价的价格卖给乙,之后该收藏品价格疯涨,此时该合同是可撤销的合同,这样规定是赋予相对人一种选择的自由,让其可根据当时的各种情势进行抉择。反之,如果法律规定这种形式是无效的,那么在价格上涨后,人们就可以以自己被胁迫为由主张合同无效,这对相对人来说是不公平的,因此《中华人民共和国合同法》对这部分条文进行了修改。其他一些国家也有类似的规定,在德国,因被不法胁迫而做出意思表示的人,可以撤销该表示。

根据《中华人民共和国合同法》的规定,一方当事人存在胁迫行为,另一方享有撤销的权利,他可以请求法院或者仲裁机构进行变更或者撤销。如果相对于行使撤销权,则该行为自始不发生法律效力。就撤销权的对象来说,被胁迫作出意思表示的撤销权的主体是被胁迫方,只有他才享有撤销权,胁迫方无权进行撤销,因为是他对其他人的意志进行了"干扰"。就撤销权的内容来说,被胁迫人可以请求撤销该意思表示,也可以请求改变该意思表示,这由被胁迫人自己决定。就撤销权的行使期限来说,被胁迫人应当在知道或者应当知道胁迫事由之日起一年内行使,超过一年没有行使,其撤销权灭失。

【典型案例】

张某之子张某(子)考上了 A 市的一所重点中学,为了方便照顾儿子,张某在 A 市买了一套住房,全家搬迁到 A 市居住,并经营着一家超市。由于张某夫妇经营有方,超市生意十分火爆。

两年后,在 A 市经营连锁超市的广韵公司多次派人与张某商谈,要求张某将超市转让给该公司。由于经营状况良好,张某不愿意转让超市。而后,广韵公司董事长何某亲自出面接洽,张某还是没有答应。不久,张某的超市就多次出现顾客当场指责超市出售假货的事情,给超市带来了一些负面影响。这样的局面持续了一段时间,何某又亲自上门要求转让,张某还是未答应,何某悻悻而归,但走时留下话:"你不要敬酒不吃吃罚酒。"后来,张某的超市接连几天发生暴力事件,生意一落千丈。接着何某带着十几个团伙成员,来到张某的超市,再次要求张某转让超市,还说知道张某的儿子叫张某(子),在某中学读书,张某为了家人的安全,不得已以极低的价格将超市转让给广韵公司。

九个月后,何某及其团伙成员因从事犯罪活动被全部缉拿归案。张某得知后,以广韵公司为被告向法院提起诉讼。

【分析】

这是一个关于胁迫的案例。

本案中,为了获得超市的所有权,广韵公司多次派人与张某接触,张某多次表示自己不愿意转让超市的真实想法。为了达到目的,广韵公司先后实施了损害张某的超市的声誉的暴力行为,以张某之子张某(子)的安全进行胁迫。这些行为最终促使张某被迫以低价转让该超市。综合全案,广韵公司派人实施的这一系列违法行为主观上都是故意的,就是想要张某将该超市的所有权转让给自己。广韵公司实施的一系列行为都是违法行为,其毁损超市声誉、制造暴力事件、口头威胁的行为,都是想要压制张某的真实意愿,想在不平等协商的基础上达成协议,这些行为违背了民法中自愿的基本原则,属于违法行为。另外广韵公司的一系列行为与张某转让超市的行为之间有因果关系,正是广韵公司的一系列行为使得张某产生了恐惧心理,为了家人的安全,张某不得已转让超市,因此广韵公司的行为构成胁迫当事人。按照《中华人民共和国合同法》的规定,张某可以在知道胁迫事由之日起一年内行使撤销权,其可以通过申请仲裁或者向法院提起诉讼的方式来撤销该合同,被撤销后,买卖合同自始不发生法律效力。

【法条链接】

《中华人民共和国民法总则》节选

第一百五十条 一方或者第三人以胁迫手段,使对方在违背真实意思的情况下实施的民事法律行为,受胁迫方有权请求人民法院或者仲裁机构予以撤销。

《中华人民共和国合同法》节选

第五十二条 有下列情形之一的,合同无效:
(一)一方以欺诈、胁迫的手段订立合同,损害国家利益;
(二)恶意串通,损害国家或者第三人利益;
(三)以合法形式掩盖非法目的;
(四)损害社会公共利益;违反法律、行政法规的强制性规定。
……
第五十四条 下列合同,当事人一方有权请求人民法院或者仲裁机构变更或者撤销:
(一)因重大误解订立的;
(二)在订立合同时显失公平的。
一方以欺诈、胁迫的手段或者乘人之危,使对方在违背真实意思的情况下订立的合同,受损害方有权请求人民法院或者仲裁机构变更或者撤销。
当事人请求变更的,人民法院或者仲裁机构不得撤销。

《中华人民共和国民法通则》节选

第五十八条 下列民事行为无效:
(一)无民事行为能力人实施的;
(二)限制民事行为能力人依法不能独立实施的;
(三)一方以欺诈、胁迫的手段或者乘人之危,使对方在违背真实意思的情况下所为的;

（四）恶意串通，损害国家、集体或者第三人利益的；

（五）违反法律或者社会公共利益的；

（六）以合法形式掩盖非法目的的。

无效的民事行为，从行为开始起就没有法律约束力。

四、隐私权

【理论简介】

隐私权是指公民享有的私人生活安宁与私人信息依法受到保护，不被他人非法侵扰、知悉、搜集、利用和公开等的一种人格权。隐私权最早是由美国律师塞缪尔·沃伦和路易斯·布兰代斯在《哈佛法学评论》上发表的论文《隐私权》中提出。隐私权的提出一开始是为了谴责窃取他人私生活信息的新闻记者。随着世界性人权运动的开展，隐私权逐渐被各国所重视。隐私权体现了多种价值，如自由、秩序等。隐私权体现了自由价值，每个人的私人生活安宁、私人信息都受到法律的保护，并以此排除他人的干涉，这种排除外来障碍的属性维护了个人的自由。另外，隐私权还体现了秩序价值，隐私权的规定使得知情权与隐私权之间达到了一种制衡的关系，对于维护社会秩序具有重大影响。

隐私权具有以下几个方面的特征：第一，隐私权的主体是自然人，因为隐私权涉及的是个人的精神生活，所以其他主体无隐私权之说；第二，隐私权的客体包括私人生活安宁和私人生活信息。只要未经公开，自然人不愿意公开、披露的信息都构成隐私的内容；第三，隐私权的保护范围受公共利益的限制，为了维护公共利益，在特定情况下有必要对个人的隐私权进行约束；第四，隐私权具有可放弃性。在不妨害社会公序良俗、不损害社会公共利益的情况下，权利人可以对个人的隐私进行披露。

隐私权的内容包括个人生活安宁权、个人生活信息保密权、个人通讯私密权、个人隐私使用权。侵犯隐私权的方式多种多样，如窥探他人的私生活，侵扰他人正常的生活安宁，或在知悉他人隐私后，未经他人允许而披露。认定侵害隐私权责任时应该适用侵权责任的构成要件，主观方面具有过错。

【典型案例】

付某在上海市某医院被诊断为早孕，在朋友李某的陪同下到该院做无痛人流手术。手术中，医院组织了八九名医学院的男女学生，对手术过程进行了教学观摩。这些实习生进入手术室时，在门口等待的李某就此向值班医生提出质疑，医生说已经征得了付某的同意。手术结束后，李某询问付某是否同意让见习医生观摩，付某当即否认了此事。随后两人一起找值班医生，可是医生只是表示病人同意了，但不肯当面对质。付某遂一纸诉状将医院告至区法院，要求医院向其赔偿医疗费、交通费和精神损害抚慰金等共计三万元。法院认为，女性的人工流产属于个人私密信息，被告将原告的人工流产过程及生殖器官暴露于与原告手术无关的人员，故原告的隐私权受到了侵犯。

【分析】

这是一个关于隐私权的案例。

本案中，付某被诊断为早孕，到医院做无痛人流手术。首先，进行堕胎手术的事情本身就具有私密性，该事可能会涉及付某的声誉。同时，无论是人工流产过程还是生殖器官都直接涉及付某的个人隐私。医生及相关的医务人员因为其职业的需要而进行手术，其对付某个人私密信息的获知不可避免，该行为不具有违法性。但是医院未经付某同意，安排医学院实习生观摩手术过程，该行为导致付某的私密信息被与手术无关的其他人获知，该行为侵害了付某的隐私权，具有违法性。其次，该行为具有损害事实，付某的个人私密信息已经泄露，其人格利益已经遭受损害。再次，就因果关系来说，正是医院的行为导致了付某的私密信息被泄露，两者存在因果关系。最后，医院明知此举会导致付某的隐私被他人获知，却仍在未取得其同意的情况下安排医学院实习生观看手术，其主观上是存在故意的，具有过错。综上，医院的行为侵害了付某的隐私权，其应该承担民事责任。医院作为从事疾病诊疗的事业单位，每天都会接触到很多就诊者的私密信息。如何处理好疾病诊疗、科研、教学之间的关系是其需要着重关注的问题。

【法条链接】

《中华人民共和国民法总则》节选

第一百一十条　自然人享有生命权、身体权、健康权、姓名权、肖像权、名誉权、隐私权、婚姻自主权等权利。

《最高人民法院关于确定民事侵权精神损害赔偿责任若干问题的解释》节选

第二条　自然人因下列人格权利遭受非法侵害,向人民法院起诉请求赔偿精神损害的,人民法院应当依法予以受理:

(一)生命权、健康权、身体权;

(二)姓名权、肖像权、名誉权、荣誉权;

(三)人格尊严权、人身自由权。

违反社会公共利益、社会公德侵害他人隐私或者其他人格利益,受害人以侵权为由向人民法院起诉请求赔偿精神损害的,人民法院应当依法予以受理。

《中华人民共和国侵权责任法》节选

第二条　侵害民事权益,应当依照本法承担侵权责任。

本法所称民事权益,包括生命权、健康权、姓名权、名誉权、荣誉权、肖像权、隐私权、婚姻自主权、监护权、所有权、用益物权、担保物权、著作权、专利权、商标专用权、发现权、股权、继承权等人身、财产权益。

五、地　役　权

【理论简介】

地役权,指以他人土地供自己土地便宜之用的权利。地役权制度产生于古罗马。地役权制度之所以能产生,是源自于土地的私有化以及资源的相对稀缺性。在古罗马,土地虽然经历了由公有到私有的转化,但是为了使得土地的应有作用被充分发挥,有必要将之前公有制中对土地的共同利用的情况予以延续,这样土地地役权便随之产生了。在这之后出现了城市地役权。对于地役权的目的进行理解的时候,应当将其与相邻关系进行区分。相邻关系的出发点是公平正义,是为了行使不动产使用权所必须具备的,是最低限度的要求。而地役权则不然,其是高标准的要求,之所以对别人的权利施加一定的限制,并不是为了自身权利的行使,而是为了提升自身不动产的价值。就地役权的行使方式上,一种情况是以某种方式利用别人的不动产,另一种情况是对别人的不动产施加某种限制。德国《民法典》对此规定得比较清楚,"一块土地可以为另一块土地的现时所有人的利益,以这样的方式被设定负担,即另一块土地的现时所有人得在个别关系中使用该土地,或一定的行为不得在该土地上被实施,或某项权利的行使被排除,而该权利系因被设定负担的土地的所有权而对另一块土地发生的。"法国《民法典》对此有类似的规定,"役权系指为供他人不动产的使用或便利而对一个不动产所加的负担。"

就地役权的取得方式来说,包括依据法律行为的取得和法律事实的取得。就第一种方式来说,当事人可以通过合同的方式来取得地役权,根据我国《物权法》的规定,设立地役权应当采用书面合同的形式。此外,当事人还可通过遗嘱等非法律行为的方式来获得地役权。地役权设立后可以进行登记,当事人要求登记的,可以向登记机构申请地役权登记;未经登记,不得对抗善意第三人。物权法实行登记对抗主义。所谓登记对抗主义,主要指不登记不得对抗不知道也不应知道土地设有地役权而买受了该土地的第三人。地役权自合同成立时产生,但是为了保护第三人的利益,使得地役权具有对外效力,就必须进行登记。反之,如果地役权没有进行登记,那么第三人会认为该标的无任何负担,其是以正常的价格进行的买入。此刻继续承认地役权人的权利,则对标的物的买受人不利,所以地役权的设定只有在进行登记的情况下才能对抗善意第三人。

【典型案例】

祥安房地产开发公司拍得 A 市河畔一块土地,准备以"观景"为理念设计并建造一所高层观景住宅楼。但该地前面有一平房制鞋厂,为了该住宅楼业主能在房间里欣赏河畔风景,双方约定:制鞋厂在 30 年内不得在该土地上兴建两层楼以上建筑;作为补偿,祥安房地产开发公司每年向制鞋厂支付 30 万元。该地役权合同未在登记机关登记。4 年后,制鞋厂将该土地使用权转让给了富景公司,制鞋厂未向富景公司提及其与祥安房地产开发公司的协议。富景公司在该土地上动工修建四层花园洋房,祥安房地产开发公司得知后,便要求富景公司立即停止兴建。但遭到拒绝,祥安房地产开发公司于是向法院提起诉讼,请求法院判决富景公司停止施工,同时制鞋厂承担违约责任。

【分析】

这是一个关于地役权的案例。

本案中,祥安房地产开发公司与制鞋厂签订了地役权合同,约定制鞋厂在 30 年内不得在该土地上兴建两层以上建筑。双方就设定地役权达成了合意,并签署了合同,地役权自双方签订合同时设立。但是双方并未就该地役权合同到登记机关登记,也就是说,该地役权不具有对抗善意第三人的效力。之后制鞋厂将土地使用权转让给了富景公司,合同签订时,制鞋厂并未将该土地上设立了地役权的相关情况告知富景公司。富景公司不知道也不应当知道该土地上已经设立了地役权,因此富景公司是善意第三人。富景公司有权在不妨害相邻权人的相邻权的情况下在该土地上建设花园洋房,祥安房地产开发公司无权要求富景公司履行该地役权合同的义务,即无权要求富景公司停止建设。虽然祥安房地产开发公司无权要求富景公司履行地役权合同,但是其可以要求制鞋厂根据其违约行为给自己带来的损失进行损害赔偿。这样才能在维护地役权合同当事人利益的同时,兼顾第三人的利益,保护交易的安全,促进社会经济的发展。

【法条链接】

《中华人民共和国物权法》节选

第一百五十七条 设立地役权,当事人应当采取书面形式订立地役权合同。

第一百五十八条 地役权自地役权合同生效时设立。当事人要求登记的,可以向登记机构申请地役权登记;未经登记,不得对抗善意第三人。

六、同时履行抗辩权

【理论简介】

同时履行抗辩权是指在双务合同中,如果没有先后履行顺序的,一方在对方未为对待给付之前,有权拒绝其相应履行请求。同时履行抗辩权反映了商品交换规律。在交易中,最普遍的状态就是钱货两清、即时清结。赋予双务合同中的当事人抗辩权,目的在于保护其利益,维护交易安全,防止其履行义务后得不到对待给付。具体来说,同时履行抗辩权具有两个方面的目的。其首要目的在于强制清偿,也就是说,基于同时履行抗辩权,被对方(债权人)要求履行的债务人,有权迫使对方履行对方待给付义务。同时履行抗辩权强调的是在合同履行过程中双方的相互制约,一方如果要求对方向自己履行义务,那么他自己就必须先行给付。同时履行抗辩权的第二个目的在于保护自己的利益,确保自己债权的实现。防止一方履行义务后,对方由于资不抵债等情况无法履行对待给付义务。

就同时履行抗辩权的构成条件来说,主要包括以下几个方面:首先,当事人双方必须是基于同一双务合同而互负债务。非双务合同不存在对待给付的问题,也就不存在同时履行抗辩权。另外,该对待给付义务是只是存在于一个合同之中,如果是两个合同,即便两者关系密切,也不得主张同时履行抗辩权。这里所说的债务,一般情况下只包括主给付义务,而不包括从给付义务。也就是说,只要一方履行了自己的主给付义务的情况下,他就可以要求对方进行对待给付,而不要求他必须还要履行从给付义务,但是如果该从给付义务的履行会直接关系到对方合同目的的实现的,那么从给付义务也必须同时履行。其次,还要求当事人双方的债务是有效的并且都已届清偿期。这一点主要是为了对同时履行抗辩权与先履行抗辩权、不安抗辩权进行区分。同时履行抗辩权的存在以合同的有效存在为前提。另外还要求双方互负债务的清偿期均已届满,如果只是一方的清偿期限届满,该方以对方尚未履行义务进行抗辩,该行为就侵犯了对方的期限利益。因此,同时履行抗辩权中双方所负的债务必须是都已届清偿期的。再次,必须以对方未履行债务或者未提出履行,以及履行不符合约定的前提。同时履行抗辩权以对方未履行或者未完全履行为条件。同时履行抗辩权指向的标的应该与对方尚未履行的部分对等。如果对方完全未履行,那么抗辩权人可以进行完全不履行的抗辩。但是如果对方已经履行一部分,那么抗辩权人不得进行完全不履行的抗辩。最后,还要求对方的给付是可能履行的。换句话说,如果对方已经无履行合同的可能,如特定标的物灭失,这种情况下合同的存在已无必要,则适用合同解除的规定,如果继续进行同时履行的抗辩已无现实意义。

同时履行抗辩权其实是对违约的除外规定,其根本目的在于维护交易的安全。合同的签订和履行应该符合公平正义原则。在双务合同中,如果双方的债务的履行期均已届满,未履行合同义务的一方不得请求对方为对待给付义务,也不得请求对方承担违约责任。任何一方在自己未履行义务的情况下请求对方履行义务无疑都会加重对方的风险。此时如果双方都不履行合同义务,似乎双方都应该承担违约责任,但是此时双方互相追究违约责任已无意义,因此需要赋予当事人以抗辩权。

【典型案例】

2015年9月,万盛公司与宝丰公司签订了一项房屋买卖合同,合同约定万盛公司于2016年6月1日向宝丰公司交付房屋200套,并办理登记手续,宝丰公司则向万盛公司分3次付款:第一期支付4000万元,第二期支付6000万元,第三期则在2016年6月1日万盛公司向宝丰公司交付房屋时支付1亿元。在签订合同后,宝丰公司按期支付了第一期、第二期款项,共计1亿元。

2016年6月1日,万盛公司将房屋的钥匙移交宝丰公司,但并未立即办理房产所有权移转登记手续。因此,宝丰公司表示剩余款项在登记手续办理完毕后再付。在合同约定付款日期(2016年6月1日)10日后,宝丰公司仍然没有付款,万盛公司遂以宝丰公司违约为由诉至法院,请求宝丰公司承担违约责任。宝丰公司则以万盛公司未按期办理房产所有权移转登记手续为由抗辩。

【分析】

这是一个关于同时履行抗辩权的案例。

本案中,万盛公司与宝丰公司签订房屋买卖合同,约定万盛公司向宝丰公司交付房屋200套,并办理房屋登记手续。宝丰公司则分3次向万盛公司支付购房款,最后一次以万盛公司交付房屋为条件。在该房屋买卖合同中,交付200套房屋并办理房屋登记手续与支付2亿元的购房款形成对待给付关系,原本应该同时履行。只是根据双方的约定,由宝丰公司先支付1亿元,在第三次付款时,万盛公司才交付房屋并办理房屋登记手续,法律尊重当事人的意思自治。本案中合同的标的物是房屋,属于不动产买卖合同。售房一方除了交付房屋,还要进行产权转移登记,产权登记属于主给付义务的内容。因此,根据合同约定,在2016年6月1日,万盛公司不仅应当交付房屋,还应当为宝丰公司办理房屋登记手续。但是万盛公司实际上并未为宝丰公司办理房屋产权登记手续,房屋的所有权并未发生转移,该行为致使宝丰公司订立合同的目的不能实现。因此,宝丰公司可以行使同时履行抗辩权以拒绝承担违约责任,这样才不会加重单方所面临的风险,才能实现双方利益的均衡。

【法条链接】

《中华人民共和国合同法》节选

第六十六条　当事人互负债务,没有先后履行顺序的,应当同时履行。一方在对方履行之前有权拒绝其履行要求。一方在对方履行债务不符合约定时,有权拒绝其相应的履行要求。

七、表见代理

【理论简介】

表见代理是无权代理人因为具有授予代理权的权利外观而使得相对人发生误认并与之进行法律行为,法律使该法律行为产生与有权代理相同的法律效果。表见代理产生于19世纪末20世纪初的德国,是伴随着资本主义国家从自由资本主义过渡到垄断资本主义出现的。国内的统一,资本主义生产关系的确立,各地区之间的贸易障碍被打破,商品经济的空前繁荣,诚实信用、善良风俗观念的影响,个人与社会利益的逐渐融合,外观主义方法论的诞生,这些都催生了表见代理制度。表见代理制度的产生,究其根源,是为了适应商品经济的发展,保护交易安全。在英美法系国家,外表授权被认为是代理权产生的原因之一。所谓外表授权,就是代理人本身并没有被授权,但是具有使人产生误认的表象,这一表象使得表见代理的性质发生了变化,使它变成了有权代理。而在大陆法系的国家,表见代理则是无权代理,只是法律将其法律效果拟制为与有权代理相同。梁慧星教授对表见代理进行的界定是:表见代理本属于无权代理,但因本人与无权代理人之间的关系,具有授予代理权的外观,即外表授权,致相对人相信其有代理权而与其发生法律行为。笔者支持梁慧星教授的观点,也就是说,表见代理是一种无权代理。就其本质来说,表见代理行为并没有获得被代理人的授权,不管该行为是否是真正有利于被代理人的,这种代理行为都是不满足被代理人的心理预期的,其本身并不满足代理的构成要件。之所以法律使其产生与有权代理相同的法律效果,在于维护交易的安全,提高交易的效率。只要法律行为的相对人为善意、不知或者不应知其为无权代理,那么为了保护善意的相对人的利益,就应该使得该行为的结果与有权代理的结果相同。

就表见代理的构成要件来说,一般应该包括如下几个方面的内容:① 代理人没有代理权,具体来说就是行为人在行为的当时对于所实施的代理行为无代理权,而不管行为人在行为之前或者之后取得实施该代理行为的代理权,也不论行为人在行为的时候是否具有实施其他代理行为的代理权。② 表见代理的代理人具有代理权的权利外观。在认定该构成要件过程中,也应采用主客观相统一的方法。也就是说,一方面要看该权利外观在该行业的一般交易行为中被认同的程度,其因行业的种类不同而存在差异;另一方面,要结合实际案件中因为特定情况给交易相对人防范程度、信赖程度所带来的影响,例如,被代理人的业务员作为该公司的代理人曾经多次与相对人订立合同,则相对人更容易产生误认。③ 相对人与行为人成立法律行为。也就是说,该行为成立并产生法律后果,如果双方只是进行磋商,并无结果,则该行为并不构成表见代理。法律行为的成立还要求该行为不违反法律、社会公德等。④ 须相对人为善意。表见代理要保护的是善意的相对人,这一点与善意取得一致。当其尽了谨慎注意的义务之后,依然产生认识上的错误,那么其主观上是不存在过错的。为了维护市场交易的安全,从市场经济的长远利益出发,法律使得这种基于善意而进行的法律行为与有权代理的行为产生相同的法律后果。反之,如果相对人是恶意的,也就是明知行为人为无权代理,仍然与其实施民事行为,或者应当知道行为人为无权代理却因过失而不知,那么就不构成表见代理。

表见代理的法律后果是代理行为有效,该代理行为对被代理人产生约束力。在承担了后果之后,被代理人可以根据其与代理人之间的内部基础关系或者侵权关系向无权代理人请求赔偿。

【典型案例】

王某为兴业建设公司某工程的实际承包人。2015年10月,王某与齐泰工程公司签订一份汽车起重机租赁合同,约定向该工程公司租赁汽车起重机,并在合同上加盖了兴业建设公司该工程项目部的公章。王某在支付4万元押金后,一直未支付汽车起重机的租金及运费,齐泰工程公司多次索要不成,遂将兴业建设公司告上法庭,要求该建设公司支付租金、运费及违约金共计40余万元。

庭审中,兴业建设公司辩称,其公司从来没有与齐泰工程公司签订过租赁合同,也没有收到过租赁物,其公司也从未支付过所谓的押金,而且齐泰工程公司提供的合同中的公章是假的,不是兴业建设公司的公章,请求法院驳回齐泰工程公司的诉请。

兴业建设公司提出鉴定申请,但法院认为无须技术比对即可辨明合同中所盖的印章系伪造印章盖印,因此对兴业建设公司的鉴定申请未予准许。

法院认为,对齐泰工程公司提供的租赁合同中的印章,兴业建设公司虽不予认可,但对合同中签名的王某的身份予以认可。王某是兴业建设公司工程的承包人,有权利代表公司对外签订与工程有关的租赁合同,即便公司内部没有授权,工程公司也有理由相信王某的行为代表兴业建设公司,因此,租赁合同对兴业建设公司有约束力。齐泰工程公司提供的证据表明已将租赁物送至兴业建设公司施工工地,兴业建设公司虽有异议,但其不能提供反驳证据,因此对兴业建设公司的该抗辩意见不予采信,故法院判决兴业建设公司应向齐泰工程公司支付相应款项。

【分析】

这是一个关于表见代理的案例。

本案中,王某作为兴业建设公司某工程的承包人,向齐泰工程公司租赁汽车起重机应当取得兴业建设公司的授权。但是实际上其并没有取得该授权,兴业建设公司对于租用汽车起重机之事根本不知晓,因此齐泰工程公司就租赁汽车起重机一事是无权代理人。就表见代理的第二个构成要件来说,王某作为兴业建设公司工程的承包人,可以在获得兴业建设公司的授权委托的情况下代为租赁汽车起重机,这在本行业内也属一般情况。另外王某还提供了盖有兴业建设公司印章的合同,因此王某具有获得代理权的权利外观。就构成要件的第三个方面来说,王某最终与齐泰工程公司达成了汽车起重机的租赁合同,汽车起重机已经送至兴业建设公司的施工工地,该汽车起重机的租赁合同不具有违反法律、善良风俗等的无效事由,这些足以表明该法律行为已经作出并且产生了一定的后果。最后就是作为相对人的齐泰工程公司的主观方面的判断,综合全案,我们发现,王某作为兴业建设公司某工程的承包人,在获得授权的情况下,其可以代表兴业建设公司对外签订与建设施工相关的一系列合同,因此其具有代理权外观。表见代理制度是意思自治制度的重要补充,为了市场经济的整体利益,有必要在意思自治之外规定表见代理制度,以牺牲被代理人的一部分利益来达到个人利益与社会利益的协调并存。

【法条链接】

《中华人民共和国民法总则》节选

第一百七十二条　行为人没有代理权、超越代理权或者代理权终止后,仍然实施代理行为,相对人有理由相信行为人有代理权的,代理行为有效。

《中华人民共和国合同法》节选

第四百零六条　有偿的委托合同,因受托人的过错给委托人造成损失的,委托人可以要求赔偿损失。无偿的委托合同,因受托人的故意或者重大过失给委托人造成损失的,委托人可以要求赔偿损失。

受托人超越权限给委托人造成损失的,应当赔偿损失。

八、不当得利

【理论简介】

不当得利是指没有合法根据,取得不当利益,造成他人损失的事实。不当得利这一概念源于罗马法,查士丁尼在位时期在立法及其法律汇编活动中,对历代罗马法学家的法律学说进行汇编并摘要成册的《学说汇纂》中就有涉及不当得利问题的简要论述。例如,法学家 Pomonius 论述,"按照法律的性质,任何人以另一人的损失与伤害而获益是不公平的。"他还指出,"因为按照自然公正,任何人不应以另一人受损而使自己受益。"但是令人遗憾的是,当时不当得利只是作为一种一般的思想观念或原则,其并未成为一项法律规则与具体法律制度,不当得利的适用范围非常狭窄。不当得利作为引起债务发生的法律事实,是属于行为还是事件,学界对此有不同的观点。一部分学者认为,它属于行为,其是个人意志的产物。另外的学者认为,行为和事件都会产生不当得利,意志并不是不当得利的构成条件。不当得利是有待纠正的不正常现象。也就是说,不当得利强调的是一种状态,一种为法律所否定的状态。

就不当得利的构成要件来说,主要包括以下几个方面的内容:首先是一方获得利益。也就是说一方当事人因一定的事实结果而得到一定的财产利益,包括财产的积极增加和消极增加。财产的积极增加包括财产权利的取得、占有的取得、财产权利的扩张等。财产的消极增加主要包括本应该有的花费没有产生,本该承担的债务未承担以及所有权上应设定负担的而未设定等。其次是他人受到损失。这一点主要是与上一点相对应,这既包括积极损失也包括消极损失。积极损失是指现有财产的减少。消极损失是指财产本应增加而未增加。再次是一方受益与他方受到的损失之间存在因果关系。一方受到的损失是由于另一方取得不正当利益造成的,二者就存在因果关系。不要求获益与受损同时发生。最后是一方获得利益没有合法根据,包括取得利益时没有合法根据,也包括取得利益时有合法根据,但是其后该根据丧失。

不当得利由于其本身是为法律所否定的,所以其会产生一定的法律义务,也就是不当得利之债。受有损失的一方享有不当得利返还请求权。根据获益人是善意还是恶意,所制定的不当得利的返还范围也是不一样的。当受益人是善意时,其返还的范围仅限于现存利益。相反,如果受益人是恶意的,其返还的利益为取得的全部利益。如果受益人开始时为善意,之后转化为恶意,那么其返还的利益为转化为恶意之后取得的利益。

【典型案例】

原告刘某东经朋友介绍与被告张某相识,被告张某曾多次向原告刘某东借钱,均按时归还,原告刘某东比较信任被告张某。被告张某因为信用卡借款到期,没时间到银行网点排队还款,2015年10月,被告将2万元现金交给原告,请求原告通过其网银转账至被告的账户2万元。原告于当天进行网上转账,从自己的账号汇款至被告的账号,因电脑故障,原告不慎操作两次,导致多汇了万元,原告于是电话联系被告,但被告之后未予返还,故原告向本院起诉,请求被告返还多汇的款项及利息。

【分析】

这是一个关于不当得利的案例。

本案中,被告因为没有时间到银行网点排队还款,将2万元现金交给原告,请求其通过网银转账给被告的账户。因为操作失误,原告先后两次总共向被告汇款4万元。就原告第一次向被告转账的2万元来说,被告的获得是正当的。但是就原告第二次向被告进行转账来说,被告获得的2万元构成不当得利。就这2万元来说,是被告利益的积极增加。而原告则表现为财产的直接损失。被告获得该2万元与原告受到的损失之间存在因果关系,正是该操作失误进行的转账导致了原告受损而被告获益。另外,被告获得的额外的2万元没有合法的根据。综上,被告因原告第二次转账所获得的2万元是一种不正当、不合理、不为法律所肯定的法律事实,构成不当得利。被告负有返还不当得利的义务。该事实发生之后,原告曾经电话联系被告,但被告仍未返还,因此可以断定,被告主观上是存在恶意的。因此,被告负有返还其所获得的全部利益的义务。

【法条链接】

《中华人民共和国民法总则》节选

第一百二十二条　因他人没有法律根据,取得不当利益,受损失的人有权请求其返还不当利益。

九、饲养动物致害责任

【理论简介】

饲养动物致害责任是指人工饲养的动物造成他人损害时,动物的饲养人或管理人应承担的民事责任。《民法通则》颁布以来,在实务中,饲养动物致害案件经过了从用作农耕的家畜伤人到城市居民饲养的宠物伤人的发展历程。法律之所以将饲养动物致损界定为一种特殊的侵权类型,原因就在于动物本身就是一种危险的来源,而该行为有可能并不受人的控制,其自身独立的行为就会导致他人的权益受到损害。但是动物自身无法承担责任,其不具有民事主体资格,不具备承担民事责任的能力。只要是人工饲养的动物造成他人人身、财产受到损害,动物的饲养人、管理人就应该承担无过错的责任,这样才能维护被侵权方的合法利益,对其损失进行赔偿。但是为了避免动物的饲养人、管理人的责任被不适当地放大,《民法通则》《侵权责任法》又规定了一些免责事由,也就是当受害人存在过错以及损害的发生是由于第三人的原因的时候,免除动物的饲养人、管理人的责任。但是如果动物是禁止饲养的烈性犬时,饲养人、管理人则不能免责。

就饲养动物致害责任的构成要件来说,主要包括以下几个方面的内容:第一,致害动物必须是饲养的动物。该动物必须能够为人力所控制,或者说能够被人为地施加一定的影响。对于完全不受人力所控制的动物,不能将之界定为饲养。另外,其不包括微生物。第二,损害是动物的独立动作造成的。如果动物是受人唆使,那么动物此时只是作为一种工具,不属于饲养动物造成他人损害,此时由行为人承担一般侵权责任。第三,须有损害后果的发生。反之,如果不存在损害后果,那么则无所谓侵权责任。第四,动物加害行为与损害后果之间具有因果关系。第五,动物致害责任不以过错为条件,对责任的认定采用无过错责任原则。

【典型案例】

2017年春节,村民们都兴高采烈地燃放鞭炮欢度春节。村民张某、王某觉得总是老一套玩法,没什么意思,想玩得有刺激性。这时,他们发现村民李某家的藏獒拴在一片空地里(系李某家的空宅基地),他们便把一挂1000响的鞭炮点燃后扔到藏獒的身上,藏獒受到惊吓,挣脱绳索,横冲直撞。妇女赵某去邻居家串门,躲闪不及,被藏獒撞倒,致左腿骨折。经医院治疗痊愈,但花去医疗费、护理费等共计3万多元。赵某要求李某赔偿,李某辩说:虽是我的藏獒撞伤你的,但我把藏獒拴在树上,如果不是张某、王某挑逗,根本不会伤人。张某、王某则说:藏獒是李某的,我们只是扔鞭炮玩而已,又没让藏獒撞人。最后赵某诉至法院。

【分析】

这是一个关于饲养动物致害责任。

本案中，造成赵某人身受到损害的是李某家饲养的动物，而不是野生动物。藏獒虽然属于禁止饲养的烈性犬，但是基于该案事实，该藏獒确属李某饲养，李某是饲养人与管理人。虽然藏獒挣脱绳索、横冲直撞的行为是张某、王某造成的，但是张某、王某的行为并不能说是已经支配了藏獒的行为。事实上，藏獒受惊后的行为仍然是其独立的行为。藏獒将赵某撞倒，致使其左腿骨折，表明此案存在损害后果，而且正是藏獒的横冲直撞才导致了这一后果。因此，动物的加害行为与损害后果之间具有因果关系。另外，根据《侵权责任法》第八十条的规定，"禁止饲养的烈性犬等危险动物造成他人损害的，动物饲养人或者管理人应当承担侵权责任。"综上，饲养人李某应当承担赔偿责任。另外，在本案中，张某、王某作为第三人，其故意将鞭炮扔到藏獒的身上，正是该行为导致了藏獒挣脱绳索、横冲直撞。根据法律规定，由于第三人的过错造成损害的，第三人应承担民事责任。在本案中，尽管存在第三人过错，但是其并不能免除饲养人李某的责任，也就是说，张某、王某、李某都应该对赵某遭受到的人身损害承担赔偿责任。

【法条链接】

《中华人民共和国侵权责任法》节选

第七十八条　饲养的动物造成他人损害的，动物饲养人或者管理人应当承担侵权责任，但能够证明损害是因被侵权人故意或者重大过失造成的，可以不承担或者减轻责任。

……

第八十条　禁止饲养的烈性犬等危险动物造成他人损害的，动物饲养人或者管理人应当承担侵权责任。

《中华人民共和国民法通则》节选

第一百二十七条　饲养的动物造成他人损害的，动物饲养人或者管理人应当承担民事责任；由于受害人的过错造成损害的，动物饲养人或者管理人不承担民事责任；由于第三人的过错造成损害的，第三人应当承担民事责任。

合同法篇

一、合同相对性原则

【法理简介】

合同相对性原则是指除非法律、合同另有规定，合同的权利与义务只及于合同的当事人，合同当事人以外的任何第三人不享有合同权利，也不承受合同义务。合同相对性包括合同主体的相对性、合同内容的相对性、合同责任的相对性。合同相对性原则是合同规则和制度的奠基石，也是贯彻意思自治、契约自由的私法精神的体现，合同相对性原则的基本价值在于保障合同以外第三人的权益。

【典型案例】

甲公司与乙公司订立一项粮食购销合同，合同的附则规定："有关交货事宜由丙公司出面协调解决。"合同第五条规定："应在天津某粮库交货。"后来，甲公司因嫌交货地点及交货时间不合适，便找到丙公司，要求变更时间和地点。丙公司即与甲公司达成一份补充协议，协议中将交货地点由天津变更为石家庄，将交货时间由 2015 年 12 月变更为 2015 年 10 月。补充协议订立后，甲公司将该协议送交给乙公司，要求乙公司于 2015 年 10 月将货物发往石家庄某粮库。乙公司收到该协议以后，提出因交货时间提前而无法准备货物，并提出交货地点变更，使其费用增加，甲公司必须补偿差价。双方不能达成协议，甲公司便以乙公司构成违约为由，向法院提起诉讼。

法院经过审理认为，根据合同相对性原则，乙公司的行为不构成违约，不必对甲公司承担违约责任,不支持原告甲公司的诉讼请求。

【分析】

这是一个关于合同相对性原则的案例。

本案中买卖合同的当事人是甲公司与乙公司,而丙公司只是合同关系以外的第三人。丙公司虽然与甲公司订立了补充协议,但是该协议对乙公司产生约束力的前提是丙公司具有乙公司的有效授权,否则该补充协议仅在丙公司和甲公司之间发生效力,对乙公司不具有任何拘束力。因此,本案处理的焦点就在于合同附则中规定的"有关交货事宜由丙公司出面协调解决"是否意味着丙公司具有有效授权,从而使补充协议在甲公司与乙公司之间发生效力。从本案中看,乙公司显然没有对丙公司做出上述授权,所以不能认为丙公司有权代理乙公司订立上述补充协议。由于丙公司并没有获得乙公司的授权,所以无权代理乙公司变更合同。甲公司以其与丙公司签订的补充合同要求乙公司承担违约责任的请求不能成立。

【法条链接】

《中华人民共和国合同法》节选

第八条 依法成立的合同,对当事人具有法律约束力。当事人应当按照约定履行自己的义务,不得擅自变更或者解除合同。

……

第六十四条 当事人约定由债务人向第三人履行债务的,债务人未向第三人履行债务或者履行债务不符合约定,应当向债权人承担违约责任。

第六十五条 当事人约定由第三人向债权人履行债务的,第三人不履行债务或者履行债务不符合约定,债务人应当向债权人承担违约责任。

二、合同法的诚实信用原则

【法理简介】

合同法的诚实信用原则,是指在合同订立、履行、变更、解除等各个阶段,乃至合同关系终止后,合同当事人行使权利、履行义务应当讲诚实,守信用,相互协作配合,不损害他人利益和社会利益等。诚实信用原则,在大陆法系被视为债法中的最高指导原则,有"帝王规则"之称,是一切民事活动都应该遵循的一项基本原则,它适用于物权、债权等各种民事法律关系,尤其在合同法律关系中是一项非常重要的原则。诚实信用原则具有重要意义,它要求合同当事人在正确行使合同权利和履行合同义务中,内心状态要诚实、善意,要按照合同规定全面善意履行合同的义务,行使合同的权利。该原则对于平衡合同当事人之间的权利义务,解决合同当事人之间的纠纷提供了基本依据。诚实信用原则具有解释、评价和补充法律行为的功能。法无明文规定时,诚实信用原则具有解释和补充法律的功能,可以直接用于裁判案件,堵塞法律的漏洞。

【典型案例】

2007年10月2日,原告郭某与被告村委会签订了一份房屋租赁合同,合同约定:房屋租赁期限5年,根据形势变化随时变更;年租金1500元,村里将13千瓦用电权借给郭某使用。2008年7月初,郭某因租赁的房屋年久失修,加之遭受水灾,屋顶漏雨,间墙倒塌,村里又无力维修,故提议出卖。村委会经研究同意将租赁房屋卖给郭某,双方协商价格为3万元,但郭某表示征求家中意见后再定。郭某征求家中意见后,口头表示价钱太贵不买。此后,张某提出购买此房,村委会主任托人询问郭某是否购买,否则就要卖与他人,郭某仍表示不买。村委会便与张某达成协议,将此房以3.2万元的价格(包括17.2千瓦用电权)卖给张某,张某预付了定金1万元。但因郭某租赁房屋未到期,郭某提出继续使用房屋,并不同意归还13千瓦的用电权。村委会经研究决定,以2.8万元的价格将此房卖给张某,用电权由原定17.2千瓦变为4.2千瓦,张某必须允许郭某租用房屋到合同期满,房屋的所有权归张某。2008年9月2日,村委会和张某办理产权转移手续时,郭某也未提出异议。房屋产权转移后,张某维修了房屋。2008年9月21日,张某与郭某达成协议,郭某迁出承租的房屋,张某向其支付损失费2000元,村委会也退给郭某预交的承租费3000元。事后,郭某以村委会将争议房屋租给他,却于2008年8月未经其同意而维修了房屋,并将争议房屋出卖给张某,其是承租人,应享有优先购买权为理由,向某市人民法院起诉,请求将争议房屋优先卖给他。村委会答辩称:郭某提出购买争议房屋以后,双方议定价格为3万元,但事后郭某表示不买,才以3.2万元之价卖给张某。后因与郭某的合同未到期,郭某不同意迁出,村委会才以2.8万元之价将房屋卖给张某,并允许郭某使用房屋到合同期满。在买卖成交及产权转移过程中,郭某均表示不买,且村委会多次征求过意见,郭某均表示不买。故郭某现提出房屋优先购买权没有道理,不应支持。

法院经审理查明,认定上述事实属实。

【分析】

这是一个关于合同法的诚实信用原则的案例。

《合同法》第二百三十条规定:出租人出卖租赁房屋的,应当在出卖之前的合理期限内通知承租人,承租人享有以同等条件优先购买的权利。《最高人民法院关于审理城镇房屋租赁合同纠纷案件具体应用法律若干问题的解释》第二十四条规定:出租人履行通知义务后,承租人在十五日内未明确表示购买的,事后主张优先购买房屋的,人民法院不予支持。本案被告向原告两次作出卖房提议时,原告均明确作出了否定的意思表示。在被告与张某办理产权转移手续时,原告也未提出异议。而且原告还从张某处得到了补偿,从被告处取回了预付租费,原告的行为已经表明其放弃了作为承租人而享有的优先购买权。在张某已经取得房屋所有权并对房屋进行了维修以后,原告又对其所有权提出异议,要求被告将房屋卖给他,明显违背了诚实信用原则。作为承租人在出租人根据法律规定告知其房屋出卖是否行使优先购买权时,未及时行使法律赋予的优先购买权,事后却以此为理由主张自己的权利,显然和《合同法》的诚实信用原则要求合同当事人正确行使合同权利不符。该案中张某作为第三人,根据《物权法》第一百零六条的规定,其是善意第三人,已经取得了村委会卖给其房屋的所有权,作为承租人的郭某,无权再对其房屋的所有权提出自己的主张。

【法条链接】

《中华人民共和国合同法》节选

第六十条　当事人应当按照约定全面履行自己的义务。当事人应当遵循诚实信用原则,根据合同的性质、目的和交易习惯履行通知、协助、保密等义务。

……

第二百三十条　出租人出卖租赁房屋的,应当在出卖之前的合理期限内通知承租人,承租人享有以同等条件优先购买的权利。

《最高人民法院关于审理城镇房屋租赁合同纠纷案件具体应用法律若干问题的解释》

第二十一条　出租人出卖租赁房屋未在合理期限内通知承租人或者存在其他侵害承租人优先购买权情形,承租人请求出租人承担赔偿责任的,人民法院应予支持。但请求确认出租人与第三人签订的房屋买卖合同无效的,人民法院不予支持。

第二十二条　出租人与抵押权人协议折价、变卖租赁房屋偿还债务,应当在合理期限内通知承租人。承租人请求以同等条件优先购买房屋的,人民法院应予支持。

……

第二十四条　具有下列情形之一,承租人主张优先购买房屋的,人民法院不予支持:

（一）房屋共有人行使优先购买权的;

（二）出租人将房屋出卖给近亲属,包括配偶、父母、子女、兄弟姐妹、祖父母、外祖父母、孙子女、外孙子女的;

（三）出租人履行通知义务后,承租人在十五日内未明确表示购买的;

（四）第三人善意购买租赁房屋并已经办理登记手续的。

《中华人民共和国物权法》节选

第一百零六条　善意取得无处分权人将不动产或者动产转让给受让人的,

所有权人有权追回;除法律另有规定外,符合下列情形的,受让人取得该不动产或者动产的所有权:

(一) 受让人受让该不动产或者动产时是善意的;

(二) 以合理的价格转让;

(三) 转让的不动产或者动产依照法律规定应当登记的已经登记,不需要登记的已经交付给受让人。

受让人依照前款规定取得不动产或者动产的所有权的,原所有权人有权向无处分权人请求赔偿损失。当事人善意取得其他物权的,参照前两款规定。

三、合同法的合法原则

【法理简介】

《合同法》第七条规定:"当事人订立、履行合同,应当遵守法律、行政法规,尊重社会公德,不得扰乱社会经济秩序,损害社会公共利益。"明确规定了当事人订立合同必须符合法律规定。合法原则是事关合同效力问题,如果合同内容违反法律强制性规定,可能导致合同无效的法律后果。合同法的合法原则是指合同的内容和形式都需要符合法律规定。首先,内容要合法,包括主体适格、意思表示真实、客体合法。例如,无民事能力人签订的合同没有法律效力,一方当事人受到欺诈而签订的合同不一定生效,当事人买卖毒品则为非法。其次,合同形式要合法,一般情况下,法律没有特别规定的,例如,登记、批准、书面形式,当事人可以自由设立。如果法律明确要求合同必须履行特定要式的,当事人没有履行要式,合同不生效。通常,法律对合同形式限制极少,如专利法规定中国企业向外国企业转让专利权的,需要经过国家专利局的批准,否则转让合同无效。再次,合法原则还包括当事人订立的合同必须遵守社会公德,不得违背社会公共利益,否则该合同无效。

【典型案例】

2008年6月,天津居民王某经朋友赵某介绍,与李某签订房屋租赁合同。合同约定,王某将其面积为60 m² 的临街房屋一间租给李某开办游戏厅,月租金为2000元;开办游戏厅的一切责任由李某承担,与王某无关;李某应先支付2个月的租金,以后按月付租。合同签订后,李某按约支付了7月、8月的租金,但以后并未按月支付租金。同年12月,李某开办的游戏厅因涉嫌赌博活动而被公安机关查封。后王某多次催要9月至12月的租金,李某皆置之不理,2009年3月,王某遂向法院起诉。法院审理中查明,王某在签订合同前,曾向介绍人赵某询问过李某的情况,王某亦亲自问过李某租房的目的。李某告诉他:麻将大家都玩厌了,游戏机还较新奇,这个游戏厅就是给大家一个寻刺激的地方。王某为了避免自己承担责任,遂要求在合同中规定开办游戏厅的一切责任由李某承担,与王某无关。

【分析】

这是一个关于合同法的合法原则的案例。

王某与李某达成的房屋租赁合同是否有效,可以从合同法的合法原则来分析。根据案情,本案中当事人李某与王某在签订房屋租赁合同时,李某是知晓王某租赁房屋的目的是赌博。因为怕牵连自己承担责任,所以在房屋租赁合同中含有开办游戏厅的一切责任由李某承担,与王某无关的这样条款。根据我国《合同法》第七条:当事人订立、履行合同,应当遵守法律、行政法规,尊重社会公德,不得扰乱社会经济秩序,损害社会公共利益。当事人违反了法律规定,未能遵守社会公德,损害了社会公共利益。因此,王某和李某签订的房屋租赁合同是无效的。根据《中华人民共和国民法总则》第一百五十七条规定以及《中华人民共和国合同法》第五十八和第五十九条规定,李某应向王某返还房屋;王某无权向李某要求延付的租金;对于王某已取得的租金,应当没收归国家。

【法条链接】

《中华人民共和国民法总则》节选

第一百四十三条　具备下列条件的民事法律行为有效：
（一）行为人具有相应的民事行为能力；
（二）意思表示真实；
（三）不违反法律、行政法规的强制性规定，不违背公序良俗。
……

第一百五十三条　违反法律、行政法规的强制性规定的民事法律行为无效，但是该强制性规定不导致该民事法律行为无效的除外。
违背公序良俗的民事法律行为无效。
……

第一百五十七条　民事法律行为无效、被撤销或者确定不发生效力后，行为人因该行为取得的财产，应当予以返还；不能返还或者没有必要返还的，应当折价补偿。有过错的一方应当赔偿对方由此所受到的损失；各方都有过错的，应当各自承担相应的责任。法律另有规定的，依照其规定。

《中华人民共和国合同法》节选

第七条　当事人订立、履行合同，应当遵守法律、行政法规，尊重社会公德，不得扰乱社会经济秩序，损害社会公共利益。
……

第五十二条　合同无效的法定情形有下列情形之一的，合同无效：
（一）一方以欺诈、胁迫的手段订立合同，损害国家利益；
（二）恶意串通，损害国家、集体或者第三人利益；
（三）以合法形式掩盖非法目的；
（四）损害社会公共利益；
（五）违反法律、行政法规的强制性规定。
……

第五十八条　合同无效或者被撤销后，因该合同取得的财产，应当予以返还；不能返还或者没有必要返还的，应当折价补偿。有过错的一方应当赔偿对方因此所受到的损失,双方都有过错的,应当各自承担相应的责任。

第五十九条 当事人恶意串通,损害国家、集体或者第三人利益的,因此取得的财产收归国家所有或者返还集体、第三人。

四、要约与要约邀请

【法理简介】

要约是一方向另一方发出的订立合同的意思表示,以订立合同为直接的目的;要约邀请是一方当事人希望对方向自己提出订立合同的意思表示。要约必须包括将来可能订立的合同的主要内容,该内容要具体明确,并含有当事人表示愿意接受要约约束的意思,而要约邀请则不含有当事人接受约束的意思。要约在发出以后,对要约人和受要约人都会产生一定的拘束力。如果要约人违反了有效的要约,将承担法律责任。但要约邀请不是一种意思表示,而是一种事实行为。要约邀请它既不能因相对人的承诺而订立合同,也不能因自己作出某种承诺而约束要约人。要约大多数是针对特定的相对人的,故要约往往采用对话方式和信函的方式,而要约邀请一般针对不特定的相对人的,故往往通过电视、报刊等媒介手段。要约是指对对方当事人作出希望与其订立合同的意思表示,并表明了合同订立的条件;而要约邀请则是向对方当事人作出相关的引导,希望对方能主动发出要约,如招商广告。

【典型案例】

2008年,甲制衣厂认为秋季服装主色调为黑色,想制作一批黑色毛料西装,遂向几家织布厂发电报,电报称:本制衣厂需大量黑色毛料布,如有,请附黑色毛料布样品,我厂将派人前往洽谈购买事宜。有几家织布厂回电,称有大量黑色毛料,并寄去了样品。乙织布厂寄去样品后几天,就送去10000 m黑色毛料布,但甲制衣厂对乙织布厂的布料不太满意,决定不购买这批布料。乙织布厂认为,甲制衣厂向自己发出的电报属要约,自己送布料上门属于承诺,合同因承诺生效而成立,甲制衣厂拒绝接收这批布料属违约行为,应承担违约责任。但甲制衣厂认为自己发出的电报是要约邀请而不是要约,乙织布厂送货上门的行为不属于承诺,而是要约,乙织布厂要求甲制衣厂购买此批布料无法律依据,该厂送货上门所造成的损失应由自己承担。

【分析】

这是一个关于要约和要约邀请问题的案例。

案件中甲制衣厂和乙织布厂的纠纷关键在于明确甲制衣厂发出的电报是要约还是要约邀请。根据案件内容,甲制衣厂发出的电报不符合要约的构成要件,没有包括将来可能订立的合同的主要内容,也没有约束自己的意思表示。仅是表明其需要大量黑色布料,如果有并附上样品,则将派人前往洽谈。甲制衣厂这一行为是邀请他人向其发出要约的行为,是合同预备行为,是否订立合同是需要另行派人前往洽谈来实现的。乙织布厂在寄送样品给甲制衣厂几天后,就送去10000 m黑色布料的行为是要约行为,在甲制衣厂未表示同意购买的情况下,合同并未成立,因此甲制衣厂和乙织布厂之间不存在合同关系。乙织布厂要求甲制衣厂购买此批布料无法律依据,其损失只能由自己承担。本案中关键之处在于乙织布厂错误认为甲制衣厂的发电是要约,未能正确认识要约和要约邀请的区别。

【法条链接】

《中华人民共和国合同法》节选

第十三条 当事人订立合同,采取要约、承诺的方式。

第十四条 要约是希望和他人订立合同的意思表示,该意思表示应当符合下列规定:

(一)内容具体确定;

(二)表明经受要约人承诺,要约人即受该意思表示约束。

第十五条 要约邀请是希望他人向自己发出要约的意思表示。寄送价目表、拍卖公告、招标公告、招股说明、商业广告等为要约邀请。

商业广告的内容符合要约规定的,视为要约。

五、缔约过失责任

缔约过失责任是指在合同缔结过程中,一方当事人违反了以诚实信用原则为基础的先合同义务,造成了另一方当事人的损失,因此应承担的法律后果。古罗马法时期,罗马法中就有保护交易中信赖利益损失的买卖诉权制度,这一制度标志着缔约过失责任制度的萌芽。在古罗马,由于商品经济发展水平有限,对于合同的成立方面进行保护其实并不受重视。但是到了19世纪的德国,商品经济发展到全新的高度,人们的注意力不再停留于合同的履行层面,而是扩展到合同的缔结。德国著名法学者耶林在其主编的《耶林学说年报》第四卷上发表的《缔约上过失、契约无效与不成立时之损害赔偿》一文中指出,与欠缺合意最终达不成合同不同,契约的不成立或未达成如果是由于缔约一方的过错所致,其应当对因信赖契约的成立而遭受损失的一方当事人负赔偿责任。法律所保护的,并非仅是一个业已存在的契约关系,正在发生的契约关系也应该受到保护。

就缔约过失责任的构成要件来说,主要包括以下几个方面的内容:首先是当事人一方违反了先合同义务。先合同义务,是指合同成立之前,订立合同的当事人依据诚实信用原则所承担的忠实、照顾、告知等义务。当事人在订立合同过程中,要依据诚实信用原则妥善地维护对方的利益。反之,如果一方故意隐瞒重要事实或者根本不打算与对方订立合同而只是恶意进行磋商,那么很显然,其就违背了先合同义务。其次是一方因为对方违反先合同义务而受到损害。也就是说,一方违反先合同义务的行为最终给对方造成了损失。如果一方违反先合同义务的行为根本没有对对方造成损失,则无需承担责任。最后,要求违反先合同义务的一方有过错,至少有过失,如果连过失都不算的话,则其无需承担赔偿责任。

关于缔约过失责任的赔偿范围,学界不无争议,有的学者认为缔约过失的赔偿范围应当仅限于信赖利益,如缔约费用、准备履行合同所支出的费用等,王利明教授持此观点。另外,有的学者认为缔约过失的赔偿范围既包括信赖利益,也包括间接损失,所谓间接损失主要指因此而丧失的商机所造成的损失,代表学者有江平教授、魏振瀛教授。笔者认为,可以从责任人是否具有故意入手,如果该行为属于加害型的缔约过失责任,特别是恶意磋商,致使对方放弃与另外一方签订合同的决定,那么应当将间接损失也纳入赔偿范围更能保护相对方的利益。如果这种缔约过失是因为行为人的过失造成的,那么赔偿的范围则应仅限于信赖利益。

【典型案例】

西瓜卖主张某与买主王某拟以 1.2 元/kg 的价格在 A 地成交 10000 kg 的买卖合同时,李某提出愿以更高的价格购买,并请求张某将西瓜运至 B 地,张某同意。王某转而向他人购买了西瓜。之后,张某将西瓜运至 B 地,李某借故拖延,最终没有签订合同。为防止西瓜坏掉,张某无奈以每 0.8 元/kg 的价格将 10000 kg 西瓜卖给他人。由于李某的恶意磋商,张某额外支出了运输西瓜的费用,同时张某丧失了与王某订立合同的机会。为此,张某向法院提起诉讼,请求李某赔偿自己所受的损失。

【分析】

这是一个关于缔约过失责任的案例。

具体到本案中,西瓜卖主张某与买主王某本欲达成买卖合同,没有购买意愿的李某告诉张某其愿意以更高的价格购买该批西瓜,其并没有将内心真意告诉张某,该行为属于恶意磋商,其违反了先合同义务。另外,由于李某的行为,张某最终放弃了与王某订立买卖合同的决定。之后张某遵照李某的要求,将西瓜运至 B 地,但是李某借故拖延最终没有签订合同。最终,张某不得已将西瓜低价出售,李某的行为是张某支出额外运输费、低价出售西瓜的原因,两者存在确定的因果关系。同时,李某主观上是恶意的,其主观上具有过错。综上,李某应当承担赔偿责任,其赔偿的范围不仅包括张某支出的运输费,还包括间接损失,也就是前后两次西瓜售价的差额。

【法条链接】

《中华人民共和国合同法》

第四十二条　当事人在订立合同过程中有下列情形之一,给对方造成损失的,应当承担损害赔偿责任:

(一)假借订立合同,恶意进行磋商;

(二)故意隐瞒与订立合同有关的重要事实或者提供虚假情况;

(三)有其他违背诚实信用原则的行为。

《中华人民共和国民法通则》

第六十一条　民事行为被确认为无效或者被撤销后,当事人因该行为取得的财产,应当返还给受损失的一方。有过错的一方应当赔偿对方因此所受的损失,双方都有过错的,应当各自承担相应的责任。

《中华人民共和国民法总则》

第一百五十七条　民事法律行为无效、被撤销或者确定不发生效力后,行为人因该行为取得的财产,应当予以返还;不能返还或者没有必要返还的,应当折价补偿。有过错的一方应当赔偿对方因此所受到的损失;各方都有过错的,应当各自承担相应的责任。法律另有规定的,依照其规定。

参考文献

[1]　魏振瀛.民法学[M].北京:北京大学出版社,2000:415.

[2]　王利明.民法[M].北京:中国人民大学出版社,2010:537-538.

[3]　王利明.民法[M].北京:中国人民大学出版社,2010:539.

[4]　江平,韩赤风.民法各论[M].北京:中国法制出版社,2009:178.

[5]　魏振瀛.民法学[M].北京:北京大学出版社,2000:412-422.

六、悬赏广告的性质

【法理简介】

悬赏广告性质的认定对解决悬赏广告案件纠纷具有重大意义。2009年5月13日施行的《最高人民法院关于适用〈中华人民共和国合同法〉若干问题的解释(二)》第三条规定:悬赏人以公开方式声明对完成一定行为的人支付报酬,完成特定行为的人请求悬赏人支付报酬的,人民法院依法予以支持。从该司法解释关于悬赏广告的规定可以得知,悬赏广告是指广告人以广告的形式声明对完成悬赏广告中规定的特定行为的任何人,给付广告中约定报酬的意思表示行为。关于该行为的性质,学界存在两种具有代表性的说法,一种是"单方法律行为说",另一种是"合同性质说"。

"单方法律行为说"认为悬赏广告本质上是一种单方法律行为,而不是合同。该学说认为悬赏广告的广告人发出悬赏广告的效力无需他人表示同意即产生法律效力,任何人只要完成悬赏广告中的指定行为即享有报酬请求权,不必准确判定在什么情况下是有效承诺以及承诺的时间问题,可以极大地减轻行为人在求偿时的举证负担。"单方法律行为说"可以避免行为人享有同时履行抗辩权,避免因行为人在对方不履行给付报酬的时候而拒绝完成广告指定行为的弊端。

"合同性质说"认为悬赏广告的性质是契约。该学说认为悬赏广告是广告人以不特定的多数人为对象发出的要约,只要某人完成指定的行为即构成承诺,双方形成合同关系。完成广告悬赏行为的人享有报酬的请求权,广告人负有按照悬赏广告的约定支付报酬的义务。

从实践来看,笔者同意"合同性质说"。因为"单方法律行为说"使悬赏广告人撤销、变更悬赏广告的权利受到了极大的限制,悬赏广告一旦发出即生效,导致严格受到其内容的约束,虽然能有效地保护行为人的权益,可对广告人来说,过于苛刻,使其无法根据实际需要变更其意思表示。实践中,悬赏广告人往往会根据实际情况对悬赏广告的内容作出一定的变更,因此"合同性质说"更好地符合实践的需要。"合同性质说"认为悬赏广告是一项针对不特定人的要约,只要行为人在完成指定的行为之前,还可以根据实际的需要撤销要约,行为人完成指定的行为才形成合同关系。悬赏广告是实践性的有偿行为,行为人需要完成悬赏广告上要求的行为才认为是有效的承诺,否则不会成立有效的合同关系,这样可以较好地维护和平衡双方的利益。

【典型案例】

2013年2月19日,李某在下班途中不慎丢失皮包一只,内含有效证件、贵重物品及现金若干。发现丢失后,李某立即在当地电视台和广播电台连续播发寻物启事,声称对拾到并归还皮包者给付3000元报酬,并留下了自己的联系电话。数天后,拾得者郑某打电话给李某,说拾到他的皮包,但要求其在领回皮包时,必须按其承诺兑现给付3000元的报酬。此时李某否认自己的承诺,只同意适当给付500元。由此郑某以李某不兑现承诺给付3000元报酬为由,不肯返还皮包。李某遂诉至法院。

【分析】

这是一个关于悬赏广告性质问题的案例。

根据悬赏广告的"合同性质说",本案中,李某发出的悬赏广告是针对不特定对象的要约,拾得者郑某根据悬赏广告的内容,只要完成其归还拾得皮包的实践行为,即享有按照悬赏广告的内容获得报酬权。案件中郑某不能以李某不愿意支付全部酬金为由拒绝返还皮包,否则其行为无法构成承诺。因为只有郑某实践完成归还皮包的行为,才能使他们之间的合同关系成立。一旦合同关系成立,则李某也负有完成悬赏行为的义务,即必须按自己的承诺给付郑某3000元的报酬。

【法条链接】

《最高人民法院关于适用〈中华人民共和国合同法〉若干问题的解释（二）》节选

第三条　悬赏人以公开方式声明对完成一定行为的人支付报酬，完成特定行为的人请求悬赏人支付报酬的，人民法院依法予以支持。但悬赏有合同法第五十二条规定情形的除外。

《中华人民共和国合同法》节选

第五十二条　有下列情形之一的，合同无效：
（一）一方以欺诈、胁迫的手段订立合同，损害国家利益；
（二）恶意串通，损害国家、集体或者第三人利益；
（三）以合法形式掩盖非法目的；
（四）损害社会公共利益；
（五）违反法律、行政法规的强制性规定。

七、格式条款的效力

【法理简介】

《中华人民共和国合同法》第三十九条第二款规定：格式条款是当事人为了重复使用而预先拟定，并在订立合同时未与对方协商的条款。随着当今社会的发展，人们交易的行为日益频繁，为了提高合同缔结的效率，格式条款得到了普遍的应用。格式条款有以下特点：第一，缔约双方的经济地位具有不平等性。提出格式条款的一方是具有经济优势地位的一方，现实生活中往往是提供某种商品或服务的企事业单位、政府部门和有关社会团体。他们凭借这种优势的经济地位，以自己的单方面意思表示提供格式条款。第二，格式条款具有重复使用性，体现了提供方为了订立合同而重复使用的目的性。第三，格式条款内容具有单方意志性,其内容不可协商。作为格式条款的相对方,对格式条款的内容要么选择接受,要么予以拒绝。第四,格式条款具有广泛性。与一般的合同订立不同,格式条款内容是向不特定的多数人发出,或者是某一类可能成为承诺的人发出,它面向的对象具有广泛性。

格式条款一旦订入合同,就对合同双方产生约束力,其对合同自由原则的限制非常明显。在决定合同内容方面,合同相对人的意思表示受到严格限制,因为提供格式条款的一方当事人利用自己的优势地位迫使相对人接受这些条件。只要相对人接受了他们,那么对于双方所同意的内容就会被给予完全的效力。因此,我们不能认为格式条款因为其背离了合同自由原则而必然导致无效。但是现实生活中,相对人对于订入合同的格式条款一般不会去阅读或不能轻易理解其内涵、意义及结果,所以,即使相对人同意受格式条款约束,格式条款应以相对人在正常情况下所能预见为限,否则有违民法中的公平合理原则。

我国法律为了保证合同的公平公正性,对格式条款的适用与解释作出了限制。例如,我国《合同法》第三十九条规定:"采用格式条款订立合同的,提供格式条款的一方应当遵循公平原则确定当事人之间的权利和义务,并采取合理的方式提请对方注意免除或者限制其责任的条款,按照对方的要求,对该条款予以说明。"第四十条规定:"格式条款具有本法第五十二条和第五十三条规定情形的,或者提供格式条款一方免除其责任、加重对方责任、排除对方主要权利的,该条款无效。"第四十一条规定:"对格式条款的理解发生争议的,应当按照通常理解予以解释。对格式条款有两种以上解释的,应当作出不利于提供格式条款一方的解释。格式条款和非格式条款不一致的,应当采用非格式条款。"在合同订立的过程中,公平合理地使用格式条款,才能实现对格式合同兴利抑弊的目的,保护相对人的利益。

【典型案例】

2012年3月下旬,某快递有限公司(以下简称当事人)为家住A市B小区的王女士寄送一批韩国食品给她远在内蒙古赤峰市的女儿,她没有选择保价服务。办完交寄手续后,当事人的业务员骑着摩托车在某某路口与一辆电动三轮车相撞,发生交通事故导致食品包裹遗失,从而未将交寄物品送达。当事人与王女士就赔偿问题存在分歧,王女士要求当事人按实际交寄食品的价值赔偿。

当事人对交寄的食品价值没有异议,但表示只能按协议约定赔偿。当时办理交寄物品时签订了一份《快递服务协议》,其中第五条规定"若因本公司的原因造成交寄物损毁、灭失的,本合同将免除本次运费。若寄件人未选择保价,按不超过运费五倍的标准赔偿。"由于无法达成一致意见,王女士遂到A市工商局投诉。经过多次协商、调解,当事人坚持按照协议约定办理。A市工商局立案调查,于2012年5月下旬调查终结,认为当事人的上述行为违反了《合同违法行为监督处理办法》第九条第(四)项的规定,属于经营者在服务合同格式条款中免除自己因违约依法应当承担的违约责任的行为。

【分析】

这是一个关于格式条款效力问题的案例。

本案中某快递有限公司为客户寄送物品时,使用统一印制好格式的《快速服务协议》,其协议中的第五条规定"若因本公司的原因造成交寄物损毁,灭失的,本合同将免除本次运费。若寄件人未选择保价,按不超过运费五倍的标准赔偿。"根据《中华人民共和国合同法》第三十九条规定"采用格式条款订立合同的,提供格式条款的一方应当遵循公平原则确定当事人之间的权利和义务,并采取合理的方式提请对方注意免除或者限制其责任的条款,按照对方的要求,对该条款予以说明。"该快递公司《快速服务协议》的第五条单方面约定自身违约给客户造成的损失,赔偿额不超过运费的五倍的条款规定显然不符合公平原则。由于快递公司提供的《快递服务协议》是单方面提供的格式合同,其第五条内容侵害了客户的利益,单方面限制了自己的赔偿责任,违反了《中华人民共和国合同法》第三十九条和《合同违法行为监督处理办法》第九条第(四)项的规定,属于经营者在服务合同格式条款中免除自己因违约依法应当承担的违约责任的行为,应认定为无效条款。因此,本案中某快递公司应该按实际交寄食品的价值赔偿客户王女士的损失。

【法条链接】

《中华人民共和国合同法》节选

第三十九条 采用格式条款订立合同的,提供格式条款的一方应当遵循公平原则确定当事人之间的权利和义务,并采取合理的方式提请对方注意免除或者限制其责任的条款,按照对方的要求,对该条款予以说明。格式条款是当事人为了重复使用而预先拟定,并在订立合同时未与对方协商的条款。

第四十条 格式条款具有本法第五十二条和第五十三条规定情形的,或者提供格式条款一方免除其责任、加重对方责任、排除对方主要权利的,该条款无效。

第四十一条 对格式条款的理解发生争议的,应当按照通常理解予以解释。对格式条款有两种以上解释的,应当作出不利于提供格式条款一方的解释。格式条款和非格式条款不一致的,应当采用非格式条款。

《合同违法行为监督处理办法》节选

第九条 经营者与消费者采用格式条款订立合同的,经营者不得在格式条款中免除自己的下列责任:

(一)造成消费者人身伤害的责任;

(二)因故意或者重大过失造成消费者财产损失的责任;

(三)对提供的商品或者服务依法应当承担的保证责任;

(四)因违约依法应当承担的违约责任;

(五)依法应当承担的其他责任。

第十条 经营者与消费者采用格式条款订立合同的,经营者不得在格式条款中加重消费者下列责任:

(一)违约金或者损害赔偿金超过法定数额或者合理数额;

(二)承担应当由格式条款提供方承担的经营风险责任;

(三)其他依照法律法规不应由消费者承担的责任。

第十一条 经营者与消费者采用格式条款订立合同的,经营者不得在格式条款中排除消费者下列权利:

(一)依法变更或者解除合同的权利;

（二）请求支付违约金的权利；

（三）请求损害赔偿的权利；

（四）解释格式条款的权利；

（五）就格式条款争议提起诉讼的权利；

（六）消费者依法应当享有的其他权利。

八、合同的附随义务

【法理简介】

合同的附随义务是指合同当事人依据诚实信用原则所产生的，根据合同的性质和交易习惯所应当承担的通知、协助、保密等义务。附随义务的形成，其理论基础正是民法的基本原则——诚实信用原则。诚实信用原则起源于罗马法中的诚信契约和诚信诉讼。在古罗马时期，由于贸易发展很快，商品交换非常频繁，立法者发现制定的法律无论多么周密，都难以对每一种交易状况严格监控，只要交易当事人心怀恶意，就总有办法找到法律的漏洞。为克服法律存在的这种弊端，罗马法规定了诚信契约和诚信诉讼，要求合同当事人不仅要根据合同内容履行各自的权利和义务，还要求合同当事人在履行合同的过程中要秉持善意和注意义务，确保合同能够得到适当的履行。

附随义务具有可变性和不确定性，它并非自始确定，附随义务贯穿于合同关系发生的整个过程，在合同关系成立前、合同履行中和合同履行完毕后都存在。其内容往往要视合同关系的具体情况来要求当事人履行某一义务，维护合同当事人的利益。附随义务不受合同种类和性质限制，也不受合同的有效与否限制。诚实信用原则扩张了合同中当事人应当履行的义务，使法律难以规定的具体履约义务能够得到维护。附随义务除了通常所说的通知、协助、保密等义务，基于诚实信用为基础，可能还扩张到合同关系以外的第三人。对于与合同当事人具有特殊关系的第三人，亦有可能负有照顾、保护等义务。

我国《合同法》第六十条规定："当事人应当按照约定全面履行自己的义务。

当事人应当遵循诚实信用原则,根据合同的性质、目的和交易习惯履行通知、协助、保密等义务。"从这一立法规定来看,我国《合同法》规定了至少三个方面的附随义务,即通知义务、协助义务和保密义务。通知义务是指合同当事人一方对涉及其相对方利益的事项负有及时告知,使其知晓的义务。合同的履行及合同目的的实现,需要当事人通力配合,互通有关信息。协助义务是指合同当事人应互为对方行使合同权利、履行合同义务提供照顾和便利,促使合同目的圆满实现。也就是说,合同当事人要相互协助对方处理合同事务,相互为对方履行合同提供照顾和便利。保密义务是指合同一方当事人在订立合同的过程中知晓另一方商业秘密或要求保密的事项,无论合同是否成立都应该保守秘密,不得泄露或不正当地使用。其他的附随义务,根据诚信原则主要有注意和保护义务等。基于该原则,笔者认为合同当事人尽其善良之心意履行合同需要履行的义务,皆为附随义务之所在。

【典型案例】

2006年6月28日,被告海南省三亚市热带水果进出口公司(以下简称被告)与原告北京市朝阳区新新水果批发站(以下简称原告)签订了一份香蕉购销合同。合同约定,由原告于2006年8月15日向被告提供香蕉100吨;由原告代办托运,保证货物在8月15日之前到达三亚市港口。双方对这批香蕉的品质做了十分详尽的约定,合同还规定被告在提货后3日内将货款电汇给原告。

2006年8月10日,原告按正常船期将100吨香蕉装上货船,运往被告指定的港口。但由于在航行途中遇上热带风暴,货船未能及时到达港口。船方通知原告后,原告遂去函告知被告,但被告收到函件后未予理睬。2006年8月18日,货船到达港口后,承运人通知被告来港口提货,并将提货单交给被告。8月21日,被告认为原告未能在8月15日前将香蕉运到,属于违约在先,故未到港口提货。承运人无奈之下,将香蕉直接卸在码头。被告未履行受领义务,也未以任何形式将这一情况通知原告。原告对于香蕉被卸在港口无人受领的情况一直不知晓。

2006年8月28日,原告发现被告还未将货款汇到,于是发函询问。被告未做答复。后来,原告只好派人到被告住所,这才了解到,货物已在码头存放10天之久,而被告根本未予受领。当原告工作人员赶到码头时,发现受高温湿热天气影响，原本青涩的香蕉已经发黑霉烂。原告遂要求被告承担其不予受领货物给自己造成的经济损失。而被告认为，原告迟延交货，违约在先，原告应当承担违约责任。

原告认为，本水果批发站依约向被告发货，但是由于货船遇到热带风暴而影响了船期，导致双方交易标的物比约定的时间晚3天到达。香蕉运到港口后，承运人已经将提货单交付被告，而被告采取置之不理的态度，导致香蕉发黑霉烂，给该水果批发站造成了经济损失。船期延迟的原因是遇到热带风暴，属于不可抗力，而且香蕉到达港口后，被告是有能力收货或采取其他措施来避免损失的。但被告却采取消极的交易态度，导致本水果批发站遭受经济损失。综上所述，被告对于本水果批发站的经济损失理应承担赔偿责任。

双方争执不下，原告于2006年9月27日向海南省三亚市人民法院提起诉讼，要求被告承担由于其未尽依诚信原则履行协议、通知的合同义务，导致原告受到的经济损失8万元。

被告认为，根据双方合同的约定，原告应于2006年8月15日前向本公司交付货物。然而直至2006年8月18日，原告的承运人才向本公司交付提货单。由此可见，原告方延迟交货已经构成违约。而且，本公司继续履行合同已经没有意义，反而会增加自己的经济损失。根据《合同法》第九十四条的规定，当事人一方迟延履行债务或者有其他违约行为致使不能实现合同目的，当事人可以解除合同。据此，本公司可以解除合同，本公司拒绝接收货物的行为是解除合同的默认行为，该行为符合《合同法》的有关规定。原告提出的要求本公司承担赔偿责任的诉讼请求于法无据，请求法院依法驳回原告的诉讼请求。

海南省三亚市人民法院经审理认为：一、原告与被告签订的合同属于有效合同，对双方当事人具有约束力。二、原告估算，在正常情况下，通过班轮运输，货物应当于2006年8月15日运到被告指定的港口。货物之所以晚到3天，是由于货船在运输过程中遇到了强热带风暴。强热带风暴是一种天灾，属于不可抗力范畴。由于不可抗力造成的履行迟延，原告可以免除违约责任。三、被告在收到原告的告知函后不予理睬，在收到提货单后，既不通知原告货物状况和自己的计划，也不采取任何行动受领货物，致使货物在码头露天放置10天之久无人问津，发生大量发黑霉变。由此可见，被告在履行合同的过程中，未遵守诚实信用原则，导致原告受到经济损失，理应承担赔偿责任。

据此，海南省三亚市人民法院于2007年2月12日作出判决：由被告向原告赔偿货物发黑霉变所造成的经济损失8万元。

【分析】

这是一个关于合同附随义务问题的案例。

根据案情,原告在与被告履约的过程中,按照合同的约定、按正常船期将100吨香蕉装上货船,运往被告指定的港口。由于航行途中遇上热带风暴,货船未能及时到达港口。原告在得知这一情况后及时通知了被告,履行了合同履行中的通知义务,而被告却对原告的通知置之不理,未予答复。在货船到港,承运人通知被告来港口提货,并将提货单交给被告的情况下,既不通知原告任何信息,也不接收货物,在原告来函询问货款时,也不作任何回应。被告不采取积极的处理措施以防止原告方的经济损失扩大,而是采取置之不理的方式,既不通知原告,也不防止损失扩大,致使原告的货物在港口霉变毁损,不符合合同履行中的诚信原则,应该说侵害了原告的合同利益,未尽到合同履行中的附随义务。而这一附随义务的未履行,直接导致原告的货物发生霉变损失。

我国《合同法》第六十条规定:"当事人应当按照约定全面履行自己的义务。当事人应当遵循诚实信用原则,根据合同的性质、目的和交易习惯履行通知、协助、保密等义务。"被告认为原告未能按期将货物运抵港口,延迟交货已经构成违约合同,继续履行合同已经没有意义,便置之不理,显然不符合合同履行中相互通知和协助等附随义务,即使原告违约,被告也应履行附随义务,以便原告及时维护自身的利益。热带风暴属于自然灾害,属于不可抗力,原告并未违约,且原告也履行了通知义务,被告却未采取相互配合的行动,不履行合同的附随义务,违反了法律的规定,应当承担法律责任,赔偿原告的经济损失。

【法条链接】

《中华人民共和国合同法》节选

第四十二条 当事人在订立合同过程中有下列情形之一,给对方造成损失的,应当承担损害赔偿责任:

(一)假借订立合同,恶意进行磋商;

(二)故意隐瞒与订立合同有关的重要事实或者提供虚假情况;

（三）有其他违背诚实信用原则的行为。

第四十三条　当事人在订立合同过程中知悉的商业秘密,无论合同是否成立,不得泄露或者不正当地使用。泄露或者不正当地使用该商业秘密给对方造成损失的,应当承担损害赔偿责任。

……

第六十条　当事人应当按照约定全面履行自己的义务。当事人应当遵循诚实信用原则,根据合同的性质、目的和交易习惯履行通知、协助、保密等义务。

……

第九十二条　合同的权利义务终止后,当事人应当遵循诚实信用原则,根据交易习惯履行通知、协助、保密等义务。

九、不安抗辩权

【法理简介】

不安抗辩权,是指在有先后履行顺序的双务合同中,应先履行义务的一方有确切证据证明对方当事人有难以给付之虞时,在对方当事人没有为合同履行提供担保之前,有暂时中止履行合同的权利。

不安抗辩权源于大陆法系的德国法,《德国民法典》第三百二十一条规定:"因双方契约负担债务并应向他方先为给付者,如他方的财产于订约后明显减少,有难以对待给付之虞时,在他方未为对待给付或提出担保之前,得拒绝自己之给付。"我国《合同法》第六十八条也规定了不安抗辩权,明确规定:"应当先履行债务的当事人,有确切证据证明对方有下列情形之一的,可以中止履行:(一) 经营状况严重恶化;(二) 转移财产、抽逃资金,以逃避债务;(三) 丧失商业信誉;(四) 有丧失或者可能丧失履行债务能力的其他情形。当事人没有确切证据中止履行的,应当承担违约责任。"

不安抗辩权的规定是用于平衡合同双方当事人利益的一种预防措施,避免合同先履行一方当事人因合同另一方当事人丧失履约能力或不履行合同而面临不利的处境。为了防止这种导致合同双方当事人的权利义务关系失衡情况的发生,使公平原则在合同关系从成立到消灭的各个阶段均得以贯彻,于是法律规定不安抗辩权,赋予合同先履行方获得相应的救济手段。

不安抗辩权的行使需要符合以下条件:

1. 双方当事人因同一双务合同而互负债务。不安抗辩权为双务合同的效力表现,其成立须双方当事人因同一双务合同而互负债务,在单务合同中不存在不安抗辩权问题。在同一双务合同中,当事人互负债务,存在对价关系,一方履行是为了获得对方的履行。

2. 有先后的履行顺序,先履行一方的债务已届履行期。不安抗辩权的行使要求双务合同当事人履行合同义务有先后顺序,行使不安抗辩权的一方为先履行义务的一方当事人。如果双务合同没有规定先后履行顺序的,当事人应同时履行,这时一方当事人未履行义务,另一方当事人可以主张同时履行抗辩权,但不能援用不安抗辩权。此外,行使不安抗辩权的先履行义务一方当事人须其合同义务已届履行期,先履行义务一方当事人在需要履行合同义务时,在发现后履行义务一方当事人有难以履行的危险时,为了保护自身利益不受损害,从而行使不安抗辩权,暂时停止履行自己的合同义务。

3. 后履行一方履约能力明显降低,有丧失或可能丧失履行债务的能力。不安抗辩权保护先履行义务一方的利益需要满足的条件是先履行义务一方的利益有受到侵害的危险。也就是合同后履行义务一方丧失或可能履约的能力,直接威胁到先履行一方的合同利益。后履行义务一方如果不能实现对待履行义务,就会害及先履行义务一方的债权实现。根据我国《合同法》第六十八条规定,有丧失或可能丧失履行债务的能力情形主要有:其经营状况严重恶化,转移财产、抽逃资金以逃避债务,谎称有履行能力的欺诈行为,其他丧失或者可能丧失履行能力的情况。

4. 后履行义务一方未对待给付或未提供担保。不安抗辩权行使需是后履行义务一方未对待给付或未提供担保,如果后履行义务一方已经进行对待给付,则先履行义务一方就不存在"不安"的状况,因为此时其合同债权已经实现,故也就不存在不安抗辩权。先履行义务一方当事人如果在后履行义务一方当事人提供了担保的情形下,需要继续履行其合同义务。因为在此情形下,其合同利益已经得到了担保,其"不安"状态已经消失。如果先履行义务一方未继续履行合同义务,则需承担合同的违约责任。

【典型案例】

原告某建筑工程有限责任公司与被告某房地产开发有限公司于2009年4月1日签订《杏林苑工程建设工程施工承包合同》,约定被告将A镇新沙路杏林苑工程发包给原告承建,合同对开工、竣工时间、履约金及支付时间进行了约定,并约定:甲方(被告)向乙方(原告)提供施工图3套,施工场地"三通一平"(水、电、路通,场地平)后,具备施工条件,乙方才进场施工。合同签订后,双方于2009年7月21日签订了关于《杏林苑工程建设工程施工承包合同》的补充协议,将开工时间延后到2009年9月9日,将履约保证金的金额和给付时间进行了变更,即原告需在2010年12月31日前向被告分批次缴纳履约保证金共计200万元。原告自2009年6月24日至2009年12月26日分11次向被告给付履约保证金78万元。之后因被告一直未完成拆迁工作,施工证也未办理,施工场地"三通一平"等施工条件也未达到,致使原告无法进场施工,原告遂拒绝继续支付履约保证金。被告于2010年1月21日向原告发出"关于解除《杏林苑工程建设工程施工承包合同》及相关补充协议的通知",要求解除双方签订的合同及补充协议。原告随后于2010年7月12日向被告发出"关于催收保证金款的函",要求被告返还原告缴纳的履约金,被告拒不退还原告缴纳的履约金78万元。于是双方诉至法院。

重庆市江津区人民法院经审理认为:原、被告于2009年4月1日签订的《杏林苑建设工程施工承包合同》及2009年7月21日签订的关于《杏林苑建设工程施工承包合同》的补充协议系双方当事人真实意思表示,合同及协议内容不违反法律、法规禁止性规定,依法应得到保护。双方约定被告应提供施工图3套,且保证施工场地"三通一平"后,具备施工条件,原告方才进场施工,但根据本案事实,被告一直未完成施工场地拆迁工作,这是导致合同无法履行的主要原因,因此对原告要求解除合同并由被告退还原告已缴纳的履约保证金78万元的请求,本院依法予以支持。至于被告辩称其系因为原告未能按合同约定按时缴纳履约保证金违约在先,被告系行使抗辩权而未能完成拆迁工作及"三通一平"工作。由于被告至今未完成拆迁工作,"三通一平"亦无法完成,原告虽有先履行债务的义务,但根据合同法的相关规定,原告行使不安抗辩权符合法律规定。同时,根据双方所签订的合同,原告交纳的履约保证金并不是用于被告进行拆迁工作的资金。因此,被告辩驳理由不成立,对被告的反诉请求,本院不予支持。现双方均同意解除合同,本院予以确认。根据法律相关规定,判决解除原、被告于2009年4月1日签订的《杏林苑建设工程施工承包合同》及2009年7月21日签订的关于《杏林苑建设工程施工承包合同》的补充协议,并判决被告于本判决生效后十日内返还原告缴纳的履约保证金78万元。

一审宣判后,被告不服判决向重庆市第五中级人民法院提起上诉。重庆市第五中级人民法院经审理认为,原审判决认定事实清楚,程序合法,适用法律正确,依法应予维持。判决驳回上诉,维持原判。

【分析】

这是一个关于不安抗辩权问题的案例。

根据案情,原告和被告双方签订的合同系双方当事人真实意思表示,合同及协议内容不违反法律、法规禁止性规定,是有效的双务合同。订立合同后,作为合同的先履行义务一方,原告按约定分批次缴纳了履约保证金。由于被告未完成施工场地的拆迁及"三通一平"工作,导致原告一直无法进入场地施工,鉴于此种情况,原告遂拒绝继续支付履约保证金。被告的行为属于《合同法》第六十八条"其他丧失或可能丧失履行债务能力的情形"的规定,有可能导致原告履行履约保证金后由于无法施工带来合同利益受损。因此,原告有权行使不安抗辩权,拒绝继续支付履约保证金。根据我国《合同法》第九十四条规定:"有下列情形之一的,当事人可以解除合同:(一)因不可抗力致使不能实现合同目的;(二)在履行期限届满之前,当事人一方明确表示或者以自己的行为表明不履行主要债务;(三)当事人一方迟延履行主要债务,经催告后在合理期限内仍未履行;(四)当事人一方迟延履行债务或者有其他违约行为致使不能实现合同目的;(五)法律规定的其他情形。"本案中,鉴于被告未完成施工场地的拆迁及"三通一平"工作,且在原告拒绝继续支付履约保证金情形下向原告发出解除合同的函件。原告的合同目的已经落空,故原告有权要求解除合同。由于双方均同意解除合同,原告无需等待"向对方拒绝提出给付或提出担保"时再行解约权。本案中原告交纳的履约保证金78万元是担保施工承包合同的履行,不是供被告进行拆迁工作的资金,故合同解除后,被告应在判决书所确定的期限内返还原告履约保证金 78 万元。

【法条链接】

《中华人民共和国合同法》

第六十六条　当事人互负债务,没有先后履行顺序的,应当同时履行。一方在对方履行之前有权拒绝其履行要求。一方在对方履行债务不符合约定时,有权拒绝其相应的履行要求。

第六十七条　当事人互负债务,有先后履行顺序,先履行一方未履行的,后履行一方有权拒绝其履行要求。先履行一方履行债务不符合约定的,后履行一方有权拒绝其相应的履行要求。

第六十八条　应当先履行债务的当事人,有确切证据证明对方有下列情形之一的,可以中止履行:

(一) 经营状况严重恶化;

(二) 转移财产、抽逃资金,以逃避债务;

(三) 丧失商业信誉;

(四) 有丧失或者可能丧失履行债务能力的其他情形。当事人没有确切证据中止履行的,应当承担违约责任。

第六十九条　当事人依照本法第六十八条的规定中止履行的,应当及时通知对方。对方提供适当担保时,应当恢复履行。中止履行后,对方在合理期限内未恢复履行能力并且未提供适当担保的,中止履行的一方可以解除合同。"

……

第九十四条　有下列情形之一的,当事人可以解除合同:

(一) 因不可抗力致使不能实现合同目的;

(二) 在履行期限届满之前,当事人一方明确表示或者以自己的行为表明不履行主要债务;

(三) 当事人一方迟延履行主要债务,经催告后在合理期限内仍未履行;

(四) 当事人一方迟延履行债务或者有其他违约行为致使不能实现合同目的;

(五) 法律规定的其他情形。

……

第一百零八条 当事人一方明确表示或者以自己的行为表明不履行合同义务的,对方可以在履行期限届满之前要求其承担违约责任。

十、债权人的撤销权

【法理简介】

债权人撤销权,是指债权人在债务人为处分财产(包括财产权利)的行为危害债权的实现时,可以申请法院予以撤销的权利。该制度起源于古罗马,为古罗马五大法学家之一保罗士所创,故在罗马文献中又被称为"保罗士诉权"。债权人撤销权制度是针对债务人恶意逃债行为,以保护债权人利益,它突破了传统债的相对性原则。我国仅在《合同法》上规定了该项制度,实践中仅适用合同之债,是否适用侵权之债、不当得利之债、无因管理之债,目前尚缺明确的法律依据。学理界一般认为上述债务均应当适用债权人撤销权制度。

债权人撤销权是债权人依法所享有的实体法上的权利。不论当事人之间对撤销权的存在是否有约定,只要符合法定的条件,债权人均取得并可行使撤销权。撤销权依赖于债权人的债权而存在,不得脱离债权而单独存在,债权转让时,撤销权随之移转于债权的受让人。债权人撤销权属于何种性质的实体权利主要有以下几种学说:

(一)形成权说

该学说认为债权人撤销权使债权人可以以单方面的意思表示撤销债务人的民事行为,使该民事行为归于无效,从而消灭债务人与第三人建立的权利义务关系,自然应属于形成权范畴。认为债权人撤销权的作用在于使债务人与第三人的法律行为归于无效,是一种纯粹的形成权,至于撤销权行使后产生的请求权问题系独立于撤销权行使关系的另外法律关系,不影响撤销权本身的形成权性质及其效力。与此种权利相应的诉讼称为形成之诉。

(二)请求权说

该学说认为,债权人撤销权的目的即在于保全债务人的责任财产,债权人撤销权是纯粹的请求权,是直接请求返还因诈害而脱逸的财产权利。所谓撤销,是返还请求的前提,并非对于诈害行为效力的否认,因而撤销诉讼属于给付诉讼。另外,撤销权行使的效果是相对无效,亦即诈害行为效力仅在其与债权人的关系上无效而在其他当事人之间仍属有效的法律行为。

(三)责任说

该说认为,撤销的效果是使撤销的相对人处于以其取得的财产对债务人的债务负责的状态,撤销的相对人只是被置于一种物上保证人的地位,对于债务人的地位并不产生任何影响。就债权人与撤销相对人之间的责任关系的具体实现而言,债权人可以请求通过强制执行来直接实现,不必将脱逸的财产实际归还给债务人。

依照我国《合同法》的规定仅以"请求人民法院撤销债务人的行为"为限,并不包括请求与债务人为行为的第三人返还财产的内容。债权人撤销权的行使,若附带请求第三人返还财产的内容,在实务上确有便利。但此项便利并非因为仅认为撤销权为形成权而有所影响,因此我国《合同法》所规定之债权人撤销权为形成权。

根据我国《合同法》的规定,债权人撤销权的行使需具备以下条件:

1. 债权人对债务人享有合法有效的债权。这是债权人行使撤销权的前提和基础。一方面债权人行使撤销权时,债权人的债权已经有效成立,且不具有无效或可撤销的因素;另一方面,债权必须在债务人的处分行为发生之前就已经有效存在。

2. 债务人实施了一定处分财产的行为。债务人处分财产行为是撤销权产生的主要条件,没有此条件也就没有行使撤销权的必要。根据《合同法》第七十四条规定债务人处分财产的行为具体包括以下三类:

(1)放弃到期债权,即债权到期后明确表示免除债务人的债务;

(2)无偿转让财产,如将财产赠与他人;

(3)以明显不合理低价转让财产。

3. 债务人处分财产的行为已经发生法律效力。

(1)如果债务人的行为并没有成立和生效,或者属于法律上当然无效的行为,或者该行为已经被宣告无效等都不必由债权人行使撤销权。

(2)财产已经或将要发生转移,债权人才能行使撤销权。

4. 债务人处分财产的行为有害于债权人的债权。这是债权人撤销权构成

的一个重要判定标准。判断债务人的行为是否有害于债权,一般要从以下几个方面考虑:

(1) 债务人的行为是否导致其财产减少。如果债务人的行为并未减少其财产,如有充分对价的买卖、互易、租赁、借贷,则不构成有害于债权的行为。

(2) 债务人财产的减少是否导致债务人无资力。如果债务人的行为虽然导致其财产减少,但并未达到债务人没有清偿资力的程度,即无资力状态时,则不能说该行为有害于债权。

(3) 债务人行为与无清偿资力之间具有相当的因果关系,否则其无清偿资力系由其他原因引起,则不发生撤销权。

所谓因果关系,即债务人的行为足以导致其无清偿资力。根据上述条件进行判断,如果债务人实施处分财产行为后,已经不具备足够资产清偿债权人债权的能力,致使债权人的债权难以实现或者完全不能实现,该行为是有害于债权的行为,如果债务人仍有一定资产清偿债务,则不能认为债务人行为有害于债权。

5. 债务人与第三人主观上有恶意。这一要件依债务所为的行为是有偿或无偿而有所不同。若为有偿行为,则须债务人、受益人均为恶意时,债权人可得行使撤销权。而对于无偿行为,则不以债务人和第三人的恶意为要件。

(1) 债务人的恶意,指债务人知道或应当知道其处分财产的行为将导致其无资产清偿债务,从而有害于债权人的债权,而仍然实施该行为。债务人有无恶意,一般应实行推定原则,即只要债务人实施行为而使其无资力,就推定为有恶意。

(2) 第三人的恶意。

① 受让人只需知道债务人是以明显的不合理的低价转让,便构成恶意。

② 受让人不仅要知道债务人以明显的不合理低价转让,而且要知道此种行为给债权人造成损害,才构成恶意。

【典型案例 1】

2015 年 2 月 18 日,被告李某来到由原告某房地产公司承建的海河花园的售楼中心,经售楼中心的销售人员孙某介绍,被告李某决定购买海河花园 7 号楼 2 单元 101 室和 201 室建筑面积均为 100 m² 的 2 套住房。孙某填写了两份购房格式合同,其中填写价格:101 室为 2200 元/m²,201 室为 2000 元/m²。被告李某签字按手印,并如数交齐两套房款共 42 万元,领取了钥匙。第二天,孙某发现由于自己的工作失误,误将 201 室的价格 2400 元/m² 错填成 2000 元/m²,要求被告李某补交房屋差价款 4 万元,被告李某拒绝。之后,孙某被原告某房地产公司辞退,无人再向被告李某主张权利。2016 年 5 月 8 日,原告某房地产公司向 A 区法院提起民事诉讼,请求法院判令被告李某补交房屋差价款 4 万元并承担利息。

原告诉称:孙某因工作失误,将 201 室价格错填成 2000 元/m²,被告李某所购两套房屋系紧邻的楼上楼下。按常理,二楼的价格比一楼的价格要高,201 室的售价不可能低于 101 室的售价。海河花园房屋售价表载明原告从未出售过 2000 元/m² 的房屋,双方所签 201 室房屋买卖合同显属重大误解,请求法院变更 201 室房屋价格,判令被告李某补交房屋差价款 4 万元并承担利息。被告李某辩称:双方签订的 101 室、201 室房屋买卖合同均为有效合同,合同已履行完毕。原告起诉要求变更合同价格条款,是明为变更实为撤销。按照《合同法》第五十五条的规定,原告行使撤销权的期限已超过 1 年的法定时间,撤销权已经消灭,请求法院驳回原告的诉讼请求。

A 区法院认为,孙某填写购房格式合同时,主观发生错误认识,误将 201 室房屋价款 2400 元/m² 写成 2000 元/m²,构成重大误解,依照《合同法》的规定,原告享有变更权,而变更权不受合同撤销权 1 年行使期限的限制,遂判决被告被告李某返还原告 4 万元的房屋差价款及利息。

【分析】

这是一个关于合同撤销权问题的案例。

本案中,原告的售楼工作人员孙某在填写被告李某的购房合同面积时误将海河花园 7 号楼 2 单元 201 室价格错填成 2000 元/m²。孙某在签写合同时发生了认识上的错误,房屋的价格是合同的主要条款,即合同的主要内容,孙某发生误解是由于其过错造成,而且她的误解给原告造成了较大的损失。因此,原告作为合同一方主体,其行为符合重大误解的法律特征和构成要件,原告依据《合同法》第五十四条的规定,有权向被告李某行使合同撤销权。根据案情,原告在签订房屋买卖合同的第二天即发现重大误解的事实,在与被告李某协商补交房款未果的情况下,迫不得已才向A区法院提起诉讼。原告与被告李某签订房屋买卖合同的时间是2015年2月18日,第二天就发现了工作人员的过失,在与被告李某协商无果的情况下,没有及时向人民法院或仲裁机关提出请求,直至2016年5月8日才向A区法院提起诉讼,行使请求变更合同条款的撤销权,已远远超过合同撤销权的行使期限,其合同撤销权已归于消灭。

【典型案例2】

原告甲与被告乙合伙做生意各应得盈利5万元。甲说自己应得的5万元被乙扣留不给;乙说已经给了,鉴于双方关系好,没有要甲出收条。两人争执不下,对簿公堂。法院经过查证,认为被告乙的说法与事实不符。理由是:被告称其2004年4月28日将钱交给了原告,法院查明被告在同年5月3日才从银行将双方所得货款取走,就是说在此之前的4月28日不可能分割盈利。被告自知无理,遂与原告达成还款计划,原告遂申请撤回了起诉。随后,被告立即主持"分家",将其全部家产分给三个儿子,其中房产按分割的份额分别过户给三子。原告这才知道上当,再次起诉,要求法院宣告被告分家析产无效。

【分析】

这是一个关于债权人撤销权问题的案例。

本案中,被告为了逃避债务,在诉讼中与原告假意和解,目的是使原告自动撤诉,转而以分家析产的手段将其全部财产无偿让与其三个儿子,使其丧失清偿债务的能力,严重损害了原告的利益。根据《合同法》第七十四条的规定,因债务人放弃其到期债权或者无偿转让财产,对债权人造成损害的,债权人可以请求人民法院撤销债务人的行为。因此,被告的分家析产行为无效,被告应当在分家析产的财产归还后,清偿自己所欠原告的债务。

【法条链接】

《中华人民共和国合同法》节选

第五十四条 下列合同,当事人一方有权请求人民法院或者仲裁机构变更或者撤销：

（一）因重大误解订立的；

（二）在订立合同时显失公平的。一方以欺诈、胁迫的手段或者乘人之危,使对方在违背真实意思的情况下订立的合同,受损害方有权请求人民法院或者仲裁机构变更或者撤销。当事人请求变更的,人民法院或者仲裁机构不得撤销。

第五十五条　有下列情形之一的,撤销权消灭：

（一）具有撤销权的当事人自知道或者应当知道撤销事由之日起一年内没有行使撤销权；

（二）具有撤销权的当事人知道撤销事由后明确表示或者以自己的行为放弃撤销权。

……

第七十四条　因债务人放弃其到期债权或者无偿转让财产,对债权人造成损害的,债权人可以请求人民法院撤销债务人的行为。债务人以明显不合理的低价转让财产,对债权人造成损害,并且受让人知道该情形的,债权人也可以请求人民法院撤销债务人的行为。

撤销权的行使范围以债权人的债权为限。债权人行使撤销权的必要费用,由债务人负担。

第七十五条　撤销权自债权人知道或者应当知道撤销事由之日起一年内行使。自债务人的行为发生之日起五年内没有行使撤销权的,该撤销权消灭。

……

第一百九十二条　受赠人有下列情形之一的,赠与人可以撤销赠与：

（一）严重侵害赠与人或者赠与人的近亲属；

（二）对赠与人有扶养义务而不履行；

（三）不履行赠与合同约定的义务。

赠与人的撤销权,自知道或者应当知道撤销原因之日起一年内行使。

第一百九十三条　因受赠人的违法行为致使赠与人死亡或者丧失民事行为能力的,赠与人的继承人或者法定代理人可以撤销赠与。

赠与人的继承人或者法定代理人的撤销权,自知道或者应当知道撤销原因之日起六个月内行使。

第一百九十四条 撤销权人撤销赠与的,可以向受赠人要求返还赠与的财产。

《最高人民法院关于贯彻执行〈中华人民共和国民法通则〉若干问题的意见(试行)》

第七十三条第二款 可变更或可撤销的民事行为,自行为成立时起超过一年当事人才请求变更或者撤销的,人民法院不予保护。

……

第一百三十条 赠与人为了逃避应履行的法定义务,将自己的财产赠与他人,如果利害关系人主张权利的,应当认定赠与无效。

《中华人民共和国民法总则》节选

第一百四十七条 基于重大误解实施的民事法律行为,行为人有权请求人民法院或者仲裁机构予以撤销。

第一百四十八条 一方以欺诈手段,使对方在违背真实意思的情况下实施的民事法律行为,受欺诈方有权请求人民法院或者仲裁机构予以撤销。

第一百四十九条 第三人实施欺诈行为,使一方在违背真实意思的情况下实施的民事法律行为,对方知道或者应当知道该欺诈行为的,受欺诈方有权请求人民法院或者仲裁机构予以撤销。

第一百五十条 一方或者第三人以胁迫手段,使对方在违背真实意思的情况下实施的民事法律行为,受胁迫方有权请求人民法院或者仲裁机构予以撤销。

第一百五十一条 一方利用对方处于危困状态、缺乏判断能力等情形,致使民事法律行为成立时显失公平的,受损害方有权请求人民法院或者仲裁机构予以撤销。

第一百五十二条 有下列情形之一的,撤销权消灭:

(一)当事人自知道或者应当知道撤销事由之日起一年内、重大误解的当事人自知道或者应当知道撤销事由之日起三个月内没有行使撤销权;

(二)当事人受胁迫,自胁迫行为终止之日起一年内没有行使撤销权;

(三)当事人知道撤销事由后明确表示或者以自己的行为表明放弃撤销权。

当事人自民事法律行为发生之日起五年内没有行使撤销权的,撤销权消灭。

……

第一百九十九条 法律规定或者当事人约定的撤销权、解除权等权利的存续期间,除法律另有规定外,自权利人知道或者应当知道权利产生之日起计算,不适用有关诉讼时效中止、中断和延长的规定。存续期间届满,撤销权、解除权等权利消灭。

十一、债权人的代位权

【法理简介】

债权人的代位权,是指债务人应当行使,却不行使其对第三人享有的权利而有害于债权人的债权时,债权人为保全自己的债权,可以自己的名义代位行使债务人的权利。

我国《合同法》第七十三条明确规定了债权人之代位权:"因债务人怠于行使其到期债权,对债权人造成损害的,债权人可以向人民法院请求以自己的名义代位行使债务人的债权,但该债权专属于债务人自身的除外。代位权的行使范围以债权人的债权为限。债权人行使代位权的必要费用由债务人承担。"《合同法解释》第二十条的规定:"债权人向次债务人提起的代位权诉讼经人民法院审理后认定代位权成立的,由次债务人向债权人履行清偿义务,债权人与债务人、债务人与次债务人之间相应的债权债务关系即予消灭。"

债权人代位权源于法律的直接规定,而非当事人约定,它是债权人享有的实体权利,它随债权的产生而产生,随债权的转移而转移,随债权的消灭而消灭。代位权是债权的一种效力,并非从属于债权人的特别权利。它体现的是债权的法律效力,是债权的对外效力。代位权是债权人以自己的名义行使债务人的债权的实体权利,债权人行使代位权必须要通过诉讼程序来行使,才能满足债权人的债权实现,也就是说债权人的代位权行使要向人民法院提出请求。次债务人对债务人的抗辩权可以向债权人主张。债权人代位权制度弥补了强制执行及一般担保的不足,对债权不能获偿起了预防和补救作用。

债权人的代位权的成立应满足以下条件：

1. 债权人与债务人之间须有合法的债权债务关系存在。债权的存在是代位权存在的基础，如果债权人与债务人没有合法有效的债权债务关系，债权即不存在，债权人自然不享有代位权。

2. 债务人的债权不是专属于债务人自身的债权。专属于债务人自身的债权，是指基于扶养关系、抚养关系、赡养关系、继承关系产生的给付请求权和劳动报酬、退休金、养老金、抚恤金、安置费、人寿保险、人身伤害赔偿请求权等权利。这里债务人的权利主要是债权，但也不完全限于债权，只要不是专属于债务人自身的债权，可以是其他权利，如用益物权、担保物权、优先权等。此外，还需要此种权利必须是可以依法请求的。

3. 须债务人怠于行使其权利。所谓怠于行使，是指应当而且能够行使而不行使。所谓应当行使，是指若不及时行使权利，权利即有可能消灭或减少其财产价值。所谓能够行使，是指债务人不存在任何妨碍其行使权利的障碍。怠于行使权利的表现主要是根本不主张权利或迟延行使权利。

4. 须债务人怠于行使权利的行为有害于债权人的到期债权。如果债务人虽怠于行使权利，但并不影响满足债权人的到期债权，则债权人不得行使代位权。应当指出，在债权人与债务人的关系中，如果债务未到履行期，则不发生债权人的代位权。在这一点上，代位权不同于撤销权。撤销权可以在履行期到来之前由债权人行使。

【典型案例】

1999年11月，洛阳某轴承有限公司（以下简称洛阳公司）与郑州某磨料磨具公司（以下简称郑州公司）签订一份购销合同，从郑州公司购买一批砂轮，货款总额为4.5万元。合同约定，洛阳公司收到货物后3个月内付款。同年12月5日，洛阳公司收到货物并验收合格。3个月后，郑州公司多次催要该笔货款，洛阳公司均以经营困难、无力清偿为由拒绝支付。但郑州公司在催讨过程中得知，郑州某汽车修理厂（以下简称郑州汽修厂）欠洛阳公司5.2万元货款尚未清偿，且履行期限已于1999年3月届满。于是，郑州公司在2000年12月向郑州某人民法院提起诉讼，要求郑州汽修厂支付欠款4.5万元及诉讼费、律师代理费、差旅费等。法院支持了郑州公司的诉讼请求。

【分析】

这是一个关于债权人代位权问题案例。

本案中郑州公司与洛阳公司之间存在合法有效的债权债务关系,债务人洛阳公司收到郑州公司的货物3个月后一直没有履行自己的付款义务,郑州公司在催讨货款的过程中知晓郑州汽修厂尚欠洛阳公司5.2万元货款。洛阳公司对郑州汽修厂的债权即合同债权,不是专属于债务人自身的债权。根据案情,作为次债务人的郑州汽修厂对债务人洛阳公司的债务已届清偿期,但是洛阳公司却没有积极行使自身的债权,却对债权人郑州公司多次催讨货款时均以经营困难、无力清偿为由拒绝支付。显然,洛阳公司怠于行使自身的债权,已经损害了郑州公司的债权的实现。根据我国《合同法》第七十三条的规定,郑州公司向郑州某人民法院提起代位权的诉讼请求应予以支持,因此法院支持了郑州公司的诉讼请求。

【法条链接】

《中华人民共和国合同法》节选

第七十三条 因债务人怠于行使其到期债权,对债权人造成损害的,债权人可以向人民法院请求以自己的名义代位行使债务人的债权,但该债权专属于债务人自身的除外。代位权的行使范围以债权人的债权为限。债权人行使代位权的必要费用,由债务人负担。

《最高人民法院关于适用〈中华人民共和国合同法〉若干问题的解释(一)》节选

第十一条 债权人依照合同法第七十三条的规定提起代位权诉讼,应当符合下列条件:

(一)债权人对债务人的债权合法;

(二)债务人怠于行使其到期债权,对债权人造成损害;

(三)债务人的债权已到期;

(四)债务人的债权不是专属于债务人自身的债权。

第十二条 合同法第七十三条第一款规定的专属于债务人自身的债权,是指基于扶养关系、抚养关系、赡养关系、继承关系产生的给付请求权和劳动报酬、退休金、养老金、抚恤金、安置费、人寿保险、人身伤害赔偿请求权等权利。

第十三条 合同法第七十三条规定的"债务人怠于行使其到期债权,对债权人造成损害的",是指债务人不履行其对债权人的到期债务,又不以诉讼方式或者仲裁方式向其债务人主张其享有的具有金钱给付内容的到期债权,致使债权人的到期债权未能实现。

次债务人(即债务人的债务人)不认为债务人怠于行使其到期债权情况的,应当承担举证责任。

第十四条 债权人依照合同法第七十三条的规定提起代位权诉讼的,由被告住所地人民法院管辖。

第十五条 债权人向人民法院起诉债务人以后,又向同一人民法院对次债务人提起代位权诉讼,符合本解释第十三条的规定和《中华人民共和国民事诉讼法》第一百零八条规定的起诉条件的,应当立案受理;不符合本解释第十三条规定的,告知债权人向次债务人住所地人民法院另行起诉。

受理代位权诉讼的人民法院在债权人起诉债务人的诉讼裁决发生法律效力以前,应当依照《中华人民共和国民事诉讼法》第一百三十六条第(五)项的规定中止代位权诉讼。

第十六条 债权人以次债务人为被告向人民法院提起代位权诉讼,未将债务人列为第三人的,人民法院可以追加债务人为第三人。

两个或者两个以上债权人以同一次债务人为被告提起代位权诉讼的,人民法院可以合并审理。

第十七条 在代位权诉讼中,债权人请求人民法院对次债务人的财产采取保全措施的,应当提供相应的财产担保。

第十八条 在代位权诉讼中,次债务人对债务人的抗辩,可以向债权人主张。

债务人在代位权诉讼中对债权人的债权提出异议,经审查异议成立的,人民法院应当裁定驳回债权人的起诉。

第十九条 在代位权诉讼中,债权人胜诉的,诉讼费由次债务人负担,从实现的债权中优先支付。

第二十条 债权人向次债务人提起的代位权诉讼经人民法院审理后认定代位权成立的,由次债务人向债权人履行清偿义务,债权人与债务人、债务人与次债务人之间相应的债权债务关系即予消灭。

第二十一条 在代位权诉讼中，债权人行使代位权的请求数额超过债务人所负债务额或者超过次债务人对债务人所负债务额的，对超出部分人民法院不予支持。

第二十二条 债务人在代位权诉讼中，对超过债权人代位请求数额的债权部分起诉次债务人的，人民法院应当告知其向有管辖权的人民法院另行起诉。

债务人的起诉符合法定条件的，人民法院应当受理；受理债务人起诉的人民法院在代位权诉讼裁决发生法律效力以前，应当依法中止。

十二、情势变更原则

【法理简介】

情势变更原则是指合同依法有效成立后、全面履行前，因不可归责于当事人的原因，使合同赖以成立的基础或环境发生当事人预料不到的重大变化，若继续维持合同的原有效力则显失公平，此时允许变更合同内容或者解除合同。情势变更原则的意义，在于通过司法权力的介入，在合同双方当事人订约意志之外，重新分配交易双方在交易中获得的利益和承担的风险，以求达到真正的公平和公正。情势变更原则的目的，在于排除因客观情况的变化而发生的不公平的结果，使合同在公平的基础上得到履行或解除合同。

情势变更原则的适用有以下几项条件：第一，须有情势变更之事实。这是适用情势变更的前提条件，情势的变更是指作为合同法律行为基础或环境的一切客观事实在客观上发生异常变动，如国家政策、行政措施、现行法律规定、物价、币值，国内和国际市场运行状况等发生异常变化。第二，情势变更须发生在合同成立以后，履行终止之前。情势的变更发生在合同成立之后，合同关系消灭之前，才能适用情势变更原则。若债务人迟延履行合同债务，在迟延期间发生了情势变更，则债务人不得主张适用情势变更原则，因为债务人如按合同规定履行不会发生情势变更。第三，情势变更须是当事人所不能预见的。情势变更须因不可归责于双方当事人之事由而发生。双方当事人在订立合同时对情势的变更无法预见和防止,在主观上无过错。如果当事人在订约时对于某种情势已有预见,表明当事人考虑到这种因素并自愿承担该情势发生的风险,则不应适用情势变更原则。第四,因情势变更而使原合同的履行显失公平。情势变更发生以后,如继续按原合同规定履行义务会严重违反民法的公平原则。适用情势变更原则是为了平衡当事人之间的利益,消除合同因情势变更所产生的显失公平,赋予一方当事人变更或解除合同的权利。

【典型案例】

2010年4月4日原告程某雁与被告梁某峰、许某在中介方龙华镇某华地产公司处签订了二手房买卖合同。约定原告付定金2万元,定于4月16日前再付18万元到银行资金监管,由中介方出面帮原告贷款按揭人民43.9万元。4月14日—15日,国家出台新政策,要求二手房买卖的首付提高至五成(第二套),还需有社保,导致买卖不能成交。原告认为其与被告、中介都不属违约,是国家政策导致该合同不能有效成立。请求法院判令:解除原被告双方签订的《房地产买卖合同》,被告退回原告定金2万元。

两被告辩称他们与原告于2010年4月4日签署《房地产买卖合同》。两被告转让深圳市宝安区×花园×阁2层206房屋给原告,转让成交价为人民币63.9万元,定金为人民币2万元,另外的61.9万元为第二部分楼款。合同约定"买方应于签署本合同之日起12日(含当日)内付清首期房款人民币18万元(不含已付定金)。买方应于首期房款交付之日起3日内(含当日)办理完毕全部银行按揭申请手续,卖方须无条件配合买方提交并签署申请贷款所需的资料。双方均不得拖延,否则视为违约"。合同签署当日,两被告即按合同约定把房地产证原件交予中介方,以方便原告及时办理银行按揭手续。合同签署后,原告并未按时付清首期房款,拒不履行约定义务,反而滥用诉权,以履行期届满后的政策变化为由,先行提起诉讼。

经审理查明,原告与被告于2010年4月4日在中介深圳市某华房地产投资顾问有限公司处签署《房地产买卖合同》。合同约定:被告将位于深圳市宝安区×花园×阁2层的206房屋(房地产证号:深房地字第××号)转让给原告,转让成交价为人民币63.9万元,定金为人民币2万元,另外61.9万元为第二部分楼款;原告应于签署本合同之日起12日(含当日)内付清首期房款人民币18万元(不含已付定金。上述第二部分楼款总额减去银行承诺贷款金额。前述房款为大概数目,在银行出具贷款承诺书后3个工作日内,买方须按银行承诺贷款的金额,多退或少补应付的首期房款,卖方应无条件配合办理相关手续);买方应于首期房款交付之日起3日内(含当日)办理完毕全部银行按揭申请手续,卖方须无条件配合买方提交并签署申请贷款所需的资料,双方均不得拖延,否则视为违约;如买方逾期履行义务超过7日,卖方可解除合同并选择要求买方支付转让成交价20%的违约金承担违约责任或没收买方已支付的定金。

合同签订当日(2010年4月4日),原告向被告交付了定金2万元,被告把房地产证原件交予中介方。原告未在签署合同之日起12日(含当日)内即2010年4月15日前付清首期房款人民币18万元。2010年4月17日,国务院颁布《关于坚决遏制部分城市房价过快上涨的通知》,该通知规定贷款购买第二套住房的,贷款首付款比例不得低于50%。

原告庭审中陈述其已有一套住房,涉案房屋系其购买的第二套住房,已不能按合同约定的比例申请到贷款。

法院判决如下:一、解除原告程某雁与被告梁某峰、许某签订的《房地产买卖合同》;二、驳回原告程某雁的其他诉讼请求。

【分析】

这是一个关于合同情势变更问题的案例。

本案中原告和被告在履行二手房买卖合同过程中,由于国家政策的变化导致合同无法继续履行。是否适用情势变更原则,可根据情势变更的适用条件来分析得出,本案应该使用情势变更原则,解除双方之间的合同。

首先,本案中原告和被告的合同在履行中,其客观情势确实发生了重大变化。由于国家政策发生重大的调整,该合同存在的客观情况发生重大变化,这种变化对于原告来说是难以承受的。因为房屋的买卖是原告基于对自己的经济实力、购买能力的认知,按照当时尚未变化的国家政策,综合上述考虑,他才签订了涉案的二手房买卖合同。然而,国家政策的变化使得当事人履行合同将付出更大的代价,此种代价的增加已经使得该合同履行的基础发生了动摇。

其次，这种国家政策的变化是当事人不可预料的。原告在缔约的时候不可能预料到国务院会在何时就二手房买卖出台何种政策，国家政策的变化风险，不是商业风险，对处于社会基层的原告来说是完全不可控的。

再次，本案中的情势变更的事由发生于合同履行过程之中。根据案情，2010年4月4日合同订立，2010年4月17日国务院颁布《关于坚决遏制部分城市房价过快上涨的通知》，该通知规定贷款购买第二套住房的，贷款首付款比例不得低于50%，原告和被告之间的合同还未履行完毕即发生国家政策的重大变化。

最后，这种情势的变化给原告带来了巨大压力，如果继续履行本案的二手房买卖合同，原告在金钱上无法承受，会背上沉重的经济包袱，还会因为无法按照政策规定交付50%首付款而违约，但是被告的利益则完全不受影响，这显然与民法之公平原则背道而驰。此情景符合情势变更原则的条件，即因情势变更发生以后，如继续按原合同规定履行义务会严重违反民法的公平原则。为了消除合同因情势变更所产生的显失公平，应当赋予一方当事人变更或解除合同的权利。因此本案法院判决解除原告程某雁与被告梁某峰、许某签订的《房地产买卖合同》是适当的。

【法条链接】

《最高人民法院关于适用〈中华人民共和国合同法〉若干问题的解释（二）》节选

第二十六条　合同成立以后客观情况发生了当事人在订立合同时无法预见的、非不可抗力造成的不属于商业风险的重大变化，继续履行合同对于一方当事人明显不公平或者不能实现合同目的，当事人请求人民法院变更或者解除合同的，人民法院应当根据公平原则，并结合案件的实际情况确定是否变更或者解除。

《中华人民共和国合同法》节选

第五十四条　下列合同，当事人一方有权请求人民法院或者仲裁机构变更或者撤销：

（一）因重大误解订立的；

（二）在订立合同时显失公平的。一方以欺诈、胁迫的手段或者乘人之危，使对方在违背真实意思的情况下订立的合同,受损害方有权请求人民法院或者仲裁机构变更或者撤销。当事人请求变更的,人民法院或者仲裁机构不得撤销。

《最高人民法院关于正确适用〈中华人民共和国合同法〉若干问题的解释(二)服务党和国家的工作大局的通知》节选

为了因应经济形势的发展变化,使审判工作达到法律效果与社会效果的统一,根据民法通则、合同法规定的原则和精神,解释第二十六条规定:合同成立以后客观情况发生了当事人在订立合同时无法预见的、非不可抗力造成的不属于商业风险的重大变化,继续履行合同对于一方当事人明显不公平或者不能实现合同目的,当事人请求人民法院变更或者解除合同的,人民法院应当根据公平原则,并结合案件的实际情况确定是否变更或解除。

对于上述解释条文,各级人民法院务必正确理解、慎重适用。如果根据案件的特殊情况,确需在个案中适用的,应当由高级人民法院审核。必要时应报请最高人民法院审核。